JN410855

돈보다 생명을!

보건의료노조 20년 | 20대 사건의 기록

매일노동뉴스

자랑스러운 역사를 만들기 위한 노력은 얼마나 값지고 아름다운가?

보건의료노조 위원장 **나순자**

고백하건대 우리는 가끔 위로받고 싶었다.

때로는 위원장으로서 때로는 조합원으로서, 보건의료노동자로서 지난 30여년 내 삶의 절반에 해당하는 이 긴 시간 동안 보건의료노조에 담았던 이 짝사랑에 대해 때로는 답을 듣고 싶었다.

산별노조 결성 당시부터 산별총파업을 비롯하여 지난해 일자리혁명에 이르기까지 주마등처럼 스쳐 지나가는 긴 시간들, 그때가 아니면 안 될 것 같아 온 몸으로 부딪혀서 열어냈던 그 시간들에 대해 누군가가 화답해 주기를, 수고했노라, 열심히 살았노라 한마디쯤 위로받기를 간절히 원했다.

그리고 오늘 이 '돈보다 생명을! 20년의 기록' 을 통해 우리는 비로소 위안을 얻게 된다.

긴 시간 동안 나의 짝사랑이 그저 짝사랑이 아니었음을 내가 기대하는 만큼, 보건의료노조는 커 왔다. 청년 보건의료노조의 모습은 내가 봐왔던 모습보다 훨씬 훌륭하고 다부지다. 그랬다. 내 기대와 부름에 항상 대답하며 내 곁에서 이렇게 우뚝 성장해 왔다!

고대하던 보건의료노조의 20년사를 드디어 발간한다.

보건의료노조의 창립 20주년을 불과 며칠을 앞둔 가운데 비로소 20살 청년의 모습을 갖춘 산별노조, 보건의료노조의 모습을 온전하게 바로

볼 수 있도록 20년사의 발간 작업이 제 때 이루어진 데 매우 감사하며, 오늘의 감회 또한 새롭다.

이 책은 보건의료노동자들의 투쟁과 삶에 대한 기록이다.

모두 20장으로 구성된 이 책은 87년 노동조합의 탄생에서부터, 병원노련의 결성과정, 한국 최초의 산별노조의 결성과 산별파업투쟁, 그리고 의료공공성을 강화하기 위한 노력과 노동자 정치세력화, 그리고 가깝게는 진주의료원 투쟁과 의료민영화 저지 총파업, 메르스 대응 투쟁, 한편 지난해 일자리혁명, 일터혁명 투쟁까지 보건의료노동자들의 발자취가 고스란히 담겨져 있다.

비록 박미경 작가의 유려하면서도 편안한 서술이 읽는 이로 하여금

가독을 높여냈지만, 여기 기록되어진 하나하나의 기록들은 저마다 보건의료노동자들의 눈물과 함성, 그리고 좌절과 희망이 동시에 교차해 온 역사들이다.

무엇보다 이 책에는 한국 최초의 산별노조운동의 전 과정이 오롯이 담겨 있다.

한국 최초 산별노조의 운동이 보건의료노조를 통해 여전히 진행 중이며, 때문에 이 책의 기록들은 보건의료노조의 지난 20년 산별노조운동을 재조명하는 기록들인 셈이다. 지난 경험과 과정을 통해 이 땅에서 산별노조가 어떻게 나아가야 하는지를 보여주고 있는 것이다.

이러한 보건의료노조의 20년, 아니 87년 민주노조의 결성으로부터 30년의 기록을 이렇게 훌륭하게 담아내느라 수고해 주신 박미경 작가, 이주호 전 정책연구원장님을 비롯하여 이 책의 주인공으로 기록되어진 6만 보건의료노조 조합원 모두에게 깊은 감사를 드린다.

되돌아보면 보건의료노조 20년의 활동은 척박한 노동현실을 극복하여 노동존중사회로 가기 위한 한국 산별노조운동 개척의 역사였고, 의료민영화·영리화의 거대한 물줄기를 거스르며 국민건강사회를 만들기 위한 대한민국 의료개혁의 역사였다. 20년간 우리가 흘려야 했던 피땀과 눈물, 우리가 온 몸으로 쏟아냈던 고뇌와 실천은 이 거대한 역사에 오롯이 스며들어 있다.

그러나 어찌 책 한 권에 우리가 걸어온 그 무수한 발자취들을 다 담아낼 수 있겠는가? 굵직굵직한 20대 사건 외 수많은 사건과 활동들, 드러나지 않았지만 알려져야 할 에피소드들, 정당한 요구를 쟁취하기 위해 악랄한 탄압에 맞서 싸운 사업장마다의 피눈물어린 투쟁들, 역사의 한 조각 한 조각이 되었던 일지들…. 욕심 같지만 이번 20년사 발간을 계기로 이 발자취들이 보건의료노조 산별노조운동 총서, 투쟁백서, 일화집, 연표 등의 작업으로 이어졌으면 하는 바램이다.

이 책을 펴내며 내가 내디딘 한 발이 곧바로 역사가 된다는 감격과 함께 내 발걸음의 모습이 곧 역사의 모습이 된다는 준엄함을 되새기게 된다. 자랑스러운 역사를 만들기 위한 노력은 얼마나 값지고 아름다운가? 그리고 역사는 한 사람 한 사람의 발자취를 얼마나 정확하고 철저하게 기억하고 기록하는가? 그리하여 척박한 현장에서 써 온 산별노조운동 20년 역사의 토대 위에서 새로운 산별노조 20년을 출발하는 우리의 발걸음은 경쾌하고도 장엄하다.

20년사의 발간이 지난 보건의료노조의 발자취를 기록하며 과거와의 대화를 시도하는 작업이었다면 이제 새롭게 미래와의 대화를 준비해야 하는 시점이다. 그렇기 때문에 우리는 오늘날 이 기록이 주는 메시지들을 귀담아 들어야 한다.

우리가 나아가야 할 길은 이미 누군가 걸었던 길이 아니라, 새롭게 나아가야 할 길이며, 또한 시시각각 변화하고 있기 때문이다.

그래서 이 기록을 오늘날 보건의료노조와 함께 하고 있는 많은 동지들에게 권한다. 미래를 예측하고 나아가 그것을 활용하는 첫걸음으로 이 책의 정독이 큰 자양분이 될 것이라 믿는 까닭이다.

돈보다 생명! 돈보다 안전! 돈보다 사람!

김명환 전국민주노동조합총연맹 위원장

2018년 평창에서 개최되는 동계올림픽을 평화 올림픽으로 일구고 있는 남과북 대표선수들의 힘찬 모습이 벅찬 감동을 주고 있습니다.

대한민국 노동조합 산별노조 운동에도 땀과 눈물로 20년을 지내온 대표선수가 있지요. 바로 전국보건의료산업노동조합입니다. 먼저 80만 조합원과 함께 20주년을 맞이한 보건의료노동조합 동지들에게 진심으로 축하 인사 드립니다.

더욱 반가운 것은 20주년을 맞아 산별노조 역사를 하나하나 눈물겹던 노조활동과 사건의 현장을 중심으로 조합원들이 이해하기 쉬운 한권의 교양물로 출판한 것입니다. 이채로운 기획에 역시 항상 조합원에게 가까이 다가가려는 보건의료노조의 노력을 다시 한 번 확인하게 됩니다.

이 책을 접하며 제가 2013년 철도민영화에 맞서 투쟁할 때 함께 하였던 보건의료노조 동지들의 의료민영화 투쟁 기억이 생생히 살아납니다. 한 편의 역사파노라마를 보는 듯합니다. 기업의 울타리를 넘어 산업과 사회로, 국민 속으로 들어가려는 보건의료노조 동지들의 고뇌와 노력이 느껴집니다.

돈보다 생명! 돈보다 안전! 돈보다 사람입니다. 그런 사회를 위해 쉽없이 달려온 보건의료노조의 지난 20년 활동을 자랑스럽게 생각하며 이 책 구석구석 지금의 보건의료노조를 만들기까지 함께해 온 모든 보건의료노동자들의 수고와 노력에 다시 한 번 감사 인사를 드립니다.

마지막으로 우리 민주노총 80만 조합원들에게, 특히 우리 민주노조 운동의 미래와 전략을 고민하는 모든 노동조합 간부 동지들에게 일독을 권합니다. 이 책은 우리 노동운동이 나아가야 할 방향인 산별노조운동 강화와 노조의 사회적 공공적 역할을 다시 한 번 생각하게 만드는 자극제가 될 것입니다.

불평등을 평등의 과정으로 만들자!

김종진 한국노동사회연구소 부소장

보건의료노조 산별 20주년은 우리에게 어떤 의미인가. 지난 20년 노동계 물론 학계나 시민사회단체 그리고 제도 정치까지 보건의료노조는 참 많은 일을 했다. 개인적으로 몸담고 있는 연구소와 같은 건물에 있을 때부터 2018년 현재까지 15년 넘게 알고 지낸 조직이다. 지난 8년 동안 보건의료노조 노동교육 강의 횟수를 확인해보니 196회였다. 그간 보건의료노조 현장을 다니면서 만나본 간부부터 조합원까지 건강한 생각을 갖고 있고, 민주노조로서 이만큼 잘 한 조직도 없는 것 같다.

역사학자 E. H. 카(1892~1982)는 〈역사란 무엇인가(WHAT IS HISTORY?)〉에서 '역사적 사실(historical fact)이란 무엇인가?'라는 문제를 제시했다. 이것은 우리가 면밀히 생각해봐야 하는 중요한 질문이다. 그간 역사가들이 정확한 사실(fact)에 기초하지 않고 선험적 경험이나 주관적 판단이나 자신의 지위에 따른 해석이 많았다는 점을 지적하고 있다. 그래서 노동조합의 역사도 매우 중요하다. 특히 노동의 역사는 노동의 관점에 기록하는 것이 매우 중요하다.

그 이유는 우선 어떤 대상을 바라볼 때 역사적 접근이 갖는 일반적 장점 때문인 것 같다. 첫째로 역사에 대한 지식은 우리 눈앞의 대상을 절대화하고, 고정화하려는 경향을 막아준다. 둘째로 역사에 대한 지식은 어떤 현상이나 제도, 구조의 원인을 탐구할 수 있게 해준다. 때문에 노동의 역사를 이해함으로써 우리는 지금 우리 눈앞에 보이는 현상(결과)을 상대적 관점에서, 달리 표현하자면 일정한 거리를 두고 바라볼 수 있게 해준다.

그런데 막상 노동조합을 왜 만들고, 가입하고, 활동해야 하냐고 물으면 쉽게 답하지 못한다. 그래서 우리는 보다 객관적일 필요가 있다. '왜'라는 질문에서, '무엇을' 위한 조직인가로 질문을 바꾸어 볼 필요가 있다. 특히 조합원들은 노동조합은 어떤 조직이고, 어떤 활동을 하고 있는지 묻는 이들에게 답을 갖고 있어야 한다. 보건의료노조 산별 20주년을 기념하여 발간한 이 책은 그 물음에 대한 답을 엿볼 수 있다.

책 1장부터 7장까지는 1987년 민주화 이후 병원노련 출범부터 산별노조 건설과 산별협약이라는 역사적 결실을 맺는 첫 단추를 꿴 궤적을 잘 보여준다. 또한 보건의료산업에서 '돈보다 생명'이라는 모토에 맞게 의료공공성 문제에 지난 20년의 모습을 정리하고 있다. 8장부터 20장까지는 지난 10년 동안 보수정부 시기 보건의료노조가 힘든 여건 속에서도 건강보험, 의료인력, 의료민영화, 행복한 병원, 촛불혁명, 노동교육 등 민주노조 활동을 뚜벅뚜벅 걸어 온 길을 알 수 있다.

사실 우리의 얕은 지식은 눈앞의 대상을 절대화하고, 고정화하려는 경향이 있다. 그래서 우리는 지금 눈앞에 보이는 현상과 일정한 거리를 두고 바라봐야 할지 모른다. 노동자로서 '낯선 눈'은 자본주의 사회에서 몇

안 되는 민주적인 가치체계를 수립하는 혜안을 주기 때문이다. 그래서 보건의료노조 산별 20주년 기념 발간 책은 사건 중심의 역사로서 의미가 있다. 왜냐하면 지난 20년간 보건의료노조와 노동자들의 삶을 다양한 사실을 잘 정리하고 있기 때문이다.

이 책은 보건의료노조 출범부터 현재까지 다양한 사실과 상호작용하면서 노동조합에 대한 이해의 폭을 넓히고 깊이를 더하는 데 의미 있는 자료다. 이제 보건의료노조는 2018년을 기점으로 새로운 20년을 준비할 시점이다. 무엇보다 보건의료노조가 민주노조로서 조합원뿐만 아니라, 우리 사회 구성원 모두에게 더 나은 사회를 제시할 주체가 되어야 한다. 보건의료노조의 향후 20년을 상상해 보면 좋겠다. 특히 불평등을 평등의 과정으로 바꾸는 과정에 의미 있는 역할로써 어떤 생각의 단초가 될 듯 하기에 현장 조합원들에게 이 책의 일독을 권한다.

세상은 노동자들이 바꿔내는 것

강진구 경향신문 노동탐사 전문기자

과거를 기록한다는 것은 단지 뒤를 돌아보는 것을 의미하지 않는다. 또 무수히 많은 '스토리(story)'를 갖고 있다고 해서 그것이 곧바로 '히스토리(history)'로 연결되는 것은 아니다. 미래에 대한 분명한 지향점을 갖고 있는 존재에게만 과거의 발자취는 현재의 의미를 드러내고 미래를 여는 나침판이 될 수 있다.

〈보건의료노조 20년, 20대 사건의 기록〉은 노동자에게 왜 그들만의 역사가 필요한지를 잘 보여주고 있다. 1998년 외환위기 이후 20년은 누군가에는 한국 경제가 국가부도 위기를 극복하고 글로벌 경쟁 체제 속에 힘들게 적응해가는 흐름으로 이해된다. 또 어떤 이에게는 산업화의 뒤를 이어 진보와 보수정권이 서로 10년씩 정권을 주고받으며 민주주의 과제가 우여곡절 끝에 완성 되가는 과정이기도 했다.

노동자들이 이처럼 자본과 정치권력이 만들어낸 시간 흐름 속에 자신의 존재를 이해하는 한 노동은 통제와 동원의 객체에서 벗어날 수 없다. 독일 철학자 하이데거는 〈존재와 시간〉에서 존재가 본래적 의미를 회복하기 위해서는 스스로 역사성과 시간성 속에서 자신을 이해하고 결의할 것을 주문하고 있다. 스스로 역사를 갖지 못한 존재는 누군가에 의해 만들어진 말과 세계에 퇴락해 있는 상태에서 본래 진정한 자신의 모습으로부터 멀어져갈 뿐이다.

1998년 외환위기 직후 조직 노동의 명맥을 이어가기도 힘든 자본의 총 공세 속에 보건의료노조가 노동의 대지에 최초로 산별노조의 깃발을 세운 것은 '아무도 가보지 않은 길'이지만 '누군가는 가야 할 길'이었다. 보건의료노조의 탄생은 '기업이 살아야 노동자도 산다'는 자본이 만들어낸 신화에 퇴락하지 않고 노동자들이 노동의 주인으로서 압축성장으로 골병이 든 세상을 치료하겠다고 결의한 순간이다.

그것은 보건의료 노동자가 1987년 노동자대투쟁이후 병노협-병원노련-산별노조로 이어지는 자신만의 시간, 역사를 통해 노동의 본래적 존재의미를 이해하고 있었기 때문에 가능한 일이었다.

'돈보다 생명을'이라는 결의 속에는 문재인 정부가 얘기하는 '소득주도 성장'은 물론 노동의 역사에서 꿈으로 얘기되는 제헌헌법의 '이익균점' 마저 뛰어넘는 훨씬 적극적인 노동의 의미를 담고 있다. 노동은 단지 이윤을 낳는 수단이 아니라 그 자체로 생명을 낳는 인간의 가장 위대한 활동이다. 보건의료노조의 깃발이 '조직이기주의'니 '철밥통 지키기'라는 자본의 폭압과 선전 속에서도 단위 사업장을 넘어 모든 노동자와 사회에 울림을 주고 있는 이유는 여기에 있다.

사사키 아타루는 〈잘라라 그 기도하는 손을〉에서 텍스트를 기록하고 읽는 것은 개인적인 행위를 넘어 그 자체로 혁명임을 일깨워주고 있다.

읽기가 혁명인 이유는 제대로 읽고 철저히 이해하는 순간 도저히 실천을 하지 않을 수 없도록 만들기 때문이다. 이 점에서 보건의료노동자들이 산별노조를 세우고 '돈보다 생명을' 이라는 결의 속에 지난 20년간 걸어온 길을 되돌아보는 것은 단지 과거를 둘러봄에 그치지 않는다.

촛불혁명을 통해 새로운 정치권력이 만들어졌으나 세상이 뭔가 생각한 방향으로 나가지 않는데 불안해하는 노동자들이 있다면 이 책을 한번 읽어볼 것을 감히 추천한다. 세상은 정치권력이 아니라 노동자들이 바꿔내는 것이다. 보건의료노조가 걸어온 지난 20년은 단지 과거의 기록이 아니라 미래 노동자들이 나가갈 방향이다.

보건의료노동자들의 고통과 눈물의 연대기

김상기 라포르시안 보건의료 전문기자

12년 전 어느 늦은 밤에 대한 기억이 잊혀지질 않는다. 10시쯤이었던가 11시쯤이었던가. 지친 몸을 떠밀다시피 하며 지하철을 빠져나와 집으로 향하고 있었다. 문 앞에 다다랐을 때 걸려온 한 통의 전화. 수화기 너머에서 다급하게 쏟아진 말. 당시 논란이 되던 부천의 어느 병원에서 벌어지는 노동조합 탄압 때문이었다.

"늦은 시간이라 미안하지만 취재를 와 줄 수 있느냐"는 요청. 대답을 못하고 머뭇거리자 "기자들이 좀 와 줬으면 좋겠다. 이놈들이 용역을 불러서 패악을 부리는데 기자들이 취재를 하고 돌아다니면 그래도 덜 할 거 같다." 계속 머뭇거렸다. "꼭 와줬으면 좋겠다"는 말이 몇 번이고 들려왔다.

집으로 들어가는 문 앞에서 한참을 머뭇거렸다. 그때 나는 그곳에 가지 않았다. 너무 늦은 밤이었고, 너무 먼 곳이었고, 너무 지쳐 있었다는 이유로….

그런 시절이었다. '노사교섭 결렬, 직권중재 회부, 불법파업, 지도부 체포영장 발부'가 때마다 연례행사처럼 반복됐다. 생각해보면 장기파업 중인 병원 현장에 언제쯤 공권력이 투입되나 촉각을 곤두세우던 게 그리 오래전 일도 아니다. 징계와 해고를 당하고 손해배상 청구와 각종 압류에 시달리고, 구속과 징역 등으로 고통 받던 수많은 보건의료노조 간부와 조합원들.

지금도 열악한 처우를 더는 견디다 못해 노동조합을 결성하고 파업에 나선 병원 노동자들의 고통스런 현실에 관한 이야기는 차고 넘친다. 정권이 바뀌어도 병인 속 '을(乙)들의 지옥'은 좀처럼 달라지지 않는다. 가장 노동집약적인 산업임에도 불구하고 '노동'에 가장 무관심한 분야가 바로 보건의료 현장이다.

그렇기에 보건의료노조의 역사 하나하나는 보건의료노동자들의 고통과 눈물의 연대기다. 이 책의 한 페이지 한 페이지는 보건의료노동자의 투쟁과 연대에 대한 상세한 기록이다. 또한 보건의료현장에서 오랜 시간 동안 "돈보다 생명을" 실천하기 위해 싸워온 노동자들에게 보내는 위로의 글이다. 1988년 전국병원노동조합연맹이 결성되고, 1998년 전국보건의료산업노동조합 설립 이후 지난 20년의 땀과 눈물이 보건의료 현장에서 노동존중으로 구체화할 시간이 머지않았음을 이 책이 보여준다.

발간사 자랑스러운 역사를 만들기 위한 노력은 얼마나 값지고 아름다운가?
보건의료노조 위원장 **나순자**

추천사 돈보다 생명! 돈보다 안전! 돈보다 사람! **김명환** 전국민주노동조합총연맹 위원장
불평등을 평등의 과정으로 만들자! **김종진** 한국노동사회연구소 부소장
세상은 노동자들이 바꿔내는 것 **강진구** 경향신문 노동탐사 전문기자
보건의료노동자들의 고통과 눈물의 연대기 **김상기** 라포르시안 보건의료 전문기자

01 "환자에게 건강을! 노동자에게는 인간다운 생활을!" 23
병원 노동자, "민주노조"를 세우다 | 1987

단결 없이 권리 없다 / 압축성장의 민낯 / 선구자들 / 마침내 터진 봇물

02 단결과 연대의 DNA 39
전국병원노동조합연맹의 탄생 | 1988

대결 / 합법과 불법의 기로에서 / "의료민주화"의 깃발을 높이 들고 / 첫 번째 승리

03 우리는 지금 산별로 간다 55
출범! 전국보건의료산업노동조합! | 1998

공동교섭으로 키를 돌려라! / 아무도 가보지 않은 길 / 나눠서 갈 것이냐, 한 번에 갈 것이냐 / 1998년 2월 27일

04 열사의 길을 따라 73
끝이 보이지 않는 파업 | 2002

노동자가 위태롭다 / 4대 목표 20대 과제 / 직권중재를 넘어서 / 네 번의 전태일노동상

05 산별의 위력을 보여라! 91

노동조건 저하 없는 주5일제 쟁취 | 2004

기울어진 운동장에서 싸우는 법 / 산별은 우리의 힘 / 서울로! 서울로! 서울로! / 최초의 산별교섭

06 의료공공성 강화운동의 신기원 109

"암부터 무상의료!" | 2005

불행은 약자부터 덮친다 / 건강보험은 감기보험? / 신의 한 수 / 보장성 80%를 향해

07 아름다운 합의 I 123

보건의료사용자단체 구성 및 첫 교섭 | 2007

논쟁보다 실천을 / 의제를 선점하자 / 산고(産苦) / 사회적 합의로 가는 길

08 우리는 물러서지 않는다 139

직권중재 철폐에서 필수유지업무제도 폐지로 | 2008

공공부문 노동악법 철폐투쟁의 최전선 / '개악(改惡)' /
"여기서 무릎 꿇으면 하인으로 살 것 같았다" / 촛불을 켜고

09 의료비 걱정 없는 나라 155

"건강보험 하나로 운동"의 출발 | 2010

판도라의 상자가 열리다 / 건강보험 약탈하는 민간보험 / 모든 병원비를 국민건강보험 하나로! /
시급한 과제들

10 노동자 정치세력화를 향해 173

집단 당원 가입! 우리 후보를 국회로! | 2012

지방의원이 된 간호사 / 노동자와 환자는 투표도 할 수 없다? / 국회를 점령하라! /
"바보야! 문제는 정치야!"

11 안심하고 일할 수 있는 병원 189

"보건의료인력지원특별법" 발의 | 2012

'임신순번제'에서 '사직순번제'까지 / 세상에서 가장 따뜻한 법 /
5년이 지났건만 〈보건의료 노동자 실태조사 연구보고서〉 2017 / 특별법은 통과되어야 한다

12 결코 놓을 수 없는 공공의료의 희망 I 209

진주의료원 재개원 투쟁 | 2013~

하이에나의 습격 / 도민들의 손을 잡고 / 국정조사 / 짧은 패배, 영원한 승리

13 결코 놓을 수 없는 공공의료의 희망 II 229

성남시의료원 착공 | 2013

노동조합과 시민운동이 만나던 날 / 훼방꾼들 / 방해가 불가능해지니까 등골을 빼먹겠다고? /
공공의료의 새 지평이 열리다

14 일자리와 국민건강권을 사수하라! 245

의료민영화 반대 3차례 연속 총파업 | 2014

전면투쟁 선언 / 아! 세월호… / 세상에서 가장 "착한 파업" / 약탈을 막아내다

15 안전한 사회는 누가 만드는가 263

메르스 사태의 교훈 | 2015

병원이 뚫렸다 / "메르스 전사들" / 생명 보호장구는 안 사고, 생명 구조인력은 안 쓰고 /
대한민국 의료 바로세우기

16 환자와 노동자 모두가 행복한 병원 281

환자존중·직원존중·노동존중 병원 만들기 3대 캠페인 | 2015~

인력부족, 아무리 지적해도 지나치지 않다 / "병원의 손은 직원의 안전띠, 직원의 손은 환자의 안전띠" /
보건의료노조가 나서면? / "보호자 없는 병원", 시동을 걸다

17 광장은 우리의 것 297

촛불시민혁명 | 2016~2017

아버지와 딸 / 성과연봉제 저지투쟁의 선봉에 서서 / 박근혜를 구속하라! / 촛불혁명 다음은 의료혁명

18 아름다운 합의 II 313

좋은 일자리 50만 개, 2017년 일자리 혁명 | 2017

비정규직과 함께 걸은 20년 / "가동! 2017 대선 5대 프로젝트!" / 정책협약의 전통 / 좋은 일자리는 꿈이 아닙니다

19 산별노조, 촛불 너머를 설계한다 333

2017년 산별학교 개교 | 2017

의료민영화는 산별노조의 천적 / "꽃보다 산별노조" / 산별노조 아파야 개혁이다 / 첫 출발은 산별운동 재구성과 제도화

20 우리는 보건의료노동자다! 349

"돈보다 생명을!" | 2003~

의료공공성을 지켜온 사람들 I / 의료공공성을 지켜온 사람들 II / 연대와 나눔 / 대한민국 의료혁명

에필로그

01

“환자에게 건강을! 노동자에게는 인간다운 생활을!”

병원 노동자, “민주노조”를 세우다 | 1987

노조 결성 전 간호사 초임은 근로기준법 상 19만5천원이었으나, 그나마 이를 제대로 지키는 병원은 거의 없었다. 그나마 처우가 낫다는 대학병원 기능직의 경우 월 평균임금이 13만원에 불과했다. 이러한 저임금에도 불구하고 하루 노동시간은 13시간이 넘었다. 호봉체계도 없었으며, 임금인상 액수는 병원 마음대로 정했다. 월차수당, 시간외 근무수당, 야간근무수당도 제대로 받지 못했다. 법정 최소인력을 지키는 병원은 거의 없었으며, 임신을 하면 사직을 강요당했다. 전국적으로 근로기준법을 지키는 병원은 거의 한 곳도 없었다.

〈그래! 우리가 꿈꾸는 바로 그 산별노조!〉, 보건의료노조, 2015. p24

이승만 정권 때 이야기가 아니다. 1987년까지, 이 땅에 근대적 의료 시스템이 도입된 지 수십 년 동안, 병원 노동자들이 몸으로 견뎌야 했던 현장의 실상은 이러했다. 직원 대접이 이럴진대, 환자 돌봄에 빈틈이 생겨나지 않을 리가 없다. 아픈 이들에게 병원은 꼭 필요한 존재였으나, 극소수 특권층 환자를 제외한 대다수 서민들에게 그것은 비정한 세리(稅吏)만큼이나 야멸찬 벽이기도 했다. 병원의 주인들 눈에 환자와 노동자는 그저 황금알을 낳는 거위로 비쳤을 뿐이다.

"학교 다닐 때부터 이건 참 아니다 싶은 것이 있었는데, 병원에 실습을 나갔을 때였어요. 엘리베이터 맞은편에 간호사들 쓰는 화장실이 있는데, 거기서 청소하시는 아주머니들이 식사를 하고 계시더라구요. 그 분들에게는 탈의실 하나 제대로 없죠. 지금도 아주머니들이 화장실에서 지내고 있는 건물이 많아요."

'보건의료노조의 산증인 차수련 전 위원장', 〈노컷뉴스〉, 2004. 6. 21

환자의 건강을 볼모로, 노동자의 피와 땀과 눈물을 연료로 황금의 탑을 쌓은 이 시스템은, 겉보기와는 달리 전혀 근대적이지 않았다. 차수련 전 위원장의 증언대로, "병원은 우리 사회의 축소판"이었다. 그곳에는 대한민국이 일제 식민지로부터 물려받은 온갖 모순과 부조리들이 겹겹으로 똬리를 틀고 있었다. 화장실에서 끼니를 때우게 하다니! 조선시대 노비들이 이런 신세였을까? 인술(仁術)을 행하는 병원이 전근대적 무법천지였다는 소리다.

단결 없이 권리 없다

법이 없어서 그랬던 건 아니었다. 대한민국은, 법적으로는, 민주공화국으로 태어났다. 제헌헌법은 남한 단독정부의 수립을 후견한 미국과 UN의 낯을 세워주기에 충분했고, 일부 조항은 그 시절에 이런 발상이 통했다는 게 상상이 안 될 만큼 '친노동적'이었다.

"영리를 목적으로 하는 사기업에 있어서는 근로자는 법률의 정하는 바에 의하여 이익의 분배에 균점할 권리가 있다."

제헌헌법 제18조

믿기 힘들겠으나, "노동자의 이익 균점 권리"를 명시한 위의 조항은 이승만 정권의 악명 높은 두 차례의 개헌에도 살아남았다. 근로기준법 또한 지금보다 오히려 '친노동적'이었다. 모든 휴일 및 휴가에 유급이 적용되었을 정도였다. 그러나 감탄할 필요는 없다. 노동자들은 이익 균점은커녕 노동력의 대가조차 받지 못했다. 여성 노동자들의 상황은 더 힘들었다. 법에는 "여자와 소년의 근로는 특별한 보호를 받는다(제헌헌법 제17조)"고 되어 있었지만, 현실에서 일하는 여성들은 이중, 삼중의 고통에 시달려야 했다.

법은 강제하지 않으면 멈추거나 뒷걸음친다. 그것은 동력이 없어도 굴러가는 영구기관이 아니다. 법은 신성불가침의 안전지대가 아닌 서로 다른 이해관계들이 다투는 살벌한 대결의 장이며, 그렇기에 시종일관 힘의 논리 위에 서 있다. 그렇지 않다면, "법보다 주먹이 가깝다"는 말이 왜 나왔을까. 법을 만드는 것도 힘이요, 법을 굴리는 것도 힘이다. 그 힘이 약자와 다수 쪽에서

해방 후 40년 동안, 병원에는 노동조합이 네 개뿐이었다. 그곳은 '무법천지'나 다름없었다. 1987년 여름 "노동자대투쟁" 직후, 노동조합 총회에 모인 강남성모병원 노동자들.

나오지 않는 한, 법은 공동체의 이익에 복무하려 하지 않는다. 이것이 법치(法治)라는 단어의 진실이다.

인류 역사상 최초로 국민주권을 선언한 프랑스 제1공화국 헌법(1793)은 파리의 민중이 바스티유감옥을 무너뜨리지 않았다면 결코 빛을 보지 못했을 것이다. 근대법의 대명사로 쓰이는 영국의 권리장전(Bill of Rights, 1689)조차도 실은 귀족들이 왕의 목에 칼을 겨누고 빼앗은 전리품이었다. 법은 그 법을 만든 이들이 굴리는 것이다. 노동자와 농민이 만들었다면, 자기 손으로 만든 이 조항들이 이렇게 휴지조각이 되도록 가만 놔두었겠는가. 청산의 대상들에게 애당초 제헌헌법이란 보여주기 위한 것이었을 따름이다.

UN의 승인이 떨어지자, 그들은 부리나케 국가보안법(1948년 12월 1일 제정)부터 챙겼다. 근로기준법이 마련된 것은 그보다 5년 뒤인 1953년 5월 10일이었다. 그나마 한국전쟁을 지원한 국제기구의 압력이 없었다면 더 늦춰졌을지도 모를 일이었고, 국가와 사회가 근로기준법 집행에 투입한 힘은 국가보안법에 비하면 백분의 일도 안 되었다. 당연히 아무도 근로기준법을 무서워하지 않게 되었다. 그러라는 게 그들의 이해관계였다. 바로 이 때문에, 17년 뒤 전태일은 "근로기준법을 준수하라!"고 외치며, 자신의 몸에 불을 댕겨야 했다.

대개 국가는 의무 부과에는 부지런하나, 권리 보호에는 게으르다. 특히, 약자의 권리를 챙기는 데에는 매정하기 짝이 없이 인색해서, 법이 약자를 위한 권리장전으로 기능하려면 누군가 나서는 수밖에 없다. 그 누군가가 남조선과도입법의원이 특별법(1947)을 제정하면서 청산의 대상으로 지목한 "민족반역자, 부일협력자, 전범, 간상배"가 아닌 것은 분명했다. 비록 미군정에 의해 거부되었지만, 그것이 그 시대의 사회적 합의였다.

제헌헌법은 야누스였다. 일제 청산이라는 민족의 염원을 거역한 세력이 민주공화국을 선포했다는 것 자체가 더 이상 나쁠 수 없는 희비극이었다. 설상가상, 여기에 한국전쟁이 겹치면서, 모든 게 뒤틀려버렸다. 나쁜 짓으로 모은 재산일수록 더 아귀 같은 집착을 낳는다. 그 돈을 지키기 위해 그들은 수단 방법 가리지 않고 똘똘 뭉쳤다. 반면, "빼앗긴 들"을 되찾으려는 민중의 입에는 재갈이 물려지고, 손발에는 족쇄가 채워졌다. 전자가 제1공화국을 지탱한 권력의 원천이었다면, 후자는 더 많은 단물을 빨아먹기 위한 장치였다.

"말 많으면 빨갱이"로 모는 사회, 근로기준법을 지키는 사업주가 바보가 되는 사회에서는 정의의 여신 디케가 와도 속수무책이다. 법은 그 법의 보호를 받아야 할 이들이 스스로 움직이지 않으면 무용지물인 것이다. 의료법(1951년 9월 25일 제정)도 마찬가지였다. 병원 노동자들이 뿔뿔이 흩어져 있는데, 누가 그걸 지키라고 요구할까. 좋은 법의 기준을 정의의 실현이라 한다면, 그것의 충분조건은 약자의 단결이다. 정의는 약자의 권리를 보장하는 데에서 나오고, 단결 없이 권리 없다는 것은 만고불변의 진리다.

압축성장의 민낯

나라가 민주공화국이게끔 가꾸는 작용이 이를 거부하고 훼손하는 반작용에 눌리면서, "대한민국은 민주공화국"이라는 헌법 제1조 1항은 유명무실해졌다. 이런 맥락에서 볼 때 대한민국은 미숙아로 태어났다고 할 수 있으며, 하마터면 사생아로 전락할 뻔한 이 미숙아의 신세를 구해낸 게 1960년 4월의 민중봉기였다. 그러나 분단이라는 지정학적 조건 아래에서, 이 미숙아를 튼튼하게 키울 인큐베이터에게 주어진 시간은 너무 짧았다.

권력의 입구가 좁을수록 불로소득은 늘어나고, 불로소득이 늘어날수록 사회는 병든다. 이 병을 치료하려면 국민주권 외에는 길이 없는데, 입구를 넓히는 것만으로는 부족하다. 땀 흘리는 사람들이 오와 열을 맞춰 그 문으로 입장해야 하는 것이다. 민주주의가 무엇인지에 대해서는 여러

갈래의 설명이 있지만, 일하는 이들에게 그것이 소중한 이유는 단결을 보장하기 때문이다. 노동조합이 발전한 나라가 민주주의는 물론 복지에서도 선진국이라는 사실은 우연이 아니라 필연이다.

쿠데타로 집권한 군사정권은 노동조합부터 부쉈다. 국가재건최고회의는 포고를 발령해 모든 노동조합을 해산시키고, 한국노동조합총연맹을 새로 만들었다. 눈에 익은 데자뷔였다. 해방 직후, 조선노동조합전국평의회(전평, 1945년 11월 5일 창립)는 16개 산별, 1,179개 지부, 50만 조합원으로 구성된 남한 노동자들의 단결의 구심이었다. 당시 남한의 산업구조를 생각하면 엄청난 규모였다. 미군정과 친일파들은 전평을 눈엣가시로 여겼고, 전평의 와해와 단정이 마각을 드러낸 것은 거의 동시에 이루어진 일이었다.

노동조합을 길들이는 데 성공한 군사정권은, 이어서 "노동자의 이익 균점"을 명시한 헌법 조항을 삭제했다(1962

병원 노동자들이 세운 최초의 민주노조, 서울대병원 노동조합(1987.7.31). 전덕례 위원장과 조합원들이 노동조합 사무실 현판식을 열고 있다.

년 12월). 이제는 체면치레도 필요 없고, 말 그대로 노동자를 쥐어짤 수 있을 때까지 쥐어짜겠다는 심산이었다. 1980년 서울의 봄 때도 그랬다. 신군부는 노동조합 간부들을 구속하고, 정화 조치라는 미명 하에 현장에서 내쫓았으며, 민주노조에 대한 파괴공작을 진행했다. 그리고 국가보위입법회의는 △유니온숍 폐지 △산별 해체 △단체교섭 위임 금지 △제3자 개입 금지 등을 주요 내용으로 노동법을 전면 개악했다(1980년 12월).

노동자들이 단결의 무기를 빼앗기는 순간마다 역사의 시계바늘은 어김없이 뒤로 돌아갔다. 분단, 전쟁, 예속, 독재, 부정부패, 인권탄압까지, 국가의 비정(秕政)과 자본의 탐욕을 막을 최후의 보루인 노동조합이 힘을 잃고 나서 벌어진 일들이었다. 헌법은 "법률이 정한 바에 의하여"라는 문구로 난도질당했고, 그 법률이 억압의 수단으로써 완성되자, 민주공화국의 주인은 유배됐다. 1987년에 개정된 제6공화국 헌법에도 "노동자의 이익 균점"이라는 글귀는 보이지 않는다. 이것이 오늘날의 양극화와 무관하다고 누가 감히 말할 수 있을까.

공장의 굴뚝이 하나씩 둘씩 올라갔다. 나라를 담보로 잡히고 빌린 돈으로 세운 공장이었건만, 주인은 일제 때 왜놈 품 안에서 장사하던 정상배들이었다. 그들은 하루라도 빨리 빚을 털어내고 싶어 했다. 공장은 밤낮없이 쉬지 않고 돌아갔다. 적반하장도 이런 적반하장이 없었다. 노동자는 미래의 자본가의 빚을 갚아주는 현대판 노예였다. 노동자들이 구슬땀을 흘려 빚을 갚아주면, 그들은 또 다시 빚을 내 다른 공장을 지었다.

압축성장의 경로는 빚으로 사들인 기계를 최대한 빠른 속도로 돌리는 것이었다. 이쯤이야 기술과 자본이 없는 나라의 불가피한 선택이었다고 양해한다 치자. 그러나 그 다음은? 한국의 기업주들은 그렇게 긁어모은 돈을 대체 어디에 썼을까? 기술과 교육에 투자하지 않았다는 것은 삼척동자도 아는 사실이다. DNA는 바뀌지 않는다. 불로소득은 땅과 건물로 들어갔다.

많은 이들이 성장률만큼 일자리가 늘어났다고 말한다. 성장의 과실이 일자리로 분배되었다는 주장이다. 과연 그럴까? 보건의료 현장을 예로 들어보자. 간호사 수는 제1차 경제개발 5개년계획이 시작된 1962년 8,144명에서, 1970년 14,506명, 1980년 40,373명으로 늘었다. 한편, 경상의료비는 1970년 720억원에서 1980년 1조4천억원으로 뛰었다(《보건복지통계연보》, 보건복지부). 병의원(약국 포함)이 무려 20배가 넘는 매출을 거둬들이는 동안, 간호사 수는 겨우 2배 남짓 늘어났을 뿐이다.

대신, 독일에 보내기 위해 3개월 코스로 단기양성한 간호조무사의 수는 1968년 850명에서 1980년 61,072명으로, 간호사 수를 순식간에 추월했다. 이 숫자들이 의미하는 바는 명확하다. 성장의 속도는 일자리를 동반한 적이 없을뿐더러, 성장의 양이 일자리의 질을 외려 밀어냈다는 것이다. 인력이 부족하면 사람에게 돈을 쓰는 게 해법인데, 더 싸게 더 쉽게 더 많이 부려먹을 궁리만 했다. 질이 따르지 않는 양은 사상누각이고, 그 대가를 지금 우리 사회는 혹독하게 치르고 있다.

선구자들

부실건축물들이 으레 그러하듯, 압축성장이 모래성을 쌓는 과정 역시 편법과 불법의 도가니였다. 군사정권이 입에서 쇳소리가 나올 정도로 밀어주었으면 적당한 선에서 그칠 만도 하건만, 자본의 일탈은 끝이 없었다. 사람 귀한 줄 모르는 기업이 원천기술을 기르는 시간을 달가워할 리 만무하다. 축적의 시간은 약탈의 시간으로 대체되었다. 기계와 설비만 들여오면 장땡이라는 착각은 뒷날 고정자본의 공급과잉을 불러 "IMF 사태"를 일으키는 주범이 되었다.

병원이라고 다를 바 없었다. 아니, 더 심했다. 1987년 이전까지, 병원사업이란 땅 짚고 헤엄치는 격이었다. 경쟁도, 감시도, 견제도 없었다. 그렇게 번 돈이 병원 노동자들의 삶의 질 개선에 쓰이지 않았다는 것은 확실했다. 병상 증설, 첨단 의료설비 도입, 의대 설립에 앞 다퉈 나섰던 병원들이 우리 보건의료산업의 기술 종속을 해결하는 데 투자했다는 소식을 들려준 적이 있었던가? 대한민국에서는 병원마저도 '노가다형' 장치산업인 셈이었다.

1987년을 전후한 시기, 병원 노동자들의 불만과 노조에 대한 바램은 다음의 항목들로 요약할 수 있다. △저임금 △장시간 근로와 부담스러운 교대근무제 △병원의 인력부족 △불완전 고용 △여성노동자들의 모성보호에 대한 지원 부족 △산업재해와 직업병 △인사정책의 비민주성 △비민주적인 인사조치 △직종 간의 갈등 △기능화된 간호업무 △재교육 기회의 부재(《병원노련 20년, 보건의료노조 10년사》, 보건의료노조, 2009, p76~87).

임노동관계가 성립한 사업장에서 나올 수 있는 모든 종류와 형태의 고통, 불만, 원망들이 누적돼 있었다. 최근, 간호사들에게 선정적인 춤을 추게 하고, 1회용 의료기기를 재활용하는 어느 종합병원의 실태가 전파를 탔다. 이런 곳에는 예외 없이 노조가 존재하지 않는다. 1987년 전까지 수십년에 걸쳐, 보건의료의 현장은 이 모양이었다. 500개가 넘는 병원 가운데 노동조합이 있는 곳은 달랑 셋. 병원은 노동조합의 불모지였다. 병원은 환자를 고치는 신성한 곳이라는 인식이 역설적이게도 자본의 폭주를 방조하는 울타리가 된 것이다.

병원 노동자들은 직무 영역에 따라 △전문기술직(간호사, 의료기사, 약사, 기사) △사무직(원무과, 경리, 총무과) △기능직(기관실, 운전기사, 영선) △고용직(식당, 청소, 경비) 등으로 나뉜다. 먼저 움직인 쪽은 간호사들이었다. 간호사는 환자를 돌보는 병원 내 업무구조와 동선에서 가장 많이 부하가 걸리는 직종이라, 노동강도도 제일 셌다. 1일2교대, 주 72시간 근무가 비일비재했고, 간호사 한 명이 담당하는 환자의 수가 평균 주간에는 17명, 야간에는 28명에 달하는 실정이었다. 의료법이 규정한 간호사 정원은 환자 5명당 간호사 2명이다.

> "그 때 우리는 1년에 휴가가 하계휴가 5일 밖에 없었어요. 근로기준법이 있었지만 연차, 월차, 생리휴가라는 것이 있는지도 몰랐고, 그런 것이 전혀 없었어요. 환자가 많을 때는 무조건 오버타임을 해야 했고, 환자가 줄면 아침에 출근을 해도 강제로 휴가를 보내기도 했어요. 전혀 일하는 사람들의 목소리가 반영되지 않는 시스템이었고…."
>
> '보건의료노조의 산증인 차수련 전 위원장', 〈노컷뉴스〉, 2004. 6. 21

간호사들이 보건의료 현장의 모순과 부조리를 직시하고 개선을 모색하게 된 배경에 학생운동의 영향을 빼놓을 수 없다. 학생운동은 "1960년 4월" 이후 반독재민주화투쟁의 선봉이었다. 대학에서 선후배 인맥을 통해 직간접으로 학생운동의 세례를 받은 간호사들이 종횡으로 연결돼, 병원에 민주화의 씨앗을 뿌렸다. 이들은 도시빈민거주지역이나 공단지역에서 야학, 의료봉사활동을 실천하면서, 병원 안에서는 조심스럽게 간호사들의 각성을 도모하는 소모임을 조직했다.

전덕례(서울대), 최경숙(서울대), 차수련(한양대), 한은정(고려대) 등이 이러한 움직임의 중심에 서 있던 대표적인 인물들이었다. 하지만, 이 움직임들은 곧바로 노조 결성을 수면 위로 올리지는 못했다. 전문직이라는 사회적 지위가 부여하는 특권의식의 껍질을 깨는 것은 간단한 일이 아니었다. 간호협회의 원심력도 만만치 않았다. 1987년 여름, 병원에서 최초의 파업이 불붙었을 때, "백의의 천사가 파업을 할 수 있느냐"며 "간호사 자격을 박탈하겠다"는 성명을 냈던 그 간호협회 말이다.

병원은 사업장 규모에 비해 직종이 굉장히 다양하다. 이는 일하는 이들이 대오를 갖추는 데 불리하게 작용하기도 하지만, 반대로 시너지를 낳기도 한다. 어느 한 부서라도 서면, 병원 업무 전체가 정지된다. 환자 식사는 누가 만들고, 환자복은 누가 빨며, 보일러는 누가 돌리나. 어느 한 곳 편한 부서가 없고, 워낙에 노동조건이 강팍했기에, 노동조합에 쏠리는 기대심리는 숙성 단계를 넘은 지 오래였다. 남은 문제는 누가 고양이 목에 방울을 달 것인가, 그것이었다.

필수공익사업장으로 지정돼 노동3권 행사에 제약을 받는 병원에서 노동조합이 닻을 올리려면, 병원 노동자 전체의 단결과 함께, 이를 지지하고 엄호해주는 병원 바깥의 사회적 분위기가 절대적으로 필요하다. 정세는 파국을 향해 치닫고 있었다. 1987년 4월 13일, 전두환은 직선제 요구를 거부했다. 군사정권과 정면대결을 피할 수 없게 된 상황에서, 800여 명의 간호사와 약사들이 "호헌 철폐, 직선제 쟁취" 선언에 서명하고, 민주화의 격랑에 몸을 실었다. 이들이 바로 노동조합 결성의 주역이 된다.

마침내 터진 봇물

공교롭게도, 우리의 현대사는 10년 주기로 변곡점이 찾아왔다. 1950년의 한국전쟁, 1960년의 "4월혁명", 1970년의 전태일의 분신, 그리고 1980년의 "광주"까지. 그 주기가 앞당겨졌다. 1987년의 정치적 위기는 "예고된 위기"나 다름없었다. 제5공화국은 어차피 "박정희"와 "포스트 박정희" 사이의 과도기밖에 될 수 없는 운명이었다. 핏자국을 지울 수 없으면 세탁이라도 하는 시늉을 내라는 게 최소한의 사회적 합의였고, 이 합의가 정조준하고 있던 과녁이 1987년으로 예정된 '체육관선거'였다.

겉으로는 버티겠다는 듯이 보였지만, 기실 전두환에게는 선택의 여지가 별로 없었다. 군사정권의 탄압을 뚫고 민주화운동은 어느새 혁명의 경계선을 넘나들고 있었다. 그가 끝까지 '체육관선거'를 고집하거나, 숫제 계엄령을 때린다면, 이번에는 서울이 "광주"가 될 터였다. 군부 또한 꿈에서

출발은 늦었지만, 병원 노동자들이 제일 먼저 산별노조로 달려갔다. 사진은 이화대학부속병원 민주노조 결성대회 현장(1987.9.3).

도 만나기 싫은 시나리오였다. 이미 서울 도심을 제외한 전국은 경찰력이 닿지 않는 해방구였다.

"6월"은 "4월"과도, "5월"과도 달랐다. "6월"은 정치적 위기였지, 경제적 위기는 아니었다. 불과 서너 해 전까지만 해도 관변 학자들까지 '외채망국론'을 주워섬기던 지경에서, 3저 호황 덕분에 무역수지 흑자를 어떻게 관리해야 할지 고민해야 할 정도로 상황이 달라졌다. "광주"를 반복할 수 없다는 두려움과 얼마만큼은 떼어줄 수 있다는 자신감이 교차했다. 6월 29일, 노태우의 직선제 수용은 그런 의미였다.

"4월"과 "5월"에 이어 세 번째로 민주주의의 문이 열렸다. 그 열린 문으로 노동자들이 보무도 당당하게 입성했다. "노동자대투쟁"이라 명명된 이 항쟁의 양상은 적십자병원 앞에 '매혈족(賣血族)'이 줄을 서던 '쌍팔년(단기 4288년, 서기 1955년)'에 비할 게 아니었다. 1987년 6월 2,742개였던 전국의 노동조합 수는 "노동자대투쟁"을 경유하면서 폭발적으로 늘어, 그 해 말 4,103개라는 경이적인 수치를 기록했다. 조직률도 14.7%에서 17.3%

로 올랐다.

노동조합의 불모지, 40년 동안 노동조합이 단 4개였던 보건의료 현장에서도 1987년 하반기에만 67개의 노동조합이 신규로 결성됐다. 보건의료노조는 그 감격의 순간을 "숨죽여 있던 병원 노동자들이 마침내, 노동의 주인으로 등장하여 병원을 바꾸고 세상을 바꿀 무기 '단결권'을 손에 쥐게 된 것"이라고, 기록하고 있다(〈그래! 우리가 꿈꾸는 바로 그 산별노조!〉, 보건의료노조, 2015. p28). 보건의료노조의 모태가 된 이 67개 단위노조의 이름을 하나씩 짚어본다(가나다순, 괄호 안은 조합원 수와 결성일자).

서울(23)

△강남성모병원(500/9.4) △경희의료원(1,225/8.21) △고대의료원(860/8.26) △근로복지공사본조(1,300/9.14) △금강병원(105/10.22) △민중병원(138/11.13) △보훈병원(300/8.17) △서울기독병원(122/8.26) △서울대병원(1,700/7.31) △성바오로병원(200/11.13) △성애병원(68/9.1) △순천향병원(600/8.26) △원자력병원(580/10.17) △을지병원(200/8.31) △이대병원(338/9.3) △인제대백병원(359/8.27) △제일병원(188/9.29) △중앙대병원(250/8.12) △중앙대용산병원(234/8.12) △충무병원(65/9.3) △카톨릭병원(52/8.25) △한림대의료원(748/8.17) △한양대병원(1,300/8.17)

경기(9)

△동수원병원(150/8.28) △부천성가병원(136/9.4) △부천세종병원(230/9.3) △부천제일병원(168/9.15) △성남병원(160/9.8) △성빈센트병원(450/10.6) △안양중앙병원(120/9.14) △양친회병원(125/9.20) △인하병원(300/10.23)

인천(5)

△근로복지공사인천지부(298/9.14) △부평성모자애병원(121/11.14) △인천기

독병원(300/9.15) △인천세광병원(150/8.17) △인천의료원(250/12.9)

강원(2)

△춘천성심병원(76/10.1) △춘천의료원(101/9.30)

충북(3)

△청주의료원(162/8.16) △청주남궁병원(84/9.13) △청주서울병원(94/9.8)

충남(1)

△순천향천안병원(486/8.28)

대전(1)

△대전을지병원(240/9.2)

전북(1)

△정읍아산병원(106/10.1)

전남(1)

△목포의료원(53/11.23)

광주(5)

△광주기독병원(220/9.1) △광주남광병원(166/8.22) △광주보훈병원(96/10.26) △전남대병원(100/11.11) △조선대병원(300/9.29)

경북(2)

△경주기독병원(9.7) △순천향구미병원(200/11.12)

대구(1)

△동산의료원(717/9.2)

경남(5)

△대우옥포병원(155/12.9) △울산해성병원(300/8.7) △울산동강병원(280/9.24) △울산제일병원(16/9.9) △창녕왕산병원(42/9.21)

부산(5)

△메리놀병원(360/12.9) △복음병원(362/10.29) △부산백병원(510/8.27) △일신기독병원(166/11.2) △침례병원(557/9.7)

제주(2)

△제주새한병원(57/10.20) △제주의료원(50/12.12)

실로 길고 험한 세월을 기다려왔다. 민주화운동의 도움을 받았다고 하지만, 노동조합이 거저 얻은 단결이었을까? 천만의 말씀이다. 양건모 초대 병원노련 위원장(당시 이대병원노조 위원장)과 이봉우 보건의료노조 충북본부장(당시 청주의료원노조 사무장)의 기억이다.

> "운동권 경험이 없어서 처음에는 고사했다. '선생님은 약사시니까 해고되더라도 먹고 살 방안이 있지만 저희는 여기서 해고되면 먹고 살 수가 없습니다.' 한 가정을 이끄는 책임감이 느껴지는 이분들의 울먹이는 말에 설득당해 노조위원장을 맡게 되었다."
>
> '양건모 인터뷰', 〈월간 개발과 사람〉, 2017년 11월

"87년 8월 15일 57명의 조합원이 처음 노조를 만들었는데 분위기가 정말 삼엄

했어요. 그때 당시 병원노조의 상급단체였던 한국노총 연합노련이 후암동에 있었는데, 연합노련에 가입원서를 내려고 미행하던 안기부, 경찰을 따돌리려고 온갖 숨바꼭질을 다 했던 기억이 납니다."

〈그래! 우리가 꿈꾸는 바로 그 산별노조!〉, 보건의료노조, 2015. p31

먼저 된 자가 나중 되고, 나중 된 자가 먼저 되는 법이다. 민주화에는 늦깎이로 참여했지만, 민주주의를 지키고 그것을 확장하는 배역이 노동자들에게 맡겨졌다. 압축성장으로 골병이 든 국가와 사회를 치료하라는 임무가 병원 노동자들의 어깨 위에 놓여졌다. 1987년, 병원 노동자들이 민주노조를 세웠다. "환자에게 건강을! 노동자에게는 인간다운 생활을!"에서 출발해 "돈보다 생명을!"로 나아간, 보건의료노조의 30년에 걸친 장정의 시작이었다.

02

단결과 연대의 DNA

전국병원노동조합연맹의 탄생 | 1988

> 단결권을 손에 쥐게 된 병원 노동자들의 발걸음은 거칠 것이 없었다. 1987년 12월 12일, 경희대병원 강당에서는 70여 개 병원 노동조합이 참여한 가운데 전국병원노동조합협의회(병노협)가 공식 출범했다. 의장으로는 양건모 위원장(이대병원노조)을 선출하고, 부의장은 안덕호 위원장(부산백병원노조), 한은정 위원장(고대의료원노조), 이근선 위원장(부천세종병원노조)을 선출했다. 사무국장으로 차수련 위원장(한양대병원노조)을 선출했다. 병노협은 87년 대투쟁 이후 최초의 민주적인 업종별 노조 연합조직이었다. 병노협 결성 이후 병원 노동자의 투쟁은 더욱 거세어졌다. '병노협이 개입하면 병원이 망한다'는 말이 있을 정도로, 병노협은 병원 노동자들에게 강력한 무기가 되었다. 그리고 더욱 강고한 연대와 단결을 위해 더 큰 한걸음을 내딛는 소중한 자산이 되었다.
>
> 〈그래! 우리가 꿈꾸는 바로 그 산별노조!〉, 보건의료노조, 2015. p30

따지고 보면, "6월 항쟁"도, "노동자대투쟁"도 모두 '불법'이었다. 당시의 현행법은 민주주의의 근간인 "언론·집회·출판·결사"의 자유와 "단결권·교섭권·쟁의권"의 노동3권을 극도로 제약했다. 권리와 긍지를 스스로 찾으려면, '범법자'가 되는 수밖에 없었다. 서슬 푸른 군사정권 아래에서 위축된 대중이라면 고통에 적응하는 방법을 찾을 것이다. 그러나 정세의 고양에 고무된 대중은 자신을 옭아맸던 족쇄를 두려워하지 않는다.

마침내 떨쳐 일어난 병원 노동자들의 앞에 놓인 가시밭길은 하나둘이 아니었다. 노동악법이 그대로 남아 있고, 경찰·검찰·안기부가 눈에 불을 켜고 쫓아왔다. 구사대의 테러, 어용노조 설립, 부당해고, 병원 폐쇄와 위장폐업(위장부도) 등, 병원 내 부조리가 총천연색이었던 것처럼, 탄압과 회유도 가지가지였다. 언론도 한몫했다. 환자의 생명을 볼모로 인질극을 벌인다나? 인질극을 벌인 쪽은 노조가 아니라, 40년 동안 사람 아픈 것을 빌미로 환자를 봉으로 치부했던 병원이었다.

서구 자본주의에서 노동조합의 역사는 과학기술의 역사와 더불어 경제사의 가장 역동적인 장면이다. 그런데, 이 땅에서 노동조합사, 특히 자주적이고 민주적인 병원 노동조합의 역사는 오랜 기간 빈 페이지였다. 압축성장은 노동자들에게 단결의 시행착오를 경험하고 노하우를 축적할 여지를 주지 않았다. 잃어버린 시간을 찾아, 병원 노동자들은 싸우고 배우면서, 역사의 첫 장부터 새로 써야 했다.

"노동자대투쟁"이 정치민주화를 직장민주화로 연결시켰듯이, 병원의 민주노조들은 병원민주화 이슈로 뭉쳤다. 그것은 훗날 "의료공공성 강화"의 바탕이 되었다.

대결

도전과 혁신 없이 줄 서는 것으로 뭔가를 누린 사람들은 경로의존증이 강하다. 도무지 남의 말을 들으려 하지 않고, 그것이 이웃에 폐가 되든 말든 이제껏 누려 왔던 방식을 막무가내로 고집한다. 시대가 바뀌는데 이런 사람들이 높은 자리에 앉아 있으면, 사회는 기회비용을 몇 곱절로 치르게 된다. "노동자대투쟁" 이후 대한민국의 노사관계가 딱 그랬다. 한 세대 전 선배 노동자들이 빚을 대신 갚아주었던 자본에게, 후배 노동자들은 자본주의의 매너를 가르쳐야 했다. 말로 해서 될 일이었을까.

병원들은 노조를 인술(仁術)의 동반자로 받아들이지 않았다. 황금알을 낳는 거위를 사회에 환원할 생각을 하니 끔찍했을 것이다. 그들은 병원 고유의 공공적 특성을 악용해, 탄압의 고삐로 삼았다. 규모가 작을수록 더 악랄하고 집요해서, 노조 사수가 조합원들의 일상이 되었다. 연대와 지원이 절실했다. 병원에서 노동조건의 개선은 의료법을 비롯한 제반 법률 및 제도와 연결되어 있어서, 단위노조 차원의 대응만으로는 역부족이었다.

노동법이 개정되기 전이었다. 신규노조는 상급연맹에 가입을 해야 설립신고필증을 받을 수 있었다. 그래서 한국노총 연합노련이 자동적으로 병원 노조들의 상급단체가 되었다. 교섭권도 행사하지 못하는 무늬만의 산별은 병원 노동자의 소망을 담아낼 그릇이 아니었다. 민주노조는 노동자를 짓누르던 구체제의 질곡을 깨고 나왔다. 병원 노동자들은 그 껍질 안으로 다시 들어가기를 거부했다. 최초의 민주적 업종협의회인 병원노동조합협의회(이하 병노협)는 이렇게 태어났다.

〈병원노동조합협의회 강령〉

1. 우리는 노동자들의 기본적 권리를 지킨다.
2. 우리는 8시간 노동제와 최저생계비를 확보한다.

3. 우리는 노동3권의 완전 획득을 위해 노력한다.
4. 우리는 병원 내의 노동자들의 남녀간, 학력간, 직종간의 차별을 없애기 위해 노력한다.
5. 우리는 병원 노동자의 건강과 문화적 생활, 복지향상을 위해 노력한다.
6. 우리는 여자 및 연소자의 보호와 정당한 권리를 위해 노력한다.
7. 우리는 정치활동의 자유를 위해 노력한다.
8. 우리는 산업별, 지역별, 업종별 노동조합과 연대하여 노동대중의 민주적 제 권리 획득을 위해 앞장선다.
9. 우리는 자주적 민주적 병원노조의 신설과 지역적, 전국적 조직을 건설하는 데 앞장선다.
10. 우리는 전 국민을 위한 평등하고 인간적인 의료를 행하는 데 앞장선다.
11. 우리는 민주적인 의료제도 확립을 위해 앞장선다.
12. 우리는 민족자립경제의 확립과 평등사회 실현을 위해 노력한다.
13. 우리는 진정한 민주주의 제도 확립을 위해 적극 노력한다.
14. 우리는 조국의 민족통일을 위한 노력에 적극 앞장선다.
15. 우리는 전 세계 노동자와의 유대를 강화하고 세계평화를 위해 적극 노력한다.

강령에서 확인되듯이, 병노협의 시선은 단위사업장의 노사관계에 머물러 있지 않았다. 거기에는 직장 민주화와 의료 민주화로 사회민주화의 주역이 되겠다는 병원 노동자들의 의지가 반영돼 있었다. 병노협은 출범을 선언할 때부터 자신의 역할과 임무를 더 단단한 단결, 더 폭넓은 연대로 나아가는 징검다리라고 분명하게 인식하고 있었으며, 그것이 산별, 내셔널센터, 그리고 노동자 정치세력화로 이어지는 노동의 역사 만들기의 출발이라는 점을 잊지 않았다.

병노협은 60여 개 병원 노조들이 연대한 자주적 조직이었다. 책상 위

상급단체 복수노조 금지 조항은 노동자들의 더 큰 단결을 가로막았다. 민주노조들은 연대해 악법에 저항했다.

의 청사진에서 나온 게 아니었다는 뜻이다. 1987년 10월, 서울기독병원노조 조합원들은 힘겨운 싸움을 벌이고 있었다. 추석 귀향까지 포기하고 철야농성을 하는 동료들을 도우러 서울지역의 병원 노동자들이 달려갔고, 조합원들은 끝내 승리했다. 서울기독병원 연대투쟁은 병노협으로 가는 길목이었다. 병노협은 병원 노동자들의 투쟁 속에서 꽃핀 단결의식의 결정이었던 것이다.

1988년에 들어서도, 보건의료 현장의 민주노조 물결은 수그러들지 않았다. 상반기에 46개, 하반기에 35개의 신규 단위노조가 결성됐다. 병노협은 "조직의 강화는 조합원의 요구를 올바르게 반영한 투쟁과정 속에서 이루어질 수 있다"는 원칙 아래, 의장과 사무차장 두 명이 상근하는 열악한 조건에서도 일일 평균 1회 이상의 단위노조 상담활동을 전개하며, 공동투쟁의 구심으로 빠르게 자리잡아갔다.

병노협은 공동교육에도 심혈을 기울였다. 조합원 1인당 100원씩 갹

출한 빠듯한 재정을 쪼개 교육특별위원회를 설치, △교육위원회의(6회) △10개 교육안 작성 배포 △전국연대교육(1회) △지부교육(9회) △부서별교육(8회) △신규노조연합교육(3회) △쟁의지원교육(5회) △단위노조교육(다수) △특별교육(1회) 등을 진행하고, 〈병노협신문〉을 발간해, 공동교육의 기틀을 다져나갔다.

하루하루가 쟁의의 연속이었다. 가장 치열했던 싸움만 꼽아도, △부천제일병원(1~2월) △고려남훈병원(5~8월) △이대병원(6~7월) △청구성심병원(8월) △제주새한병원(3~11월) △안동병원(7~9월) △녹십자병원(8~11월)이 있었다. 병노협은 신속하게 쟁의대책위원회를 구성하고, △지원방문(농성지원금 전달) △속보 배포 △언론 홍보 △청와대·노동부·정당 항의방문 △연대집회 △가두시위 등을 조직해, 부당노동행위와 노조파괴공작에 맞섰다. 부천제일병원에서는 병노협 의장단이 직접 교섭에 참여했다. 병원 자본

병원노련 전에 전국병원노동조합협의회(병노협, 1987.12.12)가 있었다. 1988년 3월 27일, 병노협의 창립보고대회 현장.

에게 병원협회가 있었다면, 병원 노동자에게는 병노협이 있었다.

합법과 불법의 기로에서

"노동자대투쟁"부터 1988년 중반까지 1년 동안, 노동조합 탄압은 자본이 사적으로 저지르고, 국가가 묵인하는 양상으로 나타났다. 공권력은 국가기간산업 현장의 쟁의와 학생운동을 진압하는 데 대부분 차출됐으며, 과거처럼 드러내놓고 칼을 휘두를 형편도 아니었다. 언론은 '전투적'이라는 수식어를 붙여 노동조합을 매도했지만, 진짜 위험천만한 세력은 자본이었다. 서울올림픽이 끝나고, 야당이 5공 청산에 합의하자, 정부는 공안정국을 조성해 본격적으로 탄압의 칼을 빼들었다.

병노협은 법 바깥에 존재했다. 복수노조 금지 조항 때문이었다. 병노협은 연합노련에 규약의 조직대상에서 병원산업을 삭제해달라고 수차례 요청했지만, 소용이 없었다. 이 약점을 놓칠 자본이 아니다. 실제로 병원협회는 "병노협 의장이 있는 노동조합은 깨야 한다"면서, 이대병원노조 파업에 개입했다. 이에 분노한 서울대병원노조, 한양대병원노조 등 병노협 600여명의 조합원들이 연대집회를 열어 위력행사를 하고 나서야, 병원 측은 합의서에 도장을 찍었다.

결과적으로, 병원협회는 선불을 놓은 격이 되었다. 그러나 이것이 끝은 아닐 것이다. 그들은 계속해서 도발해 올 게 틀림없었다. 한두 번이야 막아낸다 치더라도, 이게 전면전이 되면 이제 막 걸음마를 뗀 병원 노동조합들로서는 출혈이 너무 커진다. 법에 나오는 노동조합을 지키는 데만 해도 엄청난 에너지를 쏟아 붓고 있는 판국인데, 법에도 나오지 않는 조직형태를 외곬으로 사수하겠다고 조합원을 화선(火線)으로 내모는 우를 범할 수는 없다.

공안정국은 겁나지 않는다. 공안정국 뒤에 도사린 사회적, 경제적 조건의 변화 조짐을 읽어내야 하는 것이다. 무릇 정세에 오르막이 있다면 내리막도 있다. "6월 항쟁"의 여파가 언제까지 갈까. 무엇보다도 '3저 호황'의 효과가 사라지고 있었다. 대외의존도가 높은 한국 경제에서 그것은 경기 하강을 의미했다. 불황이 닥치면 대중은 움츠러든다. 역사의 진보가 단선적으로 이루어지는 게 아니듯이, 노동자의 단결은 무수한 변곡점을 헤치며 성장한다.

병노협은 어디로 가야 할 것인가. 병노협은 현실을 직시하고 있었다. 업종협의회란 어디까지나 한시적인 조직이다. 병노협 소속 단위노조의 숫자는 벌써 100개를 넘어섰고, 1988년 말에는 160여 개에 이르렀다. 협의회 수준의 조직으로 끌고 간다는 건 무리였다. 병원협회의 공세에 대한 대응도 한층 정교해져야 했고, 의료민주화 요구를 제도개선투쟁으로 확장시키려면 산업별 노동조합의 전망이 수립돼야 했다.

1988년 12월 17일, 경희의료원 기숙사 강당에서 열린 전국병원노동조합연맹(병원노련) 결성대회.

이대병원 연대투쟁을 승리로 이끈 병노협은 곧바로 제5차 중앙위원회(8.17)에서 협의회 활동의 성과를 바탕으로 연맹 결성을 추진하겠다고 결의했다. 이어서 제7차 중앙위원회(11.9)에서 기존 중앙위를 전국병원노동조합연맹(이하 병원노련) 결성실무위원회로 전환했고, 제8차 중앙위원회(11.26)에서는 병원노련 규약·강령·예산·사업계획서(안)를 검토하고, 병원노련 준비위원회를 구성했다. 12월 17일, 병원노련은 경희의료원 기숙사 강당에서 150인의 발기인이 참석한 가운데 결성식을 갖고, 이렇게 선언했다.

〈전국병원노동조합연맹 선언〉

권위주의와 억압의 시대를 벗어나 이제 민주주의의 새 시대가 노동대중의 위대한 각성과 더불어 시작되었다. 전 국민의 생명과 건강을 담당하는 우리 병원 노동자는 전국병원노동조합연맹의 기치를 높이 들고 뜨거운 동지애와 굳건한 단결력으로 병원노동자의 정치적, 경제적, 사회적 권익 실현과 평등하고 인간적인 의료의 실현을 위한 통일된 조직, 민주적인 조직을 결성하였다. 우리는 노동대중이 역사의 주인임을 굳게 믿으며 자주적이고 민주적인 노동조합운동의 이념 아래 대동단결하여 노동자가 주인 되는 그날까지 전진할 것을 엄숙히 선언한다.

병원노련 초대 위원장에는 병노협 의장으로서 연맹 설립의 최종 책임을 맡은 양건모 이대병원노조 위원장이 선출되었다. 수석부위원장에는 △안덕호 부산백병원노조 위원장, 부위원장에는 △이근선 부천세종병원노조 위원장 △이원조 가톨릭의대병원노조 위원장 △김은아 대전을지병원노조 위원장 △김상덕 의정부의료원노조 위원장 △채학용 광주남광병원 위원장이, 사무처장에는 최방식 서울대병원노조 위원장이 각각 선출되었다. 병원노련의 최고의결기관은 대의원회이며, 중앙집행위원회 직속 사무처 산하에 △정책기획국 △조직국 △교육국 △선전홍보국 △쟁의대책국을 두었다.

1989년 1월 5일, 병원노련은 노동부에 설립신고서를 제출했다. 노동부는 예의 복수노조 금지 조항을 들어 이를 반려했다. 예상했던 결과였다. 조합원들은 주먹을 불끈 쥐고, 조직 확대에 박차를 가했다. 설립 당시 93개였던 가맹 단위노조의 수는 6개월만에 124개, 조합원 수는 24,898명으로 늘어났다. 1989년 5월 31일 현재, 병원노련 11개 지부 소속 단위노조와 조합원 수는 다음과 같다. △서울(28/9,216) △부산(17/3,496) △인천·부천(6/1,894) △경기(10/1,700) △경북·대구(13/2,015) △경남(10/1,136) △충남(5/736) △충북(4/451) △전남·광주(14/1,619) △전북(8/1,477) △강원(9/1,080)

"의료 민주화"의 깃발을 높이 들고

1988년 8월 5일자 〈한겨레〉 신문에 충격적인 기사가 실렸다. 3천원짜리 약을 2만원짜리로 둔갑시켜 바가지를 씌우고, 의료보험 환자를 일반으로 돌려 과중한 진료비를 청구하고, 약사면허 없는 사람이 약을 조제하는가 하면, 의사면허 없는 원장 부인이 메스까지 잡은 어느 병원의 이야기였다. 이 병원의 이름은 고려남훈병원. 노조 인정 않으려고 위장폐업까지 저질렀던, 바로 그 병원이었다.

어느 나라든 노동자를 못 살게 구는 기업은 소비자에게도 횡포를 부린다. 쥐어짜는 것으로 재미를 본 기업주가 고객이라고 제대로 받들겠는가. 자본의 비뚤어진 기업관을 교정하는 힘은 자본 그 내부에서가 아니라 노동조합과 소비자단체의 연대에서 나왔다. 최근에 애플이 스마트폰 배터리 문제로 지탄을 받고 있다. 아이폰을 OEM으로 생산하는 팍스콘(Foxconn)의 작업현장이 얼마나 비윤리적인지 아는 이라면, 올 게 왔다고 생각할 것이다.

> "아직 우리 앞에는 수많은 과제가 많습니다. 15만명이나 되는 의료노동자의 조직화, 참의료를 위한 병원노동자의 근로조건 개선, 병원의 민주화, 그리고 이 땅의 참의료의 정착 등 수많은 과제들이 있고, 이 과제들이 바로 우리 병원노동자 모두의 책임인 것입니다."
>
> 양건모 초대 병원노련 위원장, 〈1989년 병원노련 활동보고〉 발간사

정도의 차이는 있겠지만, 고려남훈병원의 사례는 그 당시 대다수 병원 사업주들이 환자를 어떻게 대했는지 알려주는 생생한 증거였다. 병원이 고객에게 제공하는 의료 서비스는 그 어느 산업의 상품보다 국민 생활과 밀접한 관계를 맺고 있다. 의료 서비스의 질을 높이기 위해서는 결국 병원이 인간 존중의 정신으로 돌아가야 한다. 이런 점에서 볼 때 병원노련이 "의료민주화"에 착안한 것은 노동조합이 국민의 손을 잡겠다는, 대단히 전략적인 대응이었다.

노태우 정권이 공안정국을 기획하고 노동조합에 대한 전면적 공세에 나서자, 병원노련은 "임금인상 및 의료민주화 공동대책위원회"를 구성해 임단협 공동투쟁에 돌입했다. "의료민주화특별위원회"를 가동시키고, △병원 내 각종 비리 척결 △약품처방전 성분 공개 △환자 및 보호자 편의시설 확보 등의 요구를 단체협상안에 내걸었으며, 병원 내 서비스 질 개선을 위한 설문조사를 공개적으로 실행에 옮겼다. 이른바 "1병원 1의료민주화 투쟁"이었다.

그 중의 백미는 병원노련이 1991년 3월 10일부터 4월 12일까지 26개 병원의 입원 환자 및 보호자 893명을 대상으로 실시한 설문조사 결과였다. 복잡한 수속절차, 하염없이 긴 진료대기시간, 중복진료 등 병원 이용자의 80%가 불만을 표시한 것이다. 설문응답이 이루어진 병원에는 서울대

병원, 이대병원, 강남성모병원 등 국내 최고의 종합병원들이 포함돼 있어, 환자 홀대가 병원 전체의 문제라는 사실을 다시 한 번 확인시켜 주었다.

"의료민주화"의 깃발은 선풍적인 반향을 일으켰다. 언론은 설문조사 결과를 집중적으로 보도했으며, 국민이 노동조합의 필요성을 재인식하는 계기가 되었다. 병원 이용자들은 병원노련의 "의료민주화" 운동을 압도적으로 지지했으며(91%), 병원 노사분규의 원인이 열악한 근로조건(58%), 정부의 노조탄압(15%) 때문이라고 응답했다. 의료기관이 공익적이지 못하다는 답변도 72%나 나왔다.

1991년 "환자 편의시설 확보"에 주력했던 병원노련은, 여세를 몰아 1992년부터는 병원 운영 방식을 놓고 "의료민주화"에 더 강한 드라이브를 걸었다. △진료대기시간 단축 △지정진료제 개선 △환경위생 개선 △입원수속 공정화 △영안실 비리 척결 등의 요구가 담긴 단체협상안이 제출되었으며, 가맹 노조에 의료부 설치를 독려해 20여 개 단위노조에 의료부가

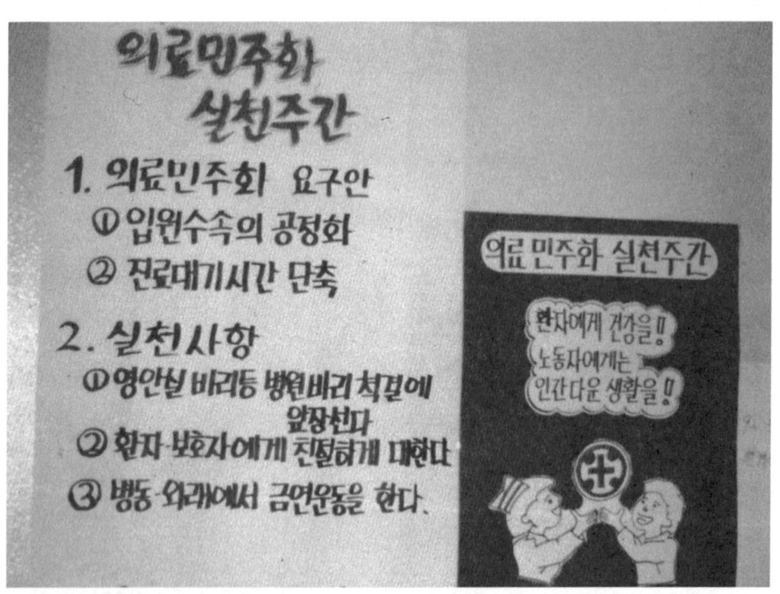

"의료민주화"는 병원 노동자들의 존엄과 긍지를 지키는 깃발이었다. 환자와 보호자들 또한 이 투쟁을 지지했다.

신설됐다.

1993년, 병원노련은 이 해를 "병원 내 금연의 해"로 선포했다. 지금은 누구나 당연히 지키는 병원 내 금연은 병원 노동자들이 맨 먼저 시작한 일이었다. △환자·보호자 휴게실 △보호자 침대 △병동 내 취사시설과 냉장고 △무료 TV 시청 역시 병원 노동자들의 "의료민주화" 투쟁의 성과였다. 병원노련은 여기에서 한 발 더 나아가 지정진료제 수입금을 낡은 장비를 교체하는 비용과 환자기금 조성에 쓸 것을 요구하고, 의료개혁을 위한 국민서명운동 및 거리행진에 나서 국민과의 거리를 좁혔다.

> "병원노련을 인정하지 않으려는 정부와 병원 자본의 무자비한 탄압을 견딜 수 있게 해준 힘은 구속과 해고를 두려워하지 않았던 병원 노동자들의 투쟁과 더불어 의료민주화 투쟁으로 얻은 국민들의 지지와 엄호였다."
>
> 〈그래! 우리가 꿈꾸는 바로 그 산별노조!〉, 보건의료노조, 2015. p38

병원노련의 "의료민주화" 투쟁은 해를 거듭하며 보건의료정책 전반에 걸친 제도개선투쟁으로 발전했다. MRI 같은 고가장비의 의료보험 적용, 연간 180일로 한정됐던 의료보험 적용 상한제 폐지 등의 이슈에서도, 병원노련은 선도적인 역할을 수행했다. "의료민주화"의 깃발은 "의료제도개선투쟁(1994~1997)", "공공의료사수투쟁(1998~2002)", "의료공공성강화투쟁(2003~)"으로 계승되었으며, 보건의료노조의 "의료민영화 반대 3차례 연속 총파업(2014)"의 밑거름이 되었다. 그 깃발은 병원노련을 지켜주었을 뿐만 아니라 "국민과 함께 하는 노동운동"의 효시였다.

첫 번째 승리

법외노조인 병원노련이 당면한 가장 큰 과제는 합법성을 확보하는 것이었다. 1989년 2월 10일, 병원노련은 "병원노련 합법성 쟁취 및 임금인상투쟁 전진대회"를 서울대병원에서 개최해 노동부를 규탄하고, 성대 앞까지 가두시위를 전개했다. 이날 집회에는 600여 명의 조합원들이 참여했다. 2월 15일에는 연합노련 대의원대회에 단위노조 대표자 50여 명이 참가해 규약 개정안을 안건에 올리는 데 성공했으나 부결됐다. 이어서 야당의 복수노조 금지 조항(노동조합법 3조 5호) 단일 개정안에 소극적인 공화당사 점거농성에 들어갔다.

병원노련은 노동부의 설립신고서 반려에 맞서, 조합원 대중의 힘으로 합법성을 쟁취한다는 투쟁 방침을 정해놓고 있었다. 노동운동을 둘러싼 객관적 정세는 밝지 않았다. 문익환 목사의 방북(1989년 3월)을 기화로, 정부는 공안합수부를 설치하고 공권력 개입을 노골화했다. 지역노동조합협의회(지노협)가 핵심 표적이었다. 4월, 한양대병원 파업 현장에 백골단이 난입해 차수련 위원장과 간부들을 강제로 연행했다. 병원에 백골단이 들어온 건 처음이었다. 한양대병원노조는 서울지역노동조합협의회(서노협)에 가입해 있었다.

노동조합에 대한 대응도 달라졌다. 큰 노조들은 놔두고, 규모가 작거나 세가 약한 노조부터 치고 들어왔다. 하이에나들이 누우 떼를 습격하는 전형적인 수법으로, 병원노련의 공동 임단투 대오를 허물기 위한 술책이었다. 공권력과 자본은 2인3각으로 움직였다. 자본이 부당노동행위로 먼저 도발을 하면, 공권력이 등장하는 식이었다. 그들이 원하는 것은 노동조합 활동의 포기였다. 단위노조들이 사활을 건 싸움을 하고 있는데, 연맹의 합법성 쟁취가 0순위가 될 수는 없었다.

"단위노조의 합법적 활동조차 제약하는 노동부 등 정권이 기존 노동자 통제정책의 전면적 변화를 가져오는 연맹의 신고증을 우리 연맹 차원의 투쟁으로 내어줄지 만무하다는 점이다. 우리 연맹이 신고증을 얻는다는 것은 노총과 그 산하 연맹의 독점체제가 무너지고 자유로운 노조 결성권이 보장된다는 측면에서 정권의 필사적인 저항이 예상된다."

〈제3기 활동보고〉, 병원노련, 1990.6.1.~1991.5.31., p56

이러한 상황 인식 하에, 병원노련은 투쟁방향을 돌리는 게 옳다고 판단했다. "합법성 투쟁에 소모적으로 매달리는 것보다는 연맹의 조직력 강화를 위해 결정적 시기에 대대적 투쟁을 통해 연맹신고증을 쟁취하는 것이 올바른 신고증 쟁취의 경로"라는 결론이었다. 이에 따라, 병원노련은 노동부장관을 상대로 낸 노조설립신고서 반려처분 취소청구소송과 노동조합법 3조 5호의 위헌 제청 신청은 그대로 진행하면서, 공동임단투와 조직강화사업에 총력을 기울였다.

이와 같은 투쟁방향 전환은 병원노련이 1년 단위로 펴내는 〈활동보고〉 지면에서도 읽을 수 있다. 1989년 보고에서는 20면을 할애했던 합법성 쟁취 활동 보고가 1990년에는 3면, 제3기(1990.6~1991.5)에는 2면, 제4기(1991.6~1992.5)에도 2면(별지 제외)으로 대폭 줄었다. 정당의 태도 변화나 정세의 부침에 일희일비하지 않고, 긴 호흡으로 합법 시대를 준비하겠다는 뜻이었다. 이에 더해 병원노련은 국제공공노련(PSI), 국제상업전문노련(FIET)에 가입해 국제적 연대의 발판을 마련했다. 국내에서는 법외인데, '글로벌 스탠더드'부터 먼저 따낸 셈이었다.

법리만을 놓고 본다면 소송은 병원노련에게 결코 불리하지 않았다. 연합노련의 조직대상은 55개 업종에 걸쳐 있었다. 한국노총의 섬유노련, 화학노련, 금속노련, 항운노련, 고무산업노련도 조직대상이 연합노련과 겹치는데, 왜 병원노련만 설립신고서를 반려하느냐는 반론에 노동부는 제대로 답변을 하지 못했다. 서울고법이 "노동부가 89년 7월1일자로 행한 원고측의 신고서 반려처분을 취소하라"는 판결(1992년 7월 16일)을 내린 근거도 이 지점이었다.

하지만 정권과 자본, 사회정의와 여론 사이에서 좌고우면해야 하는 법원은 재판 기일을 자꾸 미뤘다. 법원이 드디어 병원노련의 손을 들어주자, 노동부는 재판을 대법원까지 끌고 갔다. 이 와중에 위원장이 3자 개입 금지 위반으로 수배돼, 병원노련 조합원들의 속은 타들어갔다. 그러는 사이, 대한민국이 국제노동기구(ILO)에 가입하고(1991년 12월 9일), 김영삼의 문민정부가 출범했다(1993년 3월).

> "1993년 5월 25일, 대법원 판결을 통해 병원노련의 합법성을 인정받는 순간, 재판장에 있던 모두의 눈에서는 눈물이 흘렀다. 병원 노동자의 합법적 조직을 갖게 되기까지 무려 4년 6개월의 시간을 견딘 끝에 쟁취한 값진 승리의 눈물이었다. 병원노련은 수많은 노동자들이 폭압적 3자 개입 금지 조항으로 인해 수배되고 구속되면서 지켜낸 조직이었다."
>
> 〈그래! 우리가 꿈꾸는 바로 그 산별노조!〉, 보건의료노조, 2015. p32

병원노련이 버텨야 했던 4년 6개월이 병원 노동자들에게는 "노동자 대투쟁" 이후 가장 험난했던 시기였다. 수없이 맞닥뜨린 그 위기의 순간을 함께 이겨내며, 현장에서는 노동자의식이 뿌리를 내렸다. 허위의식을 벗어던지고, 직종과 기업별 노조의 벽을 넘어 진정한 단결이 무엇인지 배웠다. 돌이켜보면, 병원노련 결성은 결정적인 승부수였다. 병원 노동자들은 자신의 명운을 걸고 산별의 디딤돌을 놓았던 것이다.

우리는 지금 산별로 간다

출범! 전국보건의료산업노동조합! | 1998

아직도 기억이 생생하다. 그때를 생각하면 가슴이 벅차오른다. 아무도 가보지 못한 길을 우리가 처음으로 간다는 자부심으로, 열정 하나로 산별노조를 만들었다. 그것이 우리나라 최초의 산별노조인 보건의료노조이다. 그 당시 사람들은 우리 병노련을 '병든 노동자 연합'이라고 불렀다. 엄청난 격무에 시달려 몸이 상한 간부들이 많았던 탓이다. 당시 간부들 모두가 자신의 몸을 돌보지 않고 산별 건설에 올인했다. 보건의료노조 이 여섯 글자엔 선배 활동가들의 피와 땀과 눈물이 서려 있다. 보건의료 노동자들의 꿈과 미래가 담겨 있다.

이상춘 초대 보건의료노조 위원장,
〈그래! 우리가 꿈꾸는 바로 그 산별노조!〉, 보건의료노조, 2015. p76

우리나라는 노동조합의 역사가 짧다. 자본주의 이행이 늦었으니, 노동조합운동의 태동도 늦을 수밖에 없었다. 그러나 출발이 늦었다는 게 꼭 불리하지만은 않다. 먼저 길을 떠난 노동자들이 어떤 경로를 밟았는지 배울 수 있기 때문이다. 민주노조 간부라면 누구나, 기업별 노조가 "노동조합 조직형태 중에서 가장 힘이 없고 가장 폐쇄적(김금수, '개량인가 변혁인

"아무도 가보지 않은 길", 산별노조. 시행착오를 줄이려면 학습은 필수였다. 에버트재단의 후원으로, 독일 공공산별노조 관계자를 초청해 그들의 경험을 들었다.

가', 〈실천문학〉 1991년 6월)"이라는 점에 동의하고 있었다.

다들 산업별 노조로 가야 한다고 말했다. 그런데 언제 갈 것인가? 소위 '정파'들은 별 흥미를 느끼지 못했다. 그들은 정세가 식기 전에 공장 담벼락부터 넘어서고 싶어 했다. 이와는 다른 맥락에서, 대기업 노동자들도 산별에 무덤덤했다. 공장 안에 되찾을 게 더 많이 남아 있었을까. 끌어주고 밀어줘야 할 두 주력이 앞장서기를 주저하자, 실천은 상황논리의 포로가 되었고, 이론은 그 상황논리를 분식하는 현학이 되어버렸다.

병원노련이 결성된 첫해인 1989년의 임금교섭에서, 가맹 단위노조의 절반이 정액인상을 요구하고, 또 관철시켰다. 놀라운 일이었다. 너나 할 것 없이 한 푼이 아쉬웠던 시절에, "하후상박(下厚上薄)"을 행동에 옮긴다는 건 결코 쉬운 일이 아니었다. 그것도 절반이나! 자신의 일터 내부에 만연한 노동조건의 격차를 해소하는 게 시급하다고 조합원들이 동의하지 않았다면, 그게 가능했을까.

자본은 이윤이 많은 쪽으로 몰리고, 이윤이 많은 쪽이 후하다. 불균형은 자본주의사회의 본성이다. 그것이 노동자계급의 단결을 가로막는 또 하나의 덫이자, 노동조합이 노동조건의 상향평준화에 매진해야 하는 이

유다. 서로 다른 일을 하는 노동자들이 층층시하의 차별에 노출되어 있는 곳, 병원. 이를 회피한다면, 병원의 민주노조들은 미래를 기약할 수 없게 된다. 병원노련 조합원들에게 산별은 당위가 아닌 현실의 문제였다.

공동교섭으로 키를 돌려라!

합법성 쟁취에 성공하자, 식구들이 늘어났다. 1994년, 병원노련의 문을 두드린 단위노조는 16개, 조합원은 7천8백여 명이었다. 법외노조라는 굴레 때문에 망설이며, 연합노련에 머물러 있던 노동조합들이 대거 옮겨왔다. 집행부 순회강연회, 노동교실, 가을문화제가 새 식구들을 반겼다. 1995년 5월, 병원노련은 12개 지역본부, 146개 단위노조(지부 포함), 33,903명의 조합원을 아우르는, 병원 노동조합운동의 희망봉으로 우뚝 섰다.

병원노련은 1989년부터 1993년까지 해마다 두 자리 수의 임금인상률을 쟁취해냈다. 1989년에 기본급 45,000원, 기타수당, 상여금을 합쳐 평균 9만원이 올랐고, 1990년에는 88,000원 가량 인상됐다. 퍼센티지로 환산하면, 전년 대비 약 14%였다. 1991년에는 통상임금 기준으로 20% 이상의 인상률을 확보한 노조가 상당수여서, 전체 평균은 15%가 넘을 것으로 병원노련은 추정했다.

1992년, 노동부는 '임금교섭지도지침'을 발표하면서 총액임금제를 내놓았다. 임금인상을 억제해 민주노조를 옥죄려는 방편이었다. 이 해 상반기, 병원노련에서는 87개 단위노조가 임투에 돌입, 50개 노조가 타결을 보았다. 기본급 5%에, 경영실적수당, 별정수당, 위험수당, 당직비 인상 등을 더해 최저 15%에서 최고 24%의 인상률을 따냈다. 1993년에는, 대학병원과 일부 중소병원이 총액 기준 10~12%, 나머지 중소병원은 7~9%를 기록했다.

이 수치들을 1987년 이전까지 병원 노동자들의 임금 수준이 워낙 열악했음을 반영하는 것으로 볼 수도 있다. 하지만 이 조건은 다른 산업들도 대동소이했다. 〈보건의료노조 10년사〉가 인용한 한국노동연구원의 〈2002 KLI 노동통계〉에 따르면, 같은 기간 전 산업의 평균 단체협약 임금인상률(통상임금 기준)은 △1989년 17.5% △1990년 9.0% △1991년 10.5% △1992년 6.5% △1993년 5.2%로 집계됐다. 그만큼 병원노련은 치열하게 싸웠다. 병원노련의 조직 확대는 다른 무엇보다 투쟁의 성과였던 것이다.

1993년, 서울과 부산지부의 대학 및 종합병원 노조가 일정을 맞춰 공동으로 진행한 임투는 향후 병원노련이 나아갈 방향을 제시해주었다. 비록 연맹 산하 공대위는 상황실을 운영하고 정책 자료를 제공하는 수준이었지만, 공동투쟁의 경험을 축적하면서 병원노련은 공동교섭이 산별로 가는 최대의 승부처라는 것을 직감하고 있었다. 교섭권 위임을 가로막는 법외노조의 빗장이 풀리자, 병원노련은 즉각 공동교섭으로 키를 돌렸다.

1994년의 단체협상은 이제까지와는 질적으로 다

1997년, 산별노조 건설을 향한 막바지, 공동교섭 공동투쟁이 활발히 벌어졌다. 전주예수병원노조 조합원들이 선전전을 진행하고 있다.

른 모습을 보여주었다. 서울, 인천·부천, 지방공사의료원 노동조합에서 공동투쟁위원회가 구성돼, 공동교섭의 실험에 들어갔다. 45개 노조가 교섭권과 체결권을 위임했으며, 합동으로 조합원일일교육, 간부수련회, 상집회의, 대의원대회 등을 개최하면서, 기업별 노조의 벽을 허물고 기업별 교섭의 한계를 극복하려는 노력이 시작되었다.

김영삼의 대통령 당선으로 군사정권의 시대는 일단락되었으나, 압축성장의 원형질은 고스란히 살아남았다. 아니, 정권과 자본의 관계가 역전될 조짐이 나타났다. '세계화'와 '국가경쟁력'이라는 프레임은 노동조합을 고립시키려는 의도 이상의 불길한 전조였다. 학생운동은 길을 잃었고, 재야는 보수정당의 인력(引力)을 이겨내지 못했다. 시민단체가 있다지만, 그들이 누구를 위해 싸우는지는 아직 확인되지 않았다. 노동조합이 사회민주화의 요구를 받아 안지 않는다면, 민주화는 '그들만의 리그'에 갇히고 말 것이었다.

병원노련은 "의료민주화"를 의료제도개선투쟁으로 한 단계 격상시켰다. "국민과 함께 하는 노동운동"은 공동교섭과 함께 산별로 가는 전제이며, 산별이 지향해야 할 목표였다. 1994년 4월 23일, 공동교섭의 최선두에 선 3개 공투위 주최로 의료개혁을 위한 조합원 결의대회가 종묘 앞에서 열렸다. 5백여 명의 조합원들이 명동성당까지 가두행진을 벌였고, 전국에서 동시 대국민 공동선전전과 단위노조 철야농성이 진행되었다.

공동교섭과 의료제도개선투쟁을 목적의식적으로 배치한 1994년 임금교섭에서, 병원노련은 한국노총과 경총의 임금인상 합의안 5.0~8.7%를 훨씬 뛰어넘는 12~17%의 성과를 올렸다. 의료제도 개선 요구안은 50여 개 병원에서 합의를 관철시켰다. 병원들이 △의료보험 적용기간 180일 제한 철폐 △고가 의료장비 의료보험 확대 적용 △보건의료 예산 증액 등 국민 건강권 보호 및 확대에 직결된 사안들의 해결을 위해 병원노련과 보조를 맞추게 된 것이다.

1994년 공동교섭의 성과는 1995년으로 이어졌다. 공투위가 5개로 늘어났고, 공동교섭에 참여한 단위노조는 60여 개, 조합원 수는 2만명을 넘어섰다. 조직 내부적으로는 서울대병원, 한양대병원 해고노동자의 원직 복직을 쟁취했고, 임금인상률 또한 두 자리 수를 넘겼다. 의료제도 개선 노사 합의문에는 △ 의료보험통합 일원화 △필수적 의료서비스에 대한 의료보험 적용 확대 △지정진료제 개선 △각종 연금의 민주적 관리 운영 △ 의료서비스 개방 저지 등을 포함시켰다.

> "공동교섭공동투쟁에 나서는 우리에 대한 자본의 저항과 탄압도 더욱 거세졌다. 1995년 영남대병원노조는 공동교섭에 나서는 노조를 깨겠다는 사측의 의도에 맞서 공권력 투입, 간부 5명 구속, 손배 가압류 등 온갖 탄압 속에서도 51일간의 완강한 파업투쟁을 전개하였다. 한양대의료원은 95년 공동교섭 투쟁과정에서 5일간의 파업투쟁을 통해 해고자였던 차수련 위원장 복직을 쟁취하였다."
>
> 〈그래! 우리가 꿈꾸는 바로 그 산별노조!〉, 보건의료노조, 2015. p56

병원 사용자들은 연맹의 교섭대표 참석 시비나 제도개선 공동요구안은 교섭 대상이 아니라며, 끊임없이 공동교섭의 힘을 빼려 했다. 이에 대항해, 단위노조들은 실력 행사와 교섭을 병행하면서 공동대응의 수위를 높여갔다. 공동교섭과 의료제도개선투쟁은 산별로 도약하는 양 날개였다. 병원노련은 1994년 하반기 산별연구소위원회를 구성했고, 다음해 2월 중앙위원회에 산별노조 건설계획 초안이 제출되었다.

아무도 가보지 않은 길

병원산업 전체로 보면, "노동자대투쟁" 이후 200개 넘는 노동조합이 결성되었다. 하지만, 병원노련이 산별로 전환하기 직전인 1997년, 그 숫자는

150개 남짓이었다. 10년 사이에 전체의 1/4에 해당하는 노동조합이 사라진 것이다. 대체 무엇 때문이었을까. 병원규모별 노조조직률에서 그 답을 찾을 수 있다. 그 수치는 1989년에 이미 400병상 이상 병원에서는 90%, 200병상 이상 병원에서는 83%를 상회하고 있었다(《보건의료노조 10년사》, 보건의료노조, 2009, p40).

반면, 100병상 이하 병원에서는 조직률이 10%를 간신히 넘고 있었다(《제7기 활동보고》, 병원노련, 1994.6~1995.5). 1989년 6월부터 1990년 5월까지 1년 동안, 23개의 신규 노조가 결성되었다. 병원노련은 결성 전후 과정에서 상담과 교육을 지원했지만, 10개 노조가 1년을 못 버티고 없어졌다. 이들 대다수가 조합원 100명 이하의 중소병원 노조였고, 노조를 설립한 그 시간부터 사용자의 부당노동행위에 시달렸다. 중소병원에서 노조를 만들고 지키기란 그렇게 힘든 일이었다.

대형병원에서는 조직률이 포화 상태에 이르고, 중소병원에서는 조직률보다 생존율이 의미 있는 숫자가 되고 있는 게 병원산업 현장의 현실이었다. 죽어가는 노조들을 살리고, 미조직 사업장을 품에 안으려고 안간힘을 다했지만, 근본적인 대책을 수립하지 않는 한 조직 확대는 어렵다는 게 병원노련의 진단이었다. 아래의 표에서 확인되듯이, 병원노련의 조합원 수는 합법성 쟁취 2년 뒤인 1995년부터 답보 상태를 면치 못하고 있었다.

▷ **병원노련 조합원 추이(연도별 활동보고)**

년도	1989	1990	1991	1992	1993	1994	1995	1996	1997	1998
노조	100	133	150	136	130	140	146	146	146	149
조합원	21,300	25,969	27,025	25,435	25,977	32,201	33,903	35,529	35,619	35,332

도시지역 의료보험 실시(1989)로 국민 의료보험 시대가 열리면서 의료시장의 파이는 커졌으나, 그 반대급부로 시장 내부의 경쟁이 격화되었

다. 현대와 삼성이 병원산업에 뛰어든 것도 이 시기였다. 노조를 밟아 수지를 맞추려는 중소병원을 상대로 조합원을 지키려면 병원노조 가맹 노조들이 한 몸이 되는 길밖에는 없고, 중소병원의 경영 악화는 제도 개선으로 풀어야 하는 문제다. 이게 산별이 할 수 있는 일과 기업별 노조가 할 수 있는 일의 차이다.

한편, 병원산업에서도 '경영합리화'를 이유로 '정직원(이 당시만 하더라도 정규직-비정규직의 용어는 낯설었다)' 대신 임시직, 계약직을 쓰기 시작했다. 이러한 고용 형태의 변화는 직종을 가리지 않았다. 당시 간호사회 추진위원회의 조사에 의하면, 중소병원에서는 임시직 간호사들이 전체 간호사의 30%, 40%에 이르는 실정이었다(《보건의료노조 10년사》, 보건의료노조, 2009, p14). 명백한 불법이지만, 법의 제·개정 및 운용에 대한 개입은 기업별 노조로서는 감당하기 힘든 영역이다.

결론은 "산별로 가야 한다"였다. 그런데 어떻게 갈 것인가? 노동조합 선진국의 경험에서 배운다지만, 그 나라들의 조건은 우리와는 몇 가지 지점에서 결정적으로 달랐다. 서구의 노조들은 독점 단계 이전에 태어나 성장했다. 기업의 덩치가 커지기 전이었으므로 노조들도 고만고만했고, 그래서 횡대(橫隊), 즉 수평적 연대를 통해 산별로 나아갔다. 그런데 우리는 재벌이 먼저 생기고, 노조는 나중에 생겼다. 노조 간에 규모의 격차가 너무 크다. 그렇다고 노동자의 조직인 산별이 종대(縱隊)로 갈 수는 없지 않나.

서구에서는 완제품회사와 부품회사가 함께 갔다. 자동차를 예로 들면 벤츠(Benz, 1883)와 보쉬(Bosch, 1886)는 비슷한 시기, 비슷한 규모로 출발해 앞서거니 뒤서거니 하며 독일 자동차산업의 발전을 이끌었다. 이 둘은 '동반자관계'다. 그런데 우리의 경우, 현대차가 생기고 한참 있다가 부품회사들이 생겼다. '갑을관계'가 안 될 수가 없다. 노동자로 하여금 신세 차이를 떠올리게 만드는 이 관계가 산별의 디딤돌이 될까, 걸림돌이 될까. 우리 사회에서, 산별은 "인간에 대한 예의"의 문제이기도 했다.

병원산업에서 대형병원과 중소병원은 '갑을관계'는 아니었다. 대형병원의 임금이 오른다고 중소병원의 임금이 깎이는 게 아니라는 뜻이다. 그렇지만, 규모의 격차는 병원산업에도 어김없이 적용됐다. 산별은 조직과 인력과 재정의 집중이다. 큰 쪽에서는 사람과 돈을 내놓을, 작은 쪽에서는 발언권을 잃을 걱정을 한다면? 공동교섭으로 신뢰를 다져왔으니만치, 산별로 가는 최종 순간까지 이 신뢰를 더 두텁게 하는 세심한 배려가 요구되었다.

사용자와 정권이 취할 역공에 대해서도 더 주의 깊은 관찰과 사전 대비가 필요했다. 기업별 노조도 이해하지 못하고 백안시 하는 그들이다. 노동법 개정이 기정사실이 된 지가 언제인데, 노사관계개혁위원회(노개위) 논의는 제자리에서 맴돌고 있었다. 3자개입 금지 조항의 폐지를 협상 테이블에 올려놓는 것을 보면, 개정할 때 개정하더라도 노동조합의 진을 다 빼놓고 나서 하려는 심산인 듯했다.

어느 모로 보나 객관적 조건은, 산별을 가로막는 원심력이 산별 전환의 구심력을 위협하는 상황이었다. "노동자대투쟁"으로부터 10년. 병원노련 합법화로부터 5

외환위기가 몰고 온 구조조정 한파를 어떻게 이겨낼 것인가. "의료민주화" 깃발과 "고용안정" 요구의 결합. 그것이 병원 노동자들의 전략적 선택이었다.

년도 채 안 되는 그 짧은 기간에 병원 노동자들은 스스로에게 확신을 불어넣고, 사용자를 설득하고, 정권을 압박하는 한 편의 휴먼드라마를 연출해야 했다. 산별로 가는 길, 그것은 아무도 가보지 않은 길이었다.

나눠서 갈 것이냐, 한 번에 갈 것이냐

병원노련의 산별 전환 준비 과정은 크게 3단계로 나눌 수 있다. 1단계는 산별연구소위원회(1994년 10월), 2단계는 산별건설추진위원회(1997.3.13), 3단계는 전국의료산별노조 건설준비위원회(1997.10.15.)다. 수많은 난관이 도사리고 있는 만큼, 각각의 단계마다 이견과 쟁점이 발생할 것이라 예상되었다. 산별 전환을 준비하면서 병원노련이 초지일관 견지했던 자세는 어떤 상황이 닥치더라도 조직 내의 토론과 합의를 통해서 해결한다는 것이었다.

1단계에서는 학습과 교육이 주된 프로그램이었다. 지금이야 지역과 지부에 산별의 백전노장들이 수두룩하게 포진해 있지만, 그 당시에는 연맹 차원에서도 산별에 감을 잡고 있는 이가 드물었다. 학자 및 전문가의 도움을 빌렸고, 우리의 조건과 외국의 사례를 비교해가며 산별노조 건설 계획의 초안을 마련했다. 이 초안을 바탕으로, 1995년 2월 제12차 중앙위원회는 의료산별노조 건설 방침을 통과시켰다.

건설 방침은 현행 기업별 노조의 한계를 △조직률 저하 △교섭력 저하 △기업별 이기주의 △공동투쟁, 전국적 투쟁 전개의 어려움 △사회보장 등 사회개혁투쟁 전개의 어려움 등으로 지목하고 있었다. 병원산업의 구조적 변화도 심상치 않았다. 재벌이 촉발한 의료시장의 무한경쟁은 필연적으로 노동강도의 강화와 노동조건의 악화를 낳고, "병원이 살아야 나도 산다"는 식의 병원별 이기주의를 부채질해 연대와 단결을 방해할 게 틀림없었다. 이 점들을 종합적으로 검토해, 병원노련이 세운 산별노조 건설의

원칙은 다음과 같았다.

1. 산별노조는 규약만 바꾼다고 되는 문제가 아니다.
2. 전국적, 전체적 관점에서 산업별노조를 준비해야 한다(단위노조, 지역본부 중심의 사고를 버리자).
3. 성과주의, 조직형식주의는 경계해야 한다.
4. 산별노조 건설의 매 시기, 매 과정마다 아래로부터의 민주주의를 더욱 튼튼히 하면서, 조합원들의 지도부에 대한 신뢰와 산별노조에 대한 확신을 심자.
5. 산별노조로 가는 과정의 어려움을 생각해본다면 이런 원칙은 더욱 중요하다.

건설 방침은 공동교섭의 경험을 축적한 지역본부와 특성노조들부터 단일노조를 먼저 꾸리고, 이를 토대로 전국산별노조로 가자는 안을 내놓았다. "기업별노조의 편차를 전국적으로 한꺼번에 극복하기에는 한계가 있다"는 게 공통된 인식이었으므로, 중간단계를 설정한 것이다. 단일노조의 규약에 "전국의료산별노조 설립과 동시에 단일노조를 해체하고 자동적으로 전국의료산별노조 산하 지역지부가 된다"는 조항을 넣으면, 단일노조가 중간단계임을 분명히 할 수 있었다. 이것이 산별 건설 경로와 관련, 병원노련이 채택한 최초의 방침이었다.

이로부터 약 반년이 지나, 중간단계를 생략하고 전국에서 동시건설하자는 안이 제기되었다. 동시건설안은 중앙의 강화가 시급한 시점이고, 중간단계를 설정한 기존의 안은 조직의 속성상 산별 건설보다는 단일노조 안정화에 더 힘을 쏟게 만들어 노조 간의 편차가 더 벌어질 개연성이 높다고 비판하며, 모두가 함께 한 번에 가야 한다고 역설했다. 이 과정에서 비록 따라오지 못하는 기업별 조직이 있을 수 있으나 일부에 불과하며, 장차 규약변경을 거쳐 참여할 것으로 기대했다.

병원노련은 이 두 가지 안을 공개적으로 조직 전체의 토론에 붙였다. 1996년 2월 제8차 정기대의원대회는 기존의 산별 건설 방침을 전면 재검토하고, 대중적 토론을 통해 산별 건설의 경로를 확정하기로 결정했다. 각급 단위에서 토론이 진행됐고, 연맹은 지역본부 순방간담회(9~11월), 대표자수련회(11월)를 잇따라 열어 조합원 의견을 수렴한 뒤 동시건설안을 최종 방침으로 조율해냈다. 1997년 3월 13일 제9차 정기대의원대회의 "전국의료산별노조를 1998년 2월 연맹 산하 조직의 최대한 참여 하에 동시적으로 건설한다"는 결의로, 산별 건설 경로의 하나로 통일되었다.

2단계 산별건설추진위가 활동한 시기의 주요 쟁점은 △조직체계 △특성조직 △조합비 △위원장 선출방식 등이었다. 먼저 조직체계를 살펴보면, 당초 제출된 안은 "본조 → 지부 → 지회/분회"로, 기존의 지역본부를 지부, 단위노조는 500병상 이상 병원은 지회, 500병상 이하 병원은 분회로 편제하는 것이었으나, 단위노조의 위상을 고려하여 "본조 → 지역본부 → 지부"로 바꾸었다.

산별로 가는 길은 곧아야 했고, 또 넓어야 했다. 한 번에 함께 가자! 조합원들의 결의를 모아내는 열띤 토론이 각급 단위에서 전개되었다.

특성조직은 병원별 특성을 인정할 것인지의 문제였다. 카톨릭병원이나 보훈병원처럼 사용자는 하난데 전국에 사업장이 흩어져 있는 경우나, 지방공사의료원처럼 협의회를 구성해 활동해 온 경우에는 일괄적으로 지역본부에 편제되는 것에 일종의 거부감마저 있어서, 중집회의에서 상당한 논란이 되었고 준비위 단계까지도 해결을 보지 못했다. 지역본부로 편제하되, 특성을 인정하는 과도기를 두는 것으로 의견 차이가 좁혀졌다.

조합비는 제일 민감한 지점이었다. 지난 10년 동안 단위노조별로 기본급, 통상임금, 총액 등 조합비 납부 기준이 달랐기 때문에, 기준을 통일하기가 쉽지 않았다. 특히 기본급 1%를 공제하는 노조가 많았던 대형병원 쪽에서 반대가 많았으나, 최종적으로 통상임금 1%로 정해졌다. 조합비 배분은 더 민감해서, 산별로 가는 최종 순간까지 진통을 겪었다. 위원장 선출방식은 직선제로 의견이 모아졌고, 다만 기술적 어려움을 감안해 실시 시기를 1999년 12월로 늦추었다.

큰 그림은 다 그려졌고, 대부분의 이견과 쟁점도 해소되었다. 병원노련은 1997년 10월 15일 임시대의원대회에서 산별건설준비위원회를 발족시키고, 산별로 가는 최종 실행 단계에 돌입했다. 3단계까지 남은 쟁점은 조합비 배분과 지부장 인준권이었다. 중앙(지역본부 포함)과 지부 간의 조합비 배분 비율은 "67:33"에서 "55:45"으로 조정되었다가, 조합원을 한 명이라도 더 산별의 대열에 동참시키기 위해서는 중앙이 양보해야 한다는 의견에 따라 "50:50"으로 결정되었다. 같은 취지에서, 지부장 인준 건 또한 본조에 인준권을 부여하지 않는 대신 징계 권한을 강화하는 것으로 정리되었다.

1998년 2월 27일

압축성장에는 평생고용이라는 암묵적 합의가 있었다. 그마저 없었다면,

노동자들은 일찌감치 공장을 뛰쳐나갔을 것이다. 자본에게도 나쁘지 않았다. 빚을 털어내고 새 기계를 들여놓으려면, 노동자를 공장에 붙들어놔야 했다. 1980년대 중반까지만 해도, 명절이 되면 시골에서는 고향에 내려온 노동자들을 '회수'하러 오는 관광버스를 심심치 않게 목격할 수 있었다. 하지만 이건 노동자가 근로자라 불릴 때 이야기다. 민주노조가 생기면서 노동자가 자신의 이름을 되찾자, 평생고용은 자본에게 섬뜩한 부메랑이 되었다.

이것이 소위 '신노사관계'라는 이름으로 김영삼 정권이 추진했던 정리해고와 변형근로 도입의 배경이다. 문민정부가 카키색을 지워 박정희의 그림자에서 벗어나려 했다면, 자본은 평생고용의 약속을 깨 압축성장의 원죄에서 도망가려 했다. 개발시대 최대의 수혜자인 재벌이 노동조합을 탄압하는 것으로도 모자라, 노동자를 이산가족으로 만들겠다는 것이었다. 공동체에

1998년 2월 27일. 최초의 산별민주노조, 전국보건의료산업노동조합이 마침내 출범을 선언했다.

대한 책임의식은 눈곱만큼도 찾아볼 수 없었다.

1996년 12월 26일 새벽, 신한국당이 노동조합 및 노동관계조정법을 날치기 통과시켰다. 민주노총은 즉각 총파업을 선언했고, 20만이 넘는 조합원이 거리로 나왔다. 총파업은 1월 15일 최고조에 달해, 이날 하루에만 338개 노조에서 조합원 35만856명이 참여했다. 연인원 387만여 명이 참여한 1996~1997년의 노동법 개정 투쟁은, 우리 현대사 최대의 총파업이었다. 병원노련은 가맹 40여 개 노조가 파업에 동참했다.

> "노동법 날치기 이후 금속이 가장 먼저 파업에 들어갔고, 보건이 그 다음이었던 것 같다. 연맹 산하 조직 중 파업이 가능한 조직은 즉각 파업에 돌입했고, 역량이 안 되는 조직은 거리투쟁, 선전전 등 가능한 방법으로 노개투 정치파업에 동참했다. … 여성간부로서 첫 삭발이어서 심리적 부담이 있었지만 그 당시 현장 간부들의 마음을 움직이는 데 기여했던 것 같다. 정치파업이 힘들었지만 지나고 나서 보니 이후 산별노조 건설의 가장 큰 동력으로 작용했던 것 같다. 노개투는 절반의 승리로 끝났지만, 우리는 산별노조 건설로 그 열기를 이어가면서 투쟁의 결실을 맺었다."
>
> 박문진 당시 병원노련 위원장,
> 〈그래! 우리가 꿈꾸는 바로 그 산별노조!〉, 보건의료노조, 2015. p61

분하게도, 총파업은 정리해고와 변형근로의 도입을 저지하는 데는 실패했다. 1997년 3월에 여야 합의로 국회를 통과한 노동조합 및 노동관계조정법은 날치기 법안의 독소조항들을 그대로 담고 있었다. 엎친 데 덮친 격으로 'IMF 사태'가 터졌다. 지금까지 방식대로 싸운다면 각개격파 당하는 우를 범하게 될지도 모른다. 병원 노동자들의 구호는 "노개투 총파업으로 일어선 우리, 이제는 산별노조다!"였다. 산별은 자본의 신전략에 맞서는 공세적이고 장기적이며 목적의식적인 대응이었다.

병원노련은 1998년 1월 12일, 충남대병원 강당에서 임시대의원대회를 열고, "전국보건의료산업노동조합"의 명칭과 규약, 조합비 배분, 특성조직 편제 등 의료산별노조 건설안을 확정했다. 'IMF 한파'까지 더해 몹시도 추운 겨울날이었다. 병원노련 10년의 역사를 마감하는 이날 대의원대회에 참가한 110여 명의 대의원들은 조합원 고용안정을 위해 총력으로 투쟁할 것을 결의했다.

> "1993년 5월 25일, 병원노련은 마침내 합법노조가 되었다. 합법화 이후 병원노련의 활동은 새로운 도약을 준비한다. 1994년 합법화의 성과를 바탕으로 단위노조들은 병원노련에 교섭권과 체결권을 위임해 공동교섭을 추진했다. 서울지역 7개 대병원과 5개 중소병원, 인천·부천지역의 4개 병원, 29개 전국 지방공사의료원 노동조합협의회가 공동교섭을 성사시켰다. 또한, 이 공동교섭 요구안에는 임금 및 단체협약 요구를 넘어 의료제도 개선 요구가 핵심 요구안으로 포함되어 있었다. 국민과 함께 하는 보건의료산별노조 건설을 향한 단초가 마련되는 시기였다."
>
> 〈그래! 우리가 꿈꾸는 바로 그 산별노조!〉, 보건의료노조, 2015. p45

마침내 1998년 2월 27일 아침이 밝았다. 이대목동병원 김옥길홀에서 전국보건의료산업노동조합 결성대회 및 출범식이 열렸다. 병원노련 가맹 93개 노조, 25,704명의 조합원(75%)이 산별 건설의 주인공이 되어 보건의료노조의 출범을 우렁차게 선언했다. 초대 위원장에는 이상춘 병원노련 수석부위원장이 선출되었고, 수석부위원장에는 주동호 병원노련 부위원장, 사무처장에는 양희숙 카톨릭병원성빈센트지부장이 각각 선출되었다.

〈전국보건의료산업노동조합 선언〉

민주노조운동 10년의 역사 위에 자랑스러운 단결투쟁의 터전 위에 마침내 희망찬 산별노조시대의 개막을 선포한다.
우리는 뜨거운 동지애와 굳건한 단결력을 바탕으로 모진 탄압과 시련을 이겨내왔다. 더 이상 절망과 패배는 없다.
이제 우리는 기업과 규모, 직종과 지역의 벽을 뛰어넘고 자주적이고 민주적인 노동조합운동의 전통을 계승하여 40만 보건의료노동자의 단결의 구심, 투쟁의 구심, 승리의 구심 전국보건의료산업노동조합을 결성한다.
우리는 전국보건의료산업노동조합의 깃발을 높이 들고 보건의료 노동자의 고용안정과 노동조건 개선을 실현하고 국민건강권 쟁취와 평등의료 실현 노동자 정치세력화와 민주사회 건설, 노동해방의 그날까지 생명의 손길 빛내며 힘차게 투쟁할 것을 선언한다.

〈전국보건의료산업노동조합 강령〉

1. 우리는 생활임금 확보, 고용안정 쟁취, 노동조건 개선, 경영참가를 바탕으로 노동자의 인간다운 삶과 노동기본권을 확보한다.
1. 우리는 보건의료현장의 부조리와 비리를 척결하고 의료의 공공성을 강화함으로써 전 국민을 위한 평등의료, 인간적인 의료를 실현한다.
1. 우리는 조합원의식 강화, 미조직 노동자 조직화, 노조탄압과 현장통제 분쇄 등을 통해 조직역량을 확대강화하고 산별적 교섭과 투쟁을 발전시킨다.
1. 우리는 자주적이고 민주적인 노동조합운동의 자랑스러운 전통을 계승하여 노동자의 통일단결과 연대투쟁에 앞장선다.
1. 우리는 노동자의 정치세력화를 바탕으로 사회제도를 민주적으로 개혁하고 인간의 존엄성과 평등, 기본권이 보장되는 민주사회를 건설하기 위해 투쟁한다.
1. 우리는 여성노동자의 사회정치적 지위향상과 남녀평등을 실현하기 위해 투쟁한다.

1. 우리는 전 세계 노동자와 연대하여 국제노동운동 역량을 강화하고 세계평화를 실현하기 위해 투쟁한다.

병원 노동자들이 맨 먼저 산별로 갔다. 그 길이 편해서 간 게 아니다. 민주노조에서 병노협으로, 병노협에서 병원노련으로. 병원 노동자들이 10년을 하루 같이 "노동자는 하나"라는 명제를 가슴깊이 새기고 실천하지 않았다면, 보건의료노조는 결코 햇빛을 볼 수 없었을 것이다. 최초의 산별 민주노조라는 영예는 병원 노동자들에게 주어졌다. 그들 앞에는 또 어떤 가시밭길이 기다리고 있었을까.

04

열사의 길을 따라

끝이 보이지 않는 파업 | 2002

2002년은 병원 노동자의 역사에서 기념비적으로 남을 한 해였다. 경희의료원과 가톨릭중앙의료원이 각각 119일과 217일 간 눈물의 장기파업을 벌인 해이다. 이 두 병원의 싸움은 직권중재 조항이 사용자 들에 의해 어떻게 악용되었는가를 보여주는 대표적인 투쟁이다. 2002년 5월 23일 보건의료노조 산하 34개 지부가 동시 파업에 돌입했다. 대부분의 병원은 속속 타결되었으나, 경희의료원과 가톨릭중앙의료원 두 곳은 파업이 장기화되었다. 2002년 6월 7일 명동성당에서 서울지역본부 지부장단이 '직권중재 철폐, 노조탄압 중단, 장기파업 해결'을 위한 무기한 단식투쟁을 벌였고, 10월 16일 역사상 최초로 보건의료노조 연대파업을 진행하기도 했다. 단순히 두 개 지부의 싸움을 넘어 보건의료노조 전체가 함께 하는 투쟁이었다.

〈그래! 우리가 꿈꾸는 바로 그 산별노조!〉, 보건의료노조, 2015. p222

한국의 기업주들은 도통 대화라는 걸 몰랐다. 노동자들이 원했던 것은 양보가 아니었다. 잘못을 바로잡으라는 것이었다. 함께 민주사회로 나아가자는 것이었다. 그러나 돌아온 대답은 도발이었다. 피눈물로 관철시킨 단체협약을 휴지조각으로 만들기 일쑤였다. 돈으로 살 수 있는 거라면 무엇이든 동원한 자본의 총력전은, 노동조합에게 극한의 소모전을 강요했다. 현장으로부터 지원과 연대를 호소하는 다급한 목소리가 빗발쳤다.

정부가 노사관계에 총액임금제를 적용하려 시도한 1992년에 접어들자, 노동운동의 예봉이 꺾이는 조짐이 나타났다. 그 1년 전 5월, 박창수 열사를 보내는 길에는 비가 내렸다. 대기업-대공장 노조들은 건재했지만, 저변이 함몰되는 불길한 조짐도 나타났다. 조합원 수는 1989년 193만2천명(조직률 17.8%)를 기록한 뒤, 1992년에는 173만4천명(14.9%), 외환위기 다음해인 1998년에는 140만2천명(11.5%)으로 떨어졌다(〈보건의료노조 10년사〉, 보건의료노조, 2009).

민주화가 진행되는데 노동조합의 힘은 떨어졌다. 이 역설을 어떻게 받아들여야 할까. 민주주의는 권리와 책임이

2002년, 가톨릭중앙의료원지부의 장기투쟁(217일 장기파업)을 지원하기 위해 결성된 "장기파업 해결, 직권중재 철폐 공동대책위"의 병원 사용자 규탄 기자회견.

다. 권리에 대한 자각, 그 권리를 빼앗는 압제에 저항할 책임이 민주주의를 살찌운다. 1987년까지 민주주의의 근거지가 캠퍼스였다면, 그 이후부터는 노동현장이었다. 노동자들이 싸우지 않았다면, 병원 노동자들이 병원 민주화와 의료 민주화를 위해 싸우지 않았다면, 민주주의의 시계는 1987년 6월 29일에서 멈추었을 것이다.

국민이라는 전체집합 안에는 서로 다른 이해관계를 갖는 부분집합들이 존재한다. 이 가운데 어느 하나의 부분집합이 배제되면 무슨 일이 생길까? 만일 그 부분집합이 노동이라면? 노동의 배제로 끝날까? 입구인 생산에서 민주주의가 목을 졸리는데, 출구인 분배에서 민주주의가 숨을 쉴 수는 없다. 약한 부분집합들부터 가장자리로 밀려나고, 민주화의 과실(果實)은 가로채인다. 외환위기로 새 정부가 들어섰다. 그 정부의 이름은 '국민의 정부'였다.

노동자가 위태롭다

'국민의 정부'는 노동자들에게 정리해고 계약서를 내밀었다. 정권교체를 바랐던 노동자들은 당황했다. 민주노총은 임시대대를 열어 노사정위 불참을 선언하고 총파업을 조직했지만, 그 위력은 노개투 총파업 때에 비하면 현저히 약했다. 정부는 고용보험 도입과 산업·업종별 교섭 활성화를 약속하고, 노사정위의 위상을 높여 사회적 합의기구로 운영하겠다며, 노동자들의 분노를 가라앉히려 했다.

1998년의 무역수지는 390억 달러 흑자였다. 정부는 외환위기를 극복할 자신감이 생겼다면서 희색을 감추지 못했고, 정리해고는 위기관리의 특효약으로 갈채를 받았다. 과연 정리해고가 한국경제를 구한 것일까? 진실은 다른 데 있었다. 외환위기가 터진 1997년, 수출은 1,361억 달러, 수입은 1,446억 달러로, 무역수지는 84억 달러 적자였다. 1998년의 수출은 1,323억 달러, 수입은 932억 달러. 무역수지 390억 달러 흑자는 수입이 500억 달러가 준 덕분이었다.

수입은 왜 줄었을까? 수입에서 원자재와 자본재의 비중은 절대적으로, 그 수치는 1960년대 이후 현재까지 80% 이하로 내려간 적이 없고, 외환위기를 전후해서는 90%에 근접해 있었다. 수입이 준 첫 번째 이유는 공장가동률이 떨어져 원자재 수요가 위축되었기 때문이다. IMF가 강제한 고금리로 수많은 중소기업들이 도산했고, 그 중에는 대기업에게 납품한 대금을 못 받은 흑자부도도 적지 않았다. 자금난에 허덕이던 기업들은 라인을 축소하는 수밖에 없었다.

둘째는 설비투자가 감소한 때문이다. 산업 전체 설비투자율과 대기업의 그것을 비교해보면, 외환위기 전 후자는 전자를 크게 앞질렀다. 28.3%:36.7%(1994), 21.8%:37.9%(1995). 그러다가 외환위기 직전 12.1%:15.7%(1996)로 좁혀지고, 직후 역전된다. -4.8%:-6.9%(1997), -32.5%:-37.3%(1998). 대기업이 지배하는 한국경제의 수직구조를 감안하면, 이 숫자들이 가리키는 바는 분명했다. 외환위기는 대기업의 자본재 쇼핑이 부른 참사였다. 샴페인을 일찍 터뜨린 쪽은 노동자가 아니라 재벌이었다.

이해할 수 없는 것은, 수입이 30%나 줄었는데 수출은 40억 달러, 즉 3%밖에 줄지 않았다는 사실이다. 공장가동률이 그렇게 떨어졌는데, 어떻게 이런 일이 있을 수 있나. 1년 사이에 '메이드 인 코리아'의 가격이 천정부지로 치솟았나? 아니다. 나라가 망한다고 아우성을 치던 그 와중에도 돌아갈 공장들은 다 돌아갔다는 이야기다. 그런데 정리해

2002년, 보건의료노조의 사활을 건 운명의 대결이 펼쳐졌다. 가톨릭중앙의료원과 경희의료원 조합원들의 투쟁을 엄호하기 위해 서울지역 지부장들이 단식농성에 돌입했다.

고? 앞뒤 맥락이 맞지가 않는다.

설비투자율을 더 살펴보자. 정부가 '외환위기 졸업'을 공식발표했음에도, 재벌들은 몸을 사렸다. 34.2%:12.3%(1999), 36.3%:26.8%(2000), -8.1%:-11.8%(2001), 4.5%:1.9%(2002). 1999년과 2000년의 설비투자는 '정보고속도로'를 깔겠다는 정부의 재정투융자가 견인한 것으로, 설비투자율이 마이너스로 떨어진 2001년은 소위 '벤처버블'이 꺼진 해다. 그래도 수출은, 2001년을 제외하면, 계속 늘었다. 1,436억 달러(1999), 1,722억 달러(2000), 1,504억 달러(2001) 1,624억 달러(2002). 역시 돌아갈 공장들은 다 돌아간 셈이다.

2003년부터 설비투자율은 재역전된다. -2.7%:11.4%(2003), 3.7%:21.9%(2004). 격차가 6배까지 벌어졌다. 이 시기에 무슨 일이 있었기에, 재벌들은 태도를 바꿨을까? 하늘에서 시장이 떨어졌나? 세계를 압도할 신기술이라도 개발했나? 아니다. 해답은 비정규직에 있었다. 1999년 50%를 돌파한 비정규직 비중은, 2005년 56.1%로 정점을 찍었다(박영삼, '비정규법 10년, 임시직은 줄고 시간제는 크게 늘어'. 〈한겨레〉, 2017.1.13.).

위기를 탈출하기 위해 정리해고가 불가피했다면, 위기를 수습한 뒤에는 노동자들에게 다시 공장 문을 여는 게 정상적인 이치다. 그러나 한국의 자본은 그렇게 하지 않았다. 공장이 돌아가고 수출은 늘어나는데, 한 번 해고된 노동자는 다시는 자신의 일터로 돌아가지 못했다. 그리고 그 빈 자리를 비정규직이 메웠다. 악순환이었다. 비정규직이 늘어나면서 노동조합의 교섭력은 떨어지고, 노동조합의 교섭력이 떨어지면서 비정규직은 고정됐다.

> "폭압적 노동탄압과 병영적 노동통제로 특징 지워지는 전두환 정권 하에서 비정규직 비율은 1983년 2월(25.3%)부터 1986년 10월(48.7%) 사이 2배가량 증가하여 이미 50%선에 육박하고 있었다. 그러나 1987년 7~9월 노동자대투쟁

이래 노동조합운동이 활성화되고 노동시장이 작동되면서 노태우 정권 때는 비정규직 비율이 감소했다."

김유선, '기업의 비정규직 사용 비율 결정 요인', 〈노동정책연구〉, 2003

노사 간의 역관계가 완전히 뒤집어진 상황에서, 자본은 어디에 투자했을까? 공장자동화였다. 어제는 노동자를 부려먹던 기계를 사왔다면, 오늘은 노동자를 쫓아내는 기계를 사온다. '갑질'에 시달리고, 자동화에 쓸 돈이 없는 중소기업은 외국에서 노동자를 사온다. 나쁜 일자리가 좋은 일자리를 밀어내는 속도는 점점 더 빨라졌다. 정리해고는 국민이라는 전체집합에서 노동이라는 부분집합을 배제하기 위한 거대한 모략이었던 것이다.

4대 목표 20대 과제

2002년 임단협을 앞두고, 가톨릭중앙의료원지부(강남성모, 여의도성모, 의정부성모)는 조합원 986명을 대상으로 설문조사를 실시했다. 그 결과는 조합원들이 외환위기 이후의 노사관계를 어떻게 인식하고 있는지 잘 보여준다. 먼저, 조합원들은 노조가 가장 우선적으로 대응해야 할 사항을 변형근로 확산(36.5%), 전산화 도입으로 고용불안 및 노동강도 강화(10.2%), 비정규직 확산(10.1%)의 순서로 꼽았다.

다음으로, 비정규직이 정규직화 되면 기존 정규직원의 고용이 상대적으로 불안해질 것으로 생각하느냐는 질문에 그렇지 않다(61.0%)와 전혀 그렇지 않다(17.6%)는 답이 78.6%, 비정규직이 조합원으로 가입한다면 노동조합활동에 문제가 발생할 것으로 보느냐는 질문에는 그렇지 않다(58.0%)와 전혀 그렇지 않다(21.1%)는 답이 79.1%에 달했다. 조합원들은 외환위기가 초래한 고용관계의 변화가 노동조합의 교섭력에 미친 영향을 정확히 알고 있었다.

구조조정이 겨냥한 과녁은 노동 그 자체였다. 그것은 외환위기를 등에 업고 1987년 이후 다져진 민주주의의 토대를 일거에 허물려는 자본의 전면공세였다. 민주화를 가로막았던 병원산업에서 구조조정은 공공부문에서는 노골적으로, 민간부문에서는 은밀하게 진행됐다. 산별 전환에 성공한 보건의료노조에게 떨어진 당면의 과제는 구조조정을 막아내는 것이었다. 그간의 교섭 성과를 지켜내면서 노동조건을 개선하는 것은 기본이었다.

보건의료노조는 1999년의 투쟁 목표를 △의료산업노동자의 고용안정 발판 마련 △지도집행력·현장조직력 등 조직 강화 △병원개혁과제 제기와 경영참가 확보, 의료개혁 △산별 교섭 정착을 위한 교두보 확보에 놓고, 5대 사업과 6대 요구를 확정했다.

5대 사업은 △전체 보건의료노동자의 고용보장 및 요구 실현 △조직강화 △보건의료노조 활동가 양성 △보건의료노조 정책사업 강화 △연대사업이었으며, 6대 요구는 △생존권 위협하는 구조조정 반대 △국민건강 지켜내는 병원인력 확보 △돈벌이 중심에서 사람 중심의 병원경영 및 의료제도 개혁 △부당노동행위 및 노조 탄압 사업주 처벌 △노동시간 단축으로 고용보장 △민중생존권을 위한 사회개혁 및 재벌·정치체제 개혁이었다.

전열을 추스른 보건의료노조는 산별 전환 3년차인 2000년, 실질적인 산별 총파업을 이뤄내는 쾌거를 거뒀다. 85개 지부가 조정신청을 내고, 41개 지부, 19,200여명의 조합원이 파업에 들어갔으며, 대다수의 지부가 투쟁을 성공적으로 마무리했다. 이 승리는 보건의료 노동자들이 구조조정의 칼바람을 이겨내고 자신감을 회복하는 전환점이 되었다. 지부 간 조직력 및 투쟁력의 편차를 해소하는 과제는 산별 교섭 정착과 맞물린 문제이기도 했다.

보건의료노조는 산별 교섭으로 나아가기 위한 전 단계로서 중앙교섭 성사에 주력했다. 두 차례의 상경투쟁으로 조합원들과 필요성을 공유했으며, 병원협회에 공식적인 대화를 요청했다. 병원협회가 노사대책기구를 만든 것으로 첫 단추는 꿰어졌다. 아직 시작 단계에 불과했지만, 보건의료노조의 목적의식적인 노력은 2007년 보건의료사용자단체 구성으로 산별 교섭을 궤도에 올리게 된다.

외환위기로 움츠러들었던 노동자들이 반격에 나섰다. 보건의료노조의 포문은 2001년에도 불을 뿜었다. 1월의 기획예산처 타격에서 12월의 조계사 농성투쟁까지, 병원 노동자들은 투쟁으로 한 해를 시작하고 마쳤다. 객관적 조건은 유리하지 않았다. 외환위기 칼바람은 신자유주의 광풍으로 진화했고, 의약분업으로 촉발된 '의료대란'은 병원산업 구조조정의 고삐를 조였다.

보건의료노조로서는 호흡을 조절해, 앞으로 벌어질 상황을 능동적으로 맞을 대비를 해야 할 시점이었다. "노동자대투쟁"으로부터 15년이 경과했다. 조합원들의 세대교체도 준비해야 했다. 2001년, 보건의료노조가 제시한 4대 사업목표와 20대 과제는 이러한 배경에서 나왔다. 그것은 산별 전환 5년째에 접어든 보건의료노조가 실행할 중장기 과제들이 담긴, 산별2기 백서였다.

4대 사업목표와 20대 과제(2001)

목표 1 | 보건의료노동자들의 삶과 노동 그리고 고용안정을 책임진다

- 신자유주의 구조조정, 병원의 신경영전략을 저지하고 진보적 구조개혁, 올바른 병원개혁을 쟁취
- 주 5일제 근무와 노동시간 단축의 법제화를 통한 실노동시간 단축
- 적정인력 확보와 비정규직 도입의 저지
- 연금제도의 개혁
- 노동안전보건활동의 강화

– 2001 임·단협투쟁 승리

목표2 | 보다 강하고 힘 있는 조직, 민주성, 현장성 실현과 산별운동의 모범을 만들어가는 보건의료노조

– 제도개선투쟁으로 노동기본권 확보
– 산별운동의 발전을 위한 조직, 교섭, 투쟁에서 다양한 사업 전개
– 비정규직 사업과 미조직 사업 강화
– 간부역량강화를 위한 교육활동
– 정보화 사업
– 조직문화와 활동기풍 혁신
– 여성정책개발과 여성참여의 확대

목표3 | 중장기적인 전략과 미래를 준비하는 미래지향적 보건의료노조

– 산별노조발전전략위원회 활동의 활성화
– 의료개혁위원회의 활성화
– 보건의료노조의 정책기능 확대와 강화

목표4 | 사회 속으로 나아가 역사와 민중과 함께 하는 사회적 역할을 다하는 보건의료노조

– 의료개혁과 사회개혁 투쟁
– 노동자 정치세력화의 강화
– 노동자통일운동의 대중화
– 민중연대, 시민연대, 국제연대 활동의 강화

이러한 기조 하에, 보건의료노조는 2002년의 6대 핵심사업을 다음과 같이 선정했다. △신자유주의 구조조정, 병원의 신경영전략을 저지하

고, 의료기관의 공공적 역할을 높이면서 고용안정, 병원개혁, 의료개혁을 쟁취한다. △중소·영세·비정규직 노동자에게 피해가 돌아가지 않고, 노동조건의 저하가 없는 주5일제 전면 시행과 이에 따르는 적정인력을 확보한다. △노동자 정치세력화를 위해 지방선거와 대선에 적극 참여한다. △법·제도 개선투쟁, 사회개혁투쟁을 통해 노동기본권을 확보하면서 사회적 연대성을 높여나간다. △산별 운동의 질적 발전과 완성을 위해 조직·교섭·투쟁의 세 측면에서 다양한 사업을 전개한다. △현장 조직 강화와 간부역량 강화를 위해 활동가 양성프로그램을 확대 시행하고, 전 조직적으로 교육활동 및 현장 조직사업을 강화한다.

직권중재를 넘어서

대한민국의 자본이 걸린 많고 많은 고질병들 가운데 노동자들이 가장 치를 떠는 것을 하나 든다면? 자신에게 불리한 법 앞에서는 주먹부터 내밀고, 유리한 법 앞에서는 법부터 내민다. 근로기준법은 있는지도 몰랐다고 시치미를 떼는 사람들이, 냉각기간이니 직권중재니 필수공익사업장 같은 전문용어들은 잘도 입에 주워섬긴다. 이런 고질병 때문에, 보건의료노조의 출혈은 이루 말할 수 없이 컸다. 노동자로서는 환자의 병을 다스리고, 조합원으로서는 자본의 병을 다스리고. 이것이 보건의료 노동자들의 숙명인가.

2002년 임단협, 1999년부터 연속해서 기세를 올린 보건의료노조는 산별 교섭의 고지를 목전에 두고 숨을 고르고 있었다. 교섭과 투쟁의 병행은 노동조합운동의 'ABC'다. 100여 개 병원지부들이 파업을 예고했다. 출발은 순조로웠다. 거의 대부분의 지부들이 파업 직전 또는 파업 첫날 교섭을 타결했다. 그런데 유독 몇 개 병원의 사용자들이 예년과 달리 지독하게 나왔다.

"파업 초반 쟁점이 되었던 것은 조합원들의 사학연금 요구였다. 퇴직금과 4대 보험 등이 보장되지 않는 사학연금의 문제를 해결해달라는 사립대 병원 노동자들의 요구에 이대, 한양대 등 다른 사립대 병원들은 이미 타결한 상태였다. 그러나 경희의료원은 달랐다. 사학연금 사용자 추가부담안을 교섭에서 제시했다 다시 철회함으로 사실상 파업을 유도했다."

〈그래! 우리가 꿈꾸는 바로 그 산별노조!〉, 보건의료노조, 2015, p227

대학병원에 근무하는 노동자들은 사학연금 적용 대상이어서 국민연금은 가입대상이 아니고, 퇴직금 정산에서도 일반 노동자들보다 불리하다. 사학연금 개인부담금을 회사가 지급해야 한다는 게 사립대학병원 지부들의 공통된 요구사항이었다. 보건의료노조는 연금법 개악 저지투쟁(2000) 이후, 연금정책연구팀을 신설하고, 조합 간부들을 대상으로 연금학교를 개최하며, 정부에 제도 개선을 촉구했다. 연금제도개선투쟁은 2002년 보건의료노조의 중점 사업이기도 했다.

사학연금 외에 산별교섭 문제도 쟁점이었다. 사용자 측의 입장은 사용자단체가 구성되어 있지 않아 교섭 안건 자체를 찬성할 수 없다는 것이었다. 가톨릭중앙의료원의 경우, '조합원이 모이면 교섭할 수 없다'며 파업 전야제부터 대화를 일절 거부했다. 해볼 테면 해보라는 분위기였다. 2년 전, 파업전야제 다음날 새벽 파업 직전에 협상을 타결한 경험에 비추어보면, 뭔가 단단히 작심을 한 듯했다.

그들이 믿고 있던 것은 직권중재였다. 직권중재 조항은 노동자의 파업권을 부정하는 대표적인 독소조항으로, ILO의 폐지 권고를 받은 사안이었다. 당시 직권중재 결정을 내렸던 신홍 중앙노동위원장도 개인적으로는 폐지가 맞는 방향이라고 생각한다고 밝혔을 정도다. 차수련 위원장이 언론 인터뷰에서 말했던 대로, '버티면 직권중재로 다 정리가 되니 노조를 굴복시킬 수 있다'는 사용자들의 속셈 때문에 노사관계가 더 경색되고,

파업은 장기화된다.

2002년 5월, 경희의료원지부, 가톨릭중앙의료원지부(강남성모, 여의도성모, 의정부성모), 목포가톨릭병원지부 등이 파업에 돌입했다. 병원 측은 직권중재 회부일로부터 15일간 파업과 직장폐쇄가 금지된 법조항을 들어, 징계와 '무노동 무임금', '손배·가압류'의 칼을 빼들었다. 심지어 '마이너스 무노동 무임금'(무단결근 1일당 상여금 10%을 감액하는 사규를 적용해 그 액수만큼 공제하겠다)'까지 등장했다.

의약분업 사태 때, 파업권도 없는 의사들의 무단결근에는 아무런 조치도 하지 않았던 그들이었다. 병원 측의 광태는 여기서 그치지 않았다. 야밤에 시부모에게 전화를 걸어 업무복귀를 종용하는가 하면, 공권력 투입 후에는 경찰서를 찾아가 '최대한

보건의료노조는 물러서지 않았다. 차수련 위원장과 본조·지역본부·지부 간부들은 단식농성(27일)을 감행하며, 죽음을 무릅쓰고 저항했다.

구속시켜 달라'는 청까지 넣었다. 한마디로 말해, 노조를 말살시키겠다는 것이었다. '가뭄에 웬 파업?'이란 기사로 노동자들을 아연실색케 했던 언론은, 이번에는 '월드컵에 웬 파업?'이란 제목을 뽑았다.

병원 측의 탄압 기도에 맞서 노조는 삭발, 동조단식, 고공단식, 릴레이단식으로 대항했고, 직권중재가 떨어진 6월 5일에는 서울지역본부·경기지역본부·사립대병원지부 소속 조합원 1천여명이 참여한 가운데 총력투쟁승리결의대회를 가톨릭의대 운동장에서 열었다. 장기전에 돌입한 파업은 봄에 시작해 여름을 지나 가을의 문턱에 접어들고도, 끝이 보이지 않았다.

9월 11일 새벽, 경찰은 병원 로비에서 농성하던 조합원들을 끌어냈다. 여성 조합원들에게 성추행을 가한 경찰도 있었다. 조합원에게 가해진 무자비한 폭력, 그것은 이미 파업 시작 때부터 예고된 것이었다. 차수련 위원장의 증언에 따르면, 면담을 하러 찾아간 몇몇 병원장들은 파업이 시작되자마자 경찰이 찾아와 노조에 대한 업무방해 고발을 종용하더라는 이야기를 털어놓았다고 한다. '노동 없는 국민의 정부'의 종말이었다.

경희의료원지부는 9월 18일, 파업 119일만에 사학연금제도개선위원회 구성 등을 협의하기로 하는 등 가까스로 합의를 이끌어냈다. 하지만, 가톨릭중앙의료원 산하 3개지부 조합원들에게 공권력 투입은 또 다른 기나긴 투쟁의 서막이었다. 차수련 위원장을 비롯한 보건의료노조 본조, 지역본부, 지부 집행부와 조합원들은 명동성당에서 삭발과 죽음을 무릅쓴 단식(27일)을 감행했고, 민주노총은 가톨릭의 본산인 바티칸교황청에 원정투쟁단까지 보냈다.

직권중재로 '불법'의 멍에를 진 장기파업은 노조에 심대한 손실을 안겼다. 구속 20명, 체포영장 발부 37명, 해고 190명, 징계 188명, 손배 청구 34억원, 임금 및 조합비 가압류 77억원(이주호, '보건의료노조 장기파업과 노동기본권 박탈하는 직권중재의 문제점', 〈희망217〉, 보건의료노조, p109,

2002.11.8). 2002년, 파업 100일을 넘긴 지부는 모두 일곱 개였다.

▷ 한라병원 300일

▷ 가톨릭중앙의료원(강남성모, 여의도성모, 의정부성모) 217일

▷ 경희의료원 119일

▷ 제천정신병원 117일

▷ 목포가톨릭병원 110일(폐업 이후에도 계속 투쟁)

2002년, 보건의료 노동자들은 자본과 정부의 갖은 탄압에도 굴하지 않고, 직권중재에 온몸으로 저항했다. 이로써 공공부문 노동자들의 파업권을 옥죄던 직권중재라는 독소조항의 철폐가 가시권에 들어왔다. 파업 217일째를 맞은 12월 24일 밤, 조합원들이 농성하던 명동성당 들머리는 눈물의 바다였다. 이날, 지부는 농성을 풀고, 12월 30일 08시 현장 복귀를 선언했다. 그것은 새로운 투쟁의 약속이었다.

"강진의료원지부가 조합원이 10명도 되지 않는 순천의료원까지 지원 가서 연대파업투쟁을 통해 승리를 이끌어냈듯이 그 어떤 악랄한 수법도 따뜻한 동지애를 흩어놓지 못했고, 그 어떤 모진 탄압과 악법 앞에서도 무릎 꿇은 적이 없었다. 보건의료노조는 투쟁으로 단련되었고, 한 걸음 한 걸음 전진의 발걸음을 내디뎠다."

〈그래! 우리가 꿈꾸는 바로 그 산별노조!〉, 보건의료노조, 2015, p239

네 번의 전태일노동상

2002년 6월 29일, 한 달 넘게 노사가 대치하고 있던 강남성모병원 로비에 돌잔치가 열렸다. 황인덕 조합원과 주순여 조합원의 아기 민하의 돌잔치

였다. 2년 전 파업전야제에서 맹세한 사랑의 결실의 첫 생일. 중환자실 간호사라 파업에 참여하지 못한 아내가 체포영장이 발부된 남편을 위로하기 위해 마련한 작은 이벤트였다. 조합원들이 달려와 한마음으로 아기의 앞날을 축복했다. 황 조합원은 해고된 다음해, 217일 파업의 의미를 이렇게 술회했다.

> "지금까지 살아오는 동안 지난해 파업 때처럼 열심히 살아본 적은 없습니다. 어려움이 많을 것이라는 것은 미리 짐작했지만, 어렵다고 피해간다면 이 다음에 아이 앞에 당당한 아버지로 설 수 없을 거라는 생각을 했어요. 어느 조합원 말대로, 잃은 것은 돈이요 얻은 것은 인생이지요. 앞으로 더 열심히 싸워야지요."
>
> 황인덕 가톨릭중앙의료원지부 조합원 인터뷰, 하종강, 〈한겨레21〉, 2003.5.21

우리는 압축성장의 시대에 100억 달러 수출을 기록한 것만 기억하도록 강요받았기에, 자신도 모르는 사이 수출입국이 무역흑자를 가져다주었다는 착시에 빠진다. 하지만, 무역수지는 박정희 정권부터 김영삼 정권까지 단 3년을 빼면 36년 동안 내리 적자였다. -219억 달러(박정희), -66억 달러(전두환, 3저 호황으로 1986~1987년 93억 달러 흑자), -98억 달러(노태우, 3저 호황으로 1988년 88억 달러 흑자), -470억 달러(김영삼).

2002년 교섭 초반 쟁점은 사학연금 문제 해결이었다. 사측은 직권중재 조항을 악용해 교섭을 파행으로 몰았다. 경희의료원지부 조합원들의 파업 현장 사진.

오히려 흑자는 민주화가 안착되었다는 김대중 정권에서 출발해 지금까지 현재진행중이다. 944억 달러(김대중), 982억 달러(노무현), 1,274억 달러(이명박), 2,706억 달러(박근혜). 6월 항쟁을 경계로 그 전과 후를 비교하면, 이른바 '산업화' 기간(1961~1987)

에는 −285억 달러이고, '민주화' 기간(1988~2016)에는 +5,523억 달러다(이 숫자에는 인플레이션과 환율변동으로 인한 화폐가치의 하락은 반영되어 있지 않다). 물정모르는 외국인이 이 숫자들을 보았다면, '이제 한국인들은 고생한 대가를 누리고 있겠구나'라고 생각할지도 모른다.

경희의료원 조합원들은 119일 동안 파업으로 항전했다. 병원 앞에서 대국민 선전전을 펼치고 있는 간호사 조합원들. 이 해, 경희의료원지부는 전태일노동상을 수상했다.

하지만 절대다수의 한국인들에게 돌아온 고생의 대가는 양극화였다. 보릿고개는 넘겼지 않느냐고? 그건 민중을 개돼지로 여기는 소리다. 인간이 밥으로만 사는가? 스파르타쿠스가 몸서리치는 책형의 고통 속에서 꿈꾼 것은 밥이 아니라 자유였다. 삶의 질의 극단적인 분리는 인간 그 자체에 대한 부정이다. 전태일은 자신의 몸에 불을 붙이면서 "우리는 기계가 아니다!"라고 외쳤지, "우리에게 빵을 달라"고 외치지 않았다.

'산업화' 기간에 적자의 늪에 빠져 허우적거리면서도 우리 사회는 희망을 잃지 않았다. 노동과 민주가 우리에게 버틸 힘과 용기를 주었던 덕분이다. 정작 우리 사회가 희망을 잃은 것은 '민주화' 기간, 흑자에 취해 있을 때였다. 민주화는 양극화로 귀결되었다. 사람들은 포기를 이야기한다. 그것이 노동이 배제되어 민주가 앙상해졌기 때문이 아니라고 누가 단언할 수 있을까.

"전태일의 몸을 불사른 불꽃은 '인간선언'의 불꽃이었다. 그것은, 불의의 힘이 아무리 강성하여도, 아무리 인간을 짓누르고 무력화하고 파괴하여도, 인간은 끝내 노예일 수 없음을, 그 폭탄적인 진실을 온몸으로 증명한 인간 역사의 영원한 승리의 기념비였다. 그리고 이 땅 위에 '인간'이 죽어 모두 없어지지 아니하는 한, 전태일의 불꽃도 결코 죽지 않는다. 인간을 불구로 만드는 권력이 존재하는 한, 억압과 착취가 인류사에서 완전히 사라져버리지 않는 한, 전태일투쟁은 끝나지 않았다."

조영래, 〈전태일 평전〉, 전태일기념사업회, 2001, p322

2002년, 전태일재단(당시 전태일기념사업회)은 제11회 전태일노동상 수상자로 보건의료노조 경희의료원지부를 선정했다. 보건의료노조로서는, 차수련 위원장(2000년, 제9회)에 이은 두 번째 수상이었고, 부천세종병원지부(2006년, 제15회), 보건의료노조(2017년, 제25회)까지 합하면 네 번 수상의 감격을 안았다. "내 죽음을 헛되이 말라"며 눈을 감은 전태일. 그리고 네 번의 전태일노동상. 열사의 길을 따라, 보건의료노조 5만 조합원은 노동해방, 여성해방, 인간해방의 그날까지 힘차게 전진할 것이다.

20th Anniversary

보건의료노조 창립 20주년

Korean Health and Medical Workers' Union

05

산별의 위력을 보여라!

노동조건 저하 없는 주5일제 쟁취 | 2004

노동조합이 '역동적'이라는 것을 충분히 실감할 수 있었다. 처음 투쟁을 준비할 때는 어느 정도 선까지는 가능할 것인가 가늠하기가 어려웠다. 유럽의 산별노조 경험을 가지고 해보니 정말 만만치 않더라. 특히 2004년 첫 산별교섭 당시 각 병원마다 조직적 편차가 너무 커서 구체적인 안을 도출하는 것이 힘들었다. 그래서 일단 (산별교섭) '틀'만 만들고 '안'은 앞으로 채워 가면 되지 않겠는가라는 생각으로 시작했다.

파업이 가시화되고 여론의 파장이 크게 일면서 고려대 운동장 전야제에 1만여 명이 모였을 때는 '산별파업의 힘'을 느꼈다. 그곳에 모인 조합원들이 스스로의 모습을 보면서 감동하고 (산별교섭에) 자신감을 얻게 되었다.

윤영규 위원장, 〈그래! 우리가 꿈꾸는 바로 그 산별노조!〉, 보건의료노조, 2015, p91

산별 교섭에 관한 한 보건의료노조는 따라 배울 '롤 모델'을 갖지 못했다. 사용자들은 그게 필요하지 않았을지도 모른다. 안 하면 그만이니까. 그러나 보건의료노조는 달랐다. 윤영규 위원장(3대, 2003~2005)이 토로했듯이, "우리가 어떻게 하느냐에 따라 산별운동의 전망과 미래가 달려 있다는 부담"으로 집행부의 가슴은 무거웠다. 보건의료노조는 '아무도 가보지 않은 길'을 스스로 개척하고, 한국 산별노동조합운동의 '롤 모델'이 되어야 했다.

'민주정부'가 연달아 들어섰다. 새 정부에 거는 기대는 화물연대의 파업으로 나타났다. '노동 변호사'로 이름을 날린 대통령은 한 번은 참아주더니만, 두 번부터는 화를 냈다. '참여'는 모두에게 허락된 것은 아닌 듯했다. 법과 제도를 개선하려는 의지는 확실히 있었다. 문제는 노사관계의 지형이었다. 조직된 노동자의 수가 줄어드는 상황에 대한 근본적인 인식이 없다면, 그 의지는 책임을 미루거나 돌리는 게 될 수도 있다.

"노동조건 저하 없는 주5일제 쟁취"를 위한 2004년 산별총파업 이틀째, 집회장에 모인 조합원들(6월 11일).

국회와 정부는 하루가 멀다 하고 노동을 헐값에 쓰고 버리는 법안과 정책들을 쏟아냈다. 정부는 사회적 대화로 균형을 맞춰보자며 테이블에 앉기를 권했지만, 그럴수록 노동조합에 걸리는 부하는 올라갔다. 기울어진 운동장 안에서 운동장을 기울여 놓은 상대와 싸워야 했기 때문이다. 선택의 여지는 없었다. 싸우지 않으면 지는 거다. 운동장 밖으로 끌어낼 힘이 없다면, 들어가서 상대하는 수밖에 없다.

기울어진 운동장에서 싸우는 법

2003년 9월 15일, 주40시간노동을 명시한 근로기준법 개정안이 공포되었다. 이에 따라 주5일근무제가 2004년 7월부터 단계적으로 시행될 예정이었다. 장시간노동으로 악명이 높은 대한민국의 노동자들에게는 가뭄 속의 단비와도 같은 소식이 아닐 수 없었다. 하지만, 실제 노동현장에서 어떻게 실행될지는 미지수였다. 법정노동시간은 1989년 주48시간에서 44시간으로 단축되었으나, 보건의료 노동자들의 실제 주당노동시간은 2002년에는 48.13시간, 2003년에는 48.64시간이었다(〈연도별 보건의료 노동자 실태 조사〉, 보건의료노조).

물론, 주40시간노동은 44시간과는 달리 노동시간 단축으로 그치지 않는다. 주40시간노동이 주5일제를 의미한다는 것은 전 국민이 알고 있는 사실이었다. 법 개정 논의가 시작된 게 1998년이고, 일부 대기업에서는 이미 실시되고 있는 마당에, 주5일제 자체를 뒤집지는 못한다. 노동자들의 관심은 노동조건에 쏠려 있었다. 사용자들은 근로조건을 그대로 둔 채 주5일제를 시행할 경우 추가 인건비 부담이 15%를 웃돌 거라며, 수당을 깎든 휴가를 줄이든 해야 한다고 주장했다. 그들 말대로 되면, 주5일제가 된들 조삼모사와 다를 게 없게 된다.

주5일제가 대한민국의 자본이 좋아하는 '글로벌 스탠더드'가 된 지는 오래됐다. 프랑스는 1936년, 독일은 1967년부터 시행했다. 일벌레라는 일본인들도 1970년대부터 토요일 휴무를 누리기 시작했다. 미국에서는 금요일이 되면 동료들과 "TGIF(Thanks God, It's a Friday!)"라는 인사부터 주고받을 정도다. 그러나 이것은 거저 된 일이 아니었다. 노동시간 단축의 역사는 곧 노동자들의 피에 어린 투쟁의 역사였다.

만국의 노동자들이 기념하는 5월 1일 "메이데이(Mayday)"는, 1886년 법정근로시간을 주70시간에서 60시간으로 줄여달라는 미국 노동자들의 시위에서 비롯되었다. 경찰의 발포로 수백 명의 노동자들이 죽거나 다쳤고, 노조 지도자 다섯 명이 교수형을 당했다. 이런 비극을 딛고 미국의 노동조합운동은 성장했고, 산별노조를 만들어 정책에 개입하며 법과 제도의 개선을 이루어냈다. 노동시간 단축은 그 결실 중의 하나였다.

대공황(1929)이 발생하자, 루즈벨트는 뉴딜(New Deal) 프로그램으로 국가적 위기에서 벗어나고자 했다. 루즈벨트의 강력한 지지 세력이었던 산별노동조합들은 노동시간 단축을 요구했다. 그것은 또한 실업률을 낮추는 방안이기도 했다. 루즈벨트가 이를 수용해, 1938년 미국에서 주40시간노동제가 도입되었다. 시행 단계에서는 대기업에 국한된 것이었지만 분명한 진전이었고, 이로써 "TGIF"의 시대가 열린 것이다.

주40시간노동은 어느 나라에서나 노동자들의 헌신적인 투쟁, 산별노동조합의 정책개입능력 그리고 미래를 내다볼 줄 아는 정치적 리더십이 서로 밀어주고 끌어준 결과였다. 이런 맥락에서, 2004년 주5일제 도입의 사회적 배경을 이해할 수 있다. "노동자대투쟁", 보건의료노조를 필두로 한 산별노조의 태동, '민주정부'의 연이은 집권. 김대중과 노무현은 노동자의 눈높이에서는 부족한 게 많은 대통령이었지만, 적어도 시대를 거스르려고 하지는 않았다.

노동시간 단축은 병원 노동자들의 절박한 바램이었다. 주40시간 근무제 시행이 눈앞에 다가오면서, "노동조건 저하 없는 주5일제 쟁취"가 조합원들의 최대 관심사로 떠올랐다.

그럼에도, 주5일제 시행을 코앞에 둔 상황에서 마지막 난관을 돌파하고 장막을 걷어내는 역할은 전적으로 노동조합에 달려 있었다. 노동조건 저하 없는 주5일제를 관철시킬 의지와 실력을 갖춘 세력은 노동조합 외에는 없다. 환자를 볼모로 초과근무를 하늘의 섭리인 듯 강요해 오던 병원산업 사용자들의 관성을 생각할 때, 주5일제 시행을 앞둔 보건의료노조의 어깨는 더 무거웠다.

기울어진 운동장에서는 선수 혼자 싸워서는 절대 못 이긴다. 관객과 합세해서, 심판이 장난을 못 치도록 운동장 분위기를 달궈야 한다. 병노협 1년, 병원노련 10년, 산별 전환 이후 6년. 17년에 걸친 투쟁과 협상의 경험을 축적하면서, 보건의료노조는 기울어진 운동장에서 싸우는 법을 체득했다. △산별 중앙교섭 추진 △의료공공성 강화 △정책 및 법 제·개정 개입 △노동자 정치세력화 △직권중재의 실질적 무력화 등이 바로 그것이었다.

사람은 자동차 없이는 살 수 있어도, 의료서비스 없이는 못 산다. 자동차마니아는 BMW를 못 사도 세상을 탓하지 않는다. BMW가 비싸도 그러려니 한다. BMW 못 샀다고 죽는 건 아니다. 하지만, 아픈 사람은 병원을 못 가면 사회를 원망한다. 부모자식을 병원에 보내지 못하는 가족의 마음은 찢어진다. 의료공공성 강화는 놀부 심보를 가진 이가 아니라면 만인이 원하는 바다.

자동차가 더 빨리 달린다고 고객이 노동자에게 고마움을 표시하지는 않는다. 의료서비스는 다르다. 기술이 아무리 발전해도 병은 사람이 만진다. 인간은 돌봄에 민감하다. 의료서비스가 따뜻해질수록 환자와 가족의 얼굴은 밝아진다. 탐욕에 찌든 병원에서 이게 가능할까? 사람들은 안다. 의료공공성 강화와 의료서비스 향상이 떨어질 수 없는 관계라는 것을. 다만, 엄두를 못 낼 뿐이다. 2003년, 보건의료노조 3대 집행부는 의료공공성 강화를 핵심사업과제로 제출했다.

이와 함께, 보건의료노조는 직권중재라는 독이빨을 뽑는 작업에 착수했다. 2002년 장기파업 사업상 조합원들의 투쟁은, 그 어떤 악법에도 굴하지 않고 전진하는 보건의료 노동자의 결의를 보여주었다. 노동조건 저하 없는 주5일제 쟁취를 위한 사전정지작업으로, 보건의료노조는 5월 31일 중앙노동위원회를 방문해 직권중재가 노사관계를 파국으로 몰아갈 수 있음을 경고하면서, 직권중재 회부의 부당성·불합리성·비현실성을 조목조목 설명했다.

파업을 엄호할 연대의 고리도 착착 연결됐다. "민주사회를 위한 변호사 모임(민변)"은 직권중재 회부에 반대하는 성명서를 발표하고, 중앙노동위원장을 면담해 보건의료노조에 모든 법적 지원을 아끼지 않을 것이라는 뜻을 전달했다. 국회도 움직였다. 환경노동위원회의 민주노동당 단병호 의원이 가장 적극적이었다. 1천만 노동자의 내셔널센터인 민주노총은 자율교섭을 촉구하는 성명서를 발표하고, 연대투쟁을 다짐했다.

2004년 4월에 치러진 제17대 국회의원총선거에서 열린우리당이 과반의석을 획득했다. 총선 직전의 노무현 대통령 탄핵 반대시위에는 노동조합의 깃발이 곳곳에서 나부꼈다. 그보다 더 가슴 벅찬 드라마는 민주노동당의 원내 진출이었다. 민주노조가 한마음으로 키운 정당. 10명의 노동자 대표 국회의원들이 의사당 정문으로 들어서는 순간, 보건의료노조 조합원들은 일제히 함성을 질렀다. 노동조건 저하 없는 주5일제 쟁취! 우리는 이긴다!

산별은 우리의 힘

노무현 정부가 내건 노사관계의 모토는 "사회통합"이었다. 현장의 조합원들은 고개를 갸우뚱했다. 통합? 지금도 시장은 충분히 통합적인데? 자본이 통합하고 있어서 문제지. 그럼 주인공을 자본에서 사회로 바꾸겠다는 건가? 그런데 왜 해고는 점점 더 쉬워지고, 파업은 점점 더 어려워지지? 국정과제로 제시한 공공의료 확대 및 건강보험 보장성 강화도 마찬가지였다. 그렇다면 무엇 때문에 의료시장을 개방하려고 하지? 영리법인은 뭐고, 민간보험은 왜 끼어드는데?

조직된 노동자들은 '노사관계 로드맵'에 대한 의구심을 감추지 못했다. 그건 노무현에 대한 애정과는 별개였다. 신자유주의라는 악성 종양은 어느새 우리 사회 곳곳으로 전이되어 공동체를 공격했다. "나는 신자유주의 좌파"라고 스스럼없이 털어놓는 대통령. '노개투' 총파업 이래 7년. 조합원들은 산별교섭을 관철시키지 않고서는, 노동자로서의 위엄과 보건의료인으로서의 긍지를 지킬 수 없다는 사실을 배워가는 중이었다.

주5일제 시행은 각종 수당을 포함한 임금, 휴가, 근무형태 등 단체협약의 핵심 조항과 맞물려 있다. 지부별 교섭으로는 조직력과 병원 특성에 따라 노동조건의 격차가 발생하는 것을 막아낼 수가 없다. "빨리 가려면

혼자 가고 멀리 가려면 함께 가라"는 마사이족의 속담처럼, 산별교섭과 산별투쟁으로 함께 가지 않으면 노조의 존립근거가 흔들리는 것이다. 조합원들의 분위기는 뜨거웠다. 보건의료노조의 목표는 2004년을 "산별교섭 원년"으로 만드는 것이었다.

2003년 11월 25일, '2004년 투쟁기획단'이 꾸려졌다. 임원 전원, 4명의 지역본부장, 사무처 주요 국장 등 15명으로 구성된 기획단은 산별교섭의 작전을 기획할 총참모본부였다. 이어서, △산별학교(11.28~29, 본조·본부·지부 간부 50여명 참가) △중집·상집·전임간부 수련회(12.15~16) △지부장 및 전임간부 합동수련대회(2004.1.13.~14)가 개최되었다. 합동수련대회는 산별 전환 이후 처음 마련된 자리로, 250여명이 참가했으며, 산별총파업 결의문을 채택했다.

1월 14일부터 2월 14일까지, 조합원들과 2004년 산별교섭의 의미를 공유하는 프로그램들이 집중적으로 배치됐다. '2004 요구안 수렴과 조합원 의식실태 설문조사'가 실시되었고, △현장토론(지부별) △합동간부회의 및 본조 집행부 순회간담회(지역본부별)가 잇따라 열렸다. 각급 단위를 대상으로 한 △의료공공성학교(1.28~29) △경영실습분석(1.30~31) △신임지부장 및 전임자교육(2.4~5) △중소병원 간부수련회(2.17~18) △국립대병원 간부수련회(2.17~18)가 진행됐다.

보건의료노조는 2월 26일부터 27일까지 이틀 동안 열린 정기대의원대회에서 2004 투쟁방침을 확정했다. 그 내용은 △노동조건 저하 없는 주 5일제 원년, △산별교섭 성사 원년 △민주노동당 국회 진출 원년이라는 "3대 원년"으로 압축할 수 있다. 대의원대회는 또한 노조 역사상 최초로 "조합원총투표에 의한 6월 산별총파업"을 결의했

조합원들은 투표율 88.9%, 찬성률 77.8%로 산별총파업을 압도적으로 지지했다. 최초의 산별 총파업. 주사위는 던져졌다.

다. 명실상부한 산별총파업을 향한 조합원 모두의 약속이었다.

노동조건 저하 없는 주5일제 쟁취를 위해, 보건의료노조가 사용자 측에 내건 요구사항은 다음과 같았다. △1일 8시간, 1주 40시간을 기준노동시간으로 하는 1주 5일 근무 △1일 2시간, 주당 8시간 이상 초과노동시간 불허 △교대근무자 주당 2일 연속휴가 보장 △교대근무자 야간근무 월 6일 이내 제한 △야간근무 시 16시간 이상 휴식 보장. 대정부 요구로는, △종합병원·병원·종합전문요양기관 토요일 외래진료 금지 △응급의료시설 확충자금 지원 △향후 1년간 한시적으로 간호등급 향상 보고 즉시 수가 인상 지급 등이었다.

> "지난 2년간 산별노조의 저력, 힘을 실감했다. 경험으로부터 '산별'이 왜 대안인가에 대해 확신할 수 있었다. 올해 산별교섭 마무리를 짓지 못하고 있기는 하지만 교섭 전반 과정이 관심의 대상이었다. 사회 여론의 관심이 집중된다. 병원 노사 전체가 산별 교섭 상황을 예의 주시하고 있는 것으로 알고 있다. 조합원 4만의 파급력이 의료계 전체를 뒤흔드는 대단한 위력을 발산한다."
>
> 윤영규 위원장, 〈그래! 우리가 꿈꾸는 바로 그 산별노조!〉, 보건의료노조, 2015, p92

보건의료노조는 2003년 하반기부터 주5일제와 의료공공성 강화 연구팀을 각각 가동, 산별교섭 정책을 수립하고 여론전에 대비했다. 주5일제 연구팀은 주5일제 요구안을 짜고 병원산업 교대제 분석을 통해 인력충원의 논리와 근거를 확보했다. 의료공공성 강화 연구팀은 현행 보건의료제도가 안고 있는 문제점을 외국 사례와 비교·분석해 우리 모델에 맞는 의료공공성 강화 방안을 도출해냈다. 이 작업에는 본조 정책기획국, 현장 간부는 물론 보건의료노조가 동원할 수 있는 외부전문가들이 풀가동됐다.

매주 수요일은 보건의료노조가 정한 산별교섭·산별투쟁의 날이었다. 2003년부터 전 조직적으로 △조합원 대상 선전전(지부별) △환자 및 보호자 대상 선전전(지부별) △산별교섭 불참 병원 항의 조직 △대의원 상경투쟁 △대정부 제도개선 촉구 등이 전개되었다. 보건의료노조가 주도적으로 참여하는 '의료개방 저지 공동대책위원회' 주최로 '의료시장 개방, 무엇이 문제인가?' 공청회(2003.10.16)도 개최되었다. 사용자들에게 산별교섭의 필요성을 알리고 교섭 참여를 촉구하기 위한 노사대토론회도 두 차례(2003.12.9, 2004.2.19) 열었다.

2004년 산별교섭 당시 보건의료노조의 조합원 수는 39,374명(146개 지부)이었다. 산별 전환을 못해 병원노련 소속으로 남아 있는 노조는 20개, 조합원 수는 2,812명이었다. 〈보건의료노조 10년사〉는 2004년 산별교섭 준비기를 다섯 단계로 구분하고 있다. △산업별 교섭의 투쟁방침 수립(1단계) △산별교섭 투쟁방침 준비와 확정(2단계) △산별교섭 요구안의 정책적 내용 확정과 사회적 쟁점화를 위한 준비(3단계) △산별교섭, 지부교섭, 산별투쟁 준비를 위한 공동투쟁결의 고양(4단계) △산별교섭 추진준비(5단계).

서울로! 서울로! 서울로!

3월 2일, 보건의료노조는 산하 지부 병원 사용자들에게 "3월 10일 산별교섭 상견례"를 요청하는 공문을 발송했다. 3월 17일 상견례를 갖고 산별교섭이 시작되었지만, 예상했던 대로 사용자 측은 시늉조차 제대로 내지 않았다. 서울대병원 등 일부 국립대병원 대표는 아예 불참했고, 병원 특성별 교섭을 역으로 요구하거나, 대표권한도 없는 실무자가 교섭에 참석해 진행에 딴지를 걸었다.

산별교섭에 불참한 병원 사용자들에게 투쟁이 집중됐다. 지부별로 병원장을 만나 "주5일제, 의료공공성 강화 등은 지부교섭에 다루지 않는다"는 본조의 방침을 전달한 뒤(노조는 산별 요구안 쟁취에 전력을 기울이기로 한 2004년 투쟁방침에 따라 지부요구안은 최소화하고, 산별교섭에서 큰 틀이 마련되기 전까지는 지부교섭에서 세부요구안을 다루지 않기로 결정했다), 불참 병원에 대해서는 본조 차원에서 대응하겠다고 통보했다.

지역본부별로 불참 병원에 대한 동시 집중타격이 전개됐고, △한양대병원지부(로비농성) △이화의료원지부(병원장실 대기) △고대의료원지부(로비철야농성) △경희의료원지부(로비농성) 등이 투쟁에 돌입했다. 5월 12일, 사립대병원 사용자들은 산별교섭 참석을 약속했다. 서울대병원에 대해서는 4월 21일과 22일 양일간 간부상경투쟁을 전개했고, 4월 28일 국립대병원지부장회의는 천막농성과 로비농성을 결의했다.

병원산업의 특성 상 산별교섭을 관철시키기 위해서는 정부의 인식 전환과 협조가 필요하다. 보건의료노조는 5월 한 달 동안 세 차례에 걸쳐 기획예산처 등이 위치한 과천정부종합청사 앞에서, △수익성 중심의 구조조정 지침 철회 △의료공공성 강화를 위한 예산 지원 △주5일제 실시에 따른 필요인력에 대한 예산 지원 △노사 자율교섭과 합의사항 존중 △산별교섭 정착을 위한 정부 차원의 적극적 노력 △건강보험 보장성 80% 이상 확대 △모든 병원의 관리부처를 보건복지부로 이관 △사람의 건강과 생명을 다루는 병원에서 비정규직 철폐 △총정원제 폐지 △보건복지예산 확대 △의료개방 반대 등을 요구하며, 집회와 시위를 벌였다.

정부 압박과 설득은 각 부처별로도 진행됐다. △노동부(4.2) △교육인적자원부(4.6, 4.12) △기획예산처(5.6, 5.12) △보건복지부(6.3)의 순서로 이루어진 부처별 면담에서, 노동부는 노조

산별총파업 나흘째인 6월 13일, 서울에 집결한 전국의 1만여 조합원들이 거리행진에 나섰다.

가 제안한 교육부-병원-노조 간 3자 면담 필요성을 인정하고, 교육부와 협의해 면담이 이루어지도록 노력하겠다고 답했다. 기획예산처는 "정부와 병원이 먼저 해야 할 일을 노조가 한다"면서 노조의 요구에 긍정을 표시하면서, 보건의료예산 증액 방침을 밝혔다.

산별총파업이 드디어 카운트다운에 들어갔다. 5월 20일, 보건의료노조는 중앙위원회에서 만장일치로 산별조정신청을 결의했다. 전 조직을 총파업체제로 전환하고, 5월 25일 121개 지부 36,405 조합원의 이름으로 중앙노동위원회에 쟁의조정신청서를 제출했다. 총파업 찬반투표(6.1~6.3)는 산별총파업에 돌입하는 마지막 관문이자, 산별총파업의 승리를 여는 최초의 관문이었다.

보건의료노조는 찬반투표의 압도적 가결을 위해 조직력을 총동원했다. 그 결과, 전체 조합원 36,584명 가운데 32,530명이 투표에 참여, 25,042명의 찬성으로 쟁의행위가 가결됐다. 조합원들은 투표율 88.9%, 찬성률 77.8%로 산별총파업을 압도적으로 지지했다. 주사위는 던져졌다. 6월 9일, 산별총파업 D-1. 전국의 조합원들이 파업전야제가 열리는 고려대 노천극장으로 속속 집결했다.

보건의료노조는 이날 산별총파업 1호 명령을 발동했다. △6월 9일 산별교섭이 타결되지 않을 경우 6월 10일(목) 07시를 기해 전면파업에 돌입하고 전 조합원은 쟁의대책위원회의 지침에 따라 상경총파업투쟁을 전개한다. △응급실, 중환자실, 수술실과 그 외 쟁의대책위원회에서 정한 응급부서 외에는 최소한의 필요인원을 배치하고, 응급대기반을 구성하여 필요한 상황에 신속히 대처한다. △전 조합원은 개별행동을 삼가고 쟁의대책위원회의 지침에 따른다.

"2004년 6월 9일 전국 각지에서 모인 1만여 명의 보건의료노조 조합원이 파업 전야제 장소인 고려대 노천극장을 가득 메웠다. 참가한 조합원들 스스로도 믿기 힘든 산별 총파업의 기적을 보며 승리를 예감했다. 그러나 역사상 최초의 산별교섭을 성사시키는 길은 쉽지 않았다. 예년보다 일찍 찾아온 여름은 작열하는 태양이 되어 보건의료노동자들의 머리 위로 내리 쬐었다. 파업은 14일간이나 계속되었고, 2004년 6월 23일 새벽 마침내 역사적인 산별 합의가 이루어졌다."

〈그래! 우리가 꿈꾸는 바로 그 산별노조!〉, 보건의료노조, 2015, p88~89

엎치락뒤치락 위태로운 줄타기를 거듭하는 실무교섭 상황을 전달받으며, 조합원들은 파업 현장을 굳건히 지켰다. 파업 12일째 되는 날인 6월 21일, 기다리던 교섭 최종안이 나왔다는 소식이 전해졌다. 다음 날, 실무교섭단 최종안을 놓고 1차 논의를 끝낸 임원단과 교섭단 연석회의는 중앙쟁의대책위원회를 소집해 이를 보고했다. 이어 지역본부별로 지부장회의를 개최해 수용 여부를 판단하고, 지부별 조합원 현장토론을 거쳐 최종안 수용을 결정했다.

6월 23일, 보건의료노조와 병원 사용자 측은 총 10장으로 구성된 잠정합의안을 타결했다. 주요 내용은 다음과 같다. △의료기관 주5일제 도입의 공동기준 마련 △환자권리장전 채택과 '의료공공성강화특별위원회' 구성 △보건의료산업 최저임금제 도입 △비정규직 보호와 의료산업 발전을 위한 '보건연대기금' 조성 △산별교섭을 위한 사용자단체 구성 노력 및 산별기본협약 체결 △비정규직 정규직화와 월 1회 유급휴가 보장 △간접고용 비정규직의 고용보장. 또한 파업을 이유로 조합원에 대한 민형사상·인사상 불이익 금지, 현장 탄압 금지에 대해서도 합의했다.

산별총파업은 14일만에 보건의료노조의 승리로 막을 내렸다. 잠정합의안은 기업별 교섭에서는 다룰 수 없었던 사안들로서, 산별 전환 이후 7년만에 관철시킨 산별교섭의 값진 성과물이었다. 7월 27일, 보건의료노조는 산별교섭 잠정합의안에 대한 찬반투표를 실시했다. 투표에는 산별조정을 신청한 121개 지부 가운데 5개 지부를 제외한 116개 지부가 참가했다. 조합원 35,687명 가운데 26,899명 투표해, 투표 결과는 찬성 21,139명(78.6%), 반대 5,595명(20.8%)이었다.

최초의 산별교섭

산별교섭에 합의한 보건의료노조는 총파업을 풀고, 2단계 지부교섭 및 지부투쟁으로 들어갔다. 1차(6.28~7.3), 2차(7.8~7.9), 3차(7.19~20) 지부교섭 집중기간이 설정됐고, 산별교섭 잠정합의안 수용을 거부하는 병원에 대한 집중타격투쟁을 배치했다. 7월 21일에는 민주노총 총력투쟁 결의대회에 결합하고, 궤도총파업과 연대해, 지부별로 농성, 병원장 항의방문, 집회, 피켓시위, 단체복 입기 등의 형식으로 사용자에 대한 압박을 높였다.

6월 24일 고대의료원을 스타트로 지부교섭 타결 소식이 전국 각 지부에서 올라왔다. 가장 중요한 산별 잠정합의안 수용과 관련해서는, 산별교섭 대상 121개 병원 가운데 100개가 넘는 병원 사용자들이 수용에 합의하고, 이를 지부 단체협약에 반영했다. 이로써 보건의료노조의 산별교섭은 2단계 관문을 넘어서 이륙 단계에 진입했다.

6월 20일, 보건복지부는 보건의료노조가 제출한 '노동조건 저하 없는 주5일제 실시 및 의료공공성 강화를 위한 대정부 요구안'에 대한 입장을 최종 발표했다. 노조는 3월부터 노사 산별교섭을 진행하는 한편, 보건복지부와 실무협의를 계속한 바 있다. 보건복지부의 입장 발표는 정부가 산별교섭에 전향적 태도를 보이고 있으며, 노조의 정책 개입능력이 커졌음을 의미했다. 보

보건의료노조가 이겼다. 2004년 8월 17일, 노사는 〈2004년 보건의료산업 산별교섭 노사합의서〉에 서명했다. 최초의 산별교섭이 성사된 것이다.

건복지부가 발표한 내용은 다음과 같다.

△ **본인부담금상한제 개선** ; 6개월 300만원 상한선 유지. 희귀·난치병 고액 중증환자는 감면 확대

△ **건강보험 보장성 강화** ; 2008년까지 건강보험 비급여항목 단계적 축소 및 건강보험 보장성 강화(70% 수준), MRI 보험 적용은 2005년 중 시행

△ **수가제도 개선** ; 포괄수가제 다빈도 상병 중심 대상질병군 확대, 공공병원 전면 시행, 민간병원 선택 시행

△ **의료공공성강화 추진위 구성** ; 기존 보건의료정책심의위 활용, '공공보건의료 분과위' 구성 방안 검토, 보건복지부 산하 각종 보건의료 관련 위원회에 노조 참여 보장, 산별교섭에서 합의된 '의료산업 발전과 의료공공성 강화를 위한 노사정위원회' 구성 적극 검토

△ **토요 외래진료 금지 및 응급의료체계 강화** ; 권역 및 지역 응급의료센터에 매년 110억원 운영비 지원, 응급의료 취약지에 응급의료기관 추가 지정, 매년 100억원 융자 지원, 응급실 24시간 비상진료체계 강화, 공휴일 및 야간 응급환자 진료를 위한 당직의료기관 지정 및 운영, 응급의료정보센터(전국 12개) 운영 강화

△ **지방공사의료원 부처이관** ; 행정자치부와 이관 절차와 방법에 대해 협의 중, 국무총리실에 조정 요청, 부처간 협의 완료 후 제도개선협의회를 개최해 이관계획을 최종 확정 공표

△ **공공의료기관 관리부처 일원화** ; 국가보건의료체계 구축과 공공보건의료기관 관리부처 일원화, 국가 전체 차원의 공공보건의료 총괄·조정, 공공의료 혁신 T/F에서 방안 연구를 거쳐 공공보건의료에 관한 법률 개정 등 실행방안 마련

△ **부도·폐업 병원 공공병원화** ; 공공병원의 역할 등 인수필요성이 먼저 인정돼야 하며 국가 전체 차원에서 검토, 조례제정 지역 우선 지원은 타당

성 검토 후 지원 방안 추진 가능

△ **지역거점병원 지원과 예산지원** ; 공공병원을 강화한 후, 지역주민 참여로 소유구조가 공공화된 민간병원이 공공의료사업을 수행하면 예산지원 검토

△ **보건의료예산증액** ; 담배 부담금 인상과 정부예산 포함 지속적으로 증액, 구체적 계획과 충분한 내부검토 및 관계부처 협의 거쳐 추진

△ **의료개방 반대** ; WTO 의료서비스 협상에서 양허안 제출하지 않음, 의료개방 하지 않기로 함

△ **영리의료법인 설립 불허** ; 의료 공공성과 의료서비스 산업화를 조화롭게 유지하는 방향에서 검토

8월 17일, 노동조합 교섭단 대표 윤영규 보건의료노조 위원장과 사용자 교섭단 대표(사립대병원 대표, 국립대병원 대표, 지방공사의료원 대표, 민간중소병원 대표, 대한적십자사 총재)가 체결한 〈2004년 보건의료산업 산별교섭 노사합의서〉는 다음과 같은 내용을 담고 있었다.

제1장 "산별기본협약"은, "국민건강권 실현과 새로운 노사관계 정립을 위해 … 이 협약을 체결한다(1장 1조)"고 명시, 이 합의의 목적이 산별교섭의 정착에 있다는 것을 분명히 했다. 또한 "조합과 사용자는 노사 자율교섭을 통해 타결하도록 상호 노력한다(1장 2조)"는 데 합의, 직권중재 악용으로 인한 노사관계 악화를 막기로 했다. 사용자 측은 사용자단체의 조속한 구성과 "완전한 사용자단체가 구성되기 전까지는 개별 병원은 교섭권과 체결권 일체를 위임하고 사측 대표단을 구성하여 산별교섭에 참가(1장 4조 ①)"을 약속했다.

제2장 "의료공공성 강화"에는, "환자권리장전 선포(2장 1조)"와 "의료산업 발전과 의료공공성 강화를 위한 노사정 특별위원회 운영(2장 3조)"이 담겨 있다. 이 합의로 산별교섭은 병원 경영, 보건의료산업 발전 등 개

별 병원 노사관계를 뛰어넘는 사회적·정책적 사안을 다룰 수 있게 되었다. 아직은 선언적 차원에 머물렀지만, 보건의료노조가 끈질기게 요구하고 실천해 온 의료공공성 강화 의제가 산별교섭의 틀 안으로 진입했다고 평가할 수 있다.

제3장 "주5일제 노동시간 단축"에는, 의료공공성 강화와 함께 산별총파업의 핵심적인 목표였던 "노동조건 저하 없는 주5일제"를 보장하는 핵심 조항들이 포함되어 있다. 제3장의 7개 조항은 조합원들에게 산별의 위력을 명확하게 보여주었다.

△ 사용자는 1일 8시간, 1주 40시간을 기준노동시간으로 하며, 1주 5일 근무를 기본으로 한다. 다만, 토요일은 휴무로 한다(1조 노동시간 단축)

△ 사용자는 통상근무자에 대하여는 월요일부터 금요일까지 근무하고, 교대근무자에 대하여는 가능한 주 2일 연속휴가가 되도록 한다(2조 근무형태).

△ 사용자는 주5일제 노동시간 단축에 따른 필요인력을 충원함에 있어 각 병원 및 사업장별로 조합(지부)과 협의하여 시행하되, 병원에 근무하는 직접고용 비정규직을 정규직으로 우선 고려한다(3조 인력충원)

△ 사용자는 기준노동시간을 초과하는 노동시간에 대하여 근로기준법 제55조에 의한 연장근로수당(50% 할증률 적용)을 지급한다(4조 연장근로수당)

△ 시행일 현재 재직중인 직원에 대하여 기존 연월차 산정일수에서 개정된 근로기준법에 의한 연차 산정일수를 뺀 일수를 임금으로 보전하되 계산식은 다음과 같이하여, 시행일 기준으로 금액을 확정하여 수당(통상임금에서 제외)으로 보전한다 *계산식 ; (기존 근로기준법 상 연월차 휴가 합산일수 - 개정 근로기준법 상 산정한 연차 휴가일수) × 기 보상기준

△ 사용자는 여성노동자에게 월 1회의 무급생리휴가를 부여한다. 단 사용시 월 기본급에 30분의 1에 해당하는 금액을 공제한다(6조 생리휴가 ①), 시행일 현재 재직중인 여성노동자에게는 월 기본급의 30분의 1에 해당하

는 금액을 확정하여 월정액의 보건수당(통상임금에서 제외)으로 지급한다(6조 ②), 위 ②의 보건 기준보다 상회하는 병원 및 사업장의 경우 기존 지급액을 유지한다(6조 ③)

△ 사용자는 노동시간 단축을 이유로 기존의 임금수준과 시간당 통상임금을 저하시킬 수 없다(7조 임금 및 근로조건의 유지)

비정규직 철폐는 △노동조건 저하 없는 주5일제 실시 △의료공공성 강화 등과 함께 2004년 보건의료노조의 산별 5대 요구 가운데 하나였다. 노조는 1997년부터 2004년까지 조사한 비정규직 실태를 종합·분석해, △병원 노동자 4명 중 1명이 비정규직 △병원사업장 비정규직 비율은 1997년 5.2%에서 2004년 23.6%로 4.5배 증가(공공병원 비정규직 비율이 26.8%로 민간병원 18.7%의 2배) △비정규직의 도입직종이 간호사, 간호조무사, 의료기사 등 직접진료부서로 확산 △간호조무사, 간호보조원의 파견근무 확대 △비정규직 임금 정규직의 절반 이하 등 의료서비스 질 저하를 초래할 병원 비정규직의 현실을 사회적으로 공론화하며, 비정규직 문제를 산별교섭 의제로 끌어들였다.

제4장 "비정규직 요구"는 보건의료노조가 비정규직 문제를 노동조합의 품에 끌어안기 위해 노력한 반증이다. 당초 사용자 측은 이 안건에 대한 논의 자체를 거부했으나, 노조의 압박에 밀려 교섭에 임했다. 교섭은 병원 측 요구를 일부 수용해, 직접고용 비정규직과 간접고용 비정규직으로 나눠서 진행됐다. 비정규직 임금을 정규직의 80% 수준으로 올리고 월 1.5일의 휴가를 부여하자는 노조의 협상안에 대해, 사용자 측이 1년 미만 비정규직에 한해 월 1회 유급 휴가를 보장하는 수정안을 제출해 합의가 타결됐다.

△사용자는 직접고용 비정규직 근로자에 대하여 근로기준법, 산업안전보건법, 산재보상보험법과 4대 보험(건강보험, 국민연금, 산재보험, 고용

보험)을 적용한다(4장 1조 ①) △사용자는 직접고용 비정규직을 가능한 단계적으로 정규직화 하도록 노력한다(4장 1조 ③) △직접고용 1년 미만 비정규직에 대하여 월 1회의 유급휴가를 보장한다(4장 1조 ⑤). 이상의 합의는 비정규직을 보호하고 주5일제 시행 혜택을 함께 나누겠다는 보건의료노조의 강력한 의지의 표현이었다.

제6장 "최저임금제"는 산별교섭 차원의 첫 최저임금 합의라는 의미를 가진다. 노사는 "보건의료산업 노동자(산업분류 : 보건업)의 최저임금은 노동부 '매월 노동통계 조사보고서'에 의거한 월 평균정액급여의 40%를 산업별 최저임금으로 정한다(제6장 1조)"는 데 합의했다. 2004년 법정 최저임금은 월 평균정액급여 35% 수준이었으며, 민주노총의 요구는 50%였다. 보건의료노조는 최저임금 의제를 산별교섭의 틀 안에 인입하는 것을 우선적인 목표로 삼고, 이후 교섭에서 기준을 높여나가기로 했다.

제10장 "협약의 효력"은 121개 병원의 각기 다른 조건을 감안해야 하는 산별교섭의 특성 상 최고 기준의 합의가 어렵다는 현실을 반영한 것이었다. "산별교섭 합의 내용을 이유로 기존 지부 단체협약과 노동조건을 저하시킬 수 없다(10장 1조)"고 명시해, 산별교섭으로 피해를 입는 지부가 없도록 했다. 문제는 10장 2조의 단서조항이었다. 이로 인해 서울대병원지부 등이 탈퇴했고, 이는 보건의료노조에게는 상처로 남았다.

조합원들은 '보건의료노조 10년 10대 뉴스'에서 2004년 산별총파업을 첫 순위로 꼽았다. 이주희 교수(이화여대 사회학과)가 2005년 12월 노조 전체 간부를 대상으로 실시한 실태조사에서도, 2004년 산별교섭 제도화와 주5일제 확보가 가장 큰 성과로 꼽혔다. 최초의 산별노조, 최초의 산별총파업, 최초의 산별교섭. 노동조건 저하 없는 주5일제 쟁취를 위한, 14일간에 걸친 보건의료노조 1만여 조합원들의 상경 산별총파업투쟁은 한국노동운동사에 영원히 기록될, 산별노동조합운동사의 첫 장이었다.

의료공공성 강화운동의 신기원

"암부터 무상의료!" | 2005

재생 불량성 빈혈을 앓고 있던 주현이가 얼마 전에 하늘나라로 갔습니다. 많이 힘들어 하면서도 주위에 웃음을 주던 아이였는데…. 병원이 소아암 환자들 때문에 적자라네요. 그럼 도대체 몇천만원씩 내는 우리들의 병원비는 어디로 가고 있답니까? 얼마 전에 통장에 12억을 가진 사람이 국민기초생활 수급자로 선정되어서 국가로부터 생활비를 보조받고 있다는 말을 들었습니다. 누구는 집 한 채, 경승용차 한 대 때문에 의료보호 1종도 못하고 있는데…. 이 나라가 진정으로 누구를 위해 존재하는지, 한숨밖에 나오질 않네요. "암부터 무상진료" 반드시 이루어지길 바랍니다. 현재 병에 걸린 아이들이 혜택을 보진 못하더라도 다음에 이런 병에 걸렸을 때 아이를 두고 부모가 이혼하는 가정이 생기게 해서는 안 되겠지요.

2005년 5월 18일, 현애자 의원 홈페이지 자유게시판에 올라온 글

보건의료노조가 의료공공성 강화 연구팀을 가동한 게 2003년 하반기였다. 이때 이미 보건의료노조의 시선은 무상의료를 향하고 있었다. 이 당시 본인부담률은 50%가 넘었다. 대부분의 OECD 가맹국들이 평균 20% 안팎인데 비해, 30%p 이상 차이가 났다. 연구팀의 관심은 우선 건강보험 보

장성을 획기적으로 높일 수 있는 촉매를 찾는 데 집중됐다.

암은 국내 사망원인통계가 집계되기 시작한 1983년 이래 2016년까지 사망원인 1위 자리에서 내려오지 않고 있다. 암으로 인한 사망률은 인구 10만명당 153명으로, 2위 심장질환(58.2명), 3위 뇌혈관질환(45.8명), 4위 폐렴(32.2명), 5위 자살(25.6명)을 합친 숫자에 필적한다. 비중 또한 늘어나고 있다. 1983년 11.3%였던 암 사망률은 2012년에는 27.6%, 2016년에는 27.8%로, 30년 사이에 두 배 넘게 증가했다(통계청, 〈국내 사망원인통계〉 참조).

암은 서민 가계를 파산으로 몰아넣는 대표적인 중증질환이다. "암부터 무상의료!"는 "국민과 함께하는" 산별노조운동을 실천하는 행동강령이었다.

이에 따라 사회적 비용 또한 가파르게 상승하고 있다. 2017년 12월, 국민건강보험공단 산하 건강보험정책연구원이 발표한 〈건강보장정책 수립을 위한 주요 질병의 사회경제적 비용 분석〉 보고서에 따르면, 국내 전체 질병의 사회경제적 비용은 2006년 82조4,630억원에서 2015년 148조2,514억원으로 1.8배 뛰었다. 같은 기간 GDP는 1조73억 달러에서 1조4,351억 달러로 1.4배 늘어났다. 질병의 사회경제적 비용 증가율이 성장률을 앞지르고 있다는 사실에서 의료복지에 대한 선행투자를 게을리 한 대가가 얼마나 큰지 짐작할 수 있다.

전체 질병의 사회경제적 비용 가운데 10대 사망원인 질병에 들어간 비용은 51조2,513억원으로, 암(16조6,810억원), 뇌혈관질환(6조9,283억원), 자살(6조4,480억원), 심장질환(4조8,316억원), 고혈압(4조3,910억원)의 순서다. 이처럼 암은 국민의 생명을 앗는 가장 무서운 질병일 뿐만 아니라 서민 가계를 위협하는 고비용의 불행이다. 때마침 민주노동당이 원내 진출에 성공했다. 민주노동당의 대표공약은 "무상의료"였다.

불행은 서민부터 덮친다

〈권력의 병리학(폴 파머, 리병도 외 역, 후마니타스, 2009)〉이라는 책이 있다. "왜 질병은 가난한 사람들에게 먼저 찾아오는가"라는 부제가 붙어 있는 이 책은, 가난한 이들이 더 많이 질병에 노출되고 고통 받는 이유를 권력의 병리 증상으로 설명하고 있다. 한쪽에서는 주체할 수 없을 만큼 부(富)가 넘치고 다른 한쪽에서는 부라는 단어 자체가 낯선 현실. 이 모순이 극복되지 않고 악무한적으로 재생산되는 자본주의 사회의 질서에는 "병리"라는 단어가 딱 어울린다.

한국에도 이와 비슷한 주제를 다룬 책이 있다. 김창엽 서울대 보건대학원 교수가 펴낸 〈건강할 권리(후마니타스, 2013)〉이 그 책이다. 김 교수는 "이주여성, 독거노인, 결식아동, 비정규직 노동자 등 사회적 약자의 질병은 '소득수준 및 주거 환경, 학력, 직업 및 노동환경'과 같은 요인이 복합적으로 작용해 발생하며, 이는 다시 이들의 처지를 악화시켜 건강을 해치는 악순환의 고리로 연결돼 있다"고 지적한다.

"모든 질병은 생각보다 훨씬 더 사회적이며", "가난과 건강의 악순환은 다음 세대에까지 사회적으로 유전" 되기 때문에, "빈곤이라는 사회적 요인을 개선하지 않고는 해결되기 어렵다"는 게 김 교수의 주장이다. 문제는, 이 사회적 요인을 개선하려는 노력을 보건의료산업에 뛰어든 거대자본의 카르텔인 '의산(醫産)복합체'가 막고 있다는 것이다(김상기, '질병은 왜 가난한 사람들에게 먼저 찾아오는가?', 〈라 포르시안〉, 2013.7.8).

2004년의 시점에서, 보건의료노조와 민주노동당은 형제나 마찬가지인 사이였다. "무상의료"의 이니셔티브는 보건의료노조를 중핵으로 한 노동-시민사회의 의료복지 네트워크가 제공했으며, "부유세", "무상교육"과 함께, 민주노동당의 트레이드마크나 다름없었다. 2004년, 건강보험 재정에 1조3천억원대의 흑자가 발생했다. 이 돈의 쓰임새를 놓고, 보건의료노조-

민주노동당, 보건의료단체연합, 건강세상네트워크 등은 "암부터 무상의료"의 재원으로 활용하자고 강력하게 주장했다.

건강보험에서 발생한 흑자는 보건의료노조 등이 집계한 암 환자들이 한 해 부담해야 하는 법정 본인부담금 및 비급여 치료비 합계 1조3천억과 정확하게 일치했다. 민주노동당 현애자 의원(보건복지위)은 국회에서 "저소득층이 암에 많이 걸리며, 암 치료비 마련을 위해 퇴직금·전세금 등을 쓰고 있는 형편이고, 일부는 돈 때문에 치료를 포기하기도 한다"면서, "무엇보다도 암 무상치료가 시급하다"고 정부의 결단을 촉구했다(김양중, "28만명 '암 고통' 빈곤층 더 걸리고 돈 없어 치료 안 해", 〈한겨레〉, 2005.4.21).

"무상의료"는 보건의료노조가 지향하는 최종 목표 가운데 하나다. "암부터 무상의료"는 "무상의료"로 나아가는 사회적 합의를 성숙시켰다.

실제로, 2005년 3월 11일 열린 '암 진료비 재원, 어떻게 조달할 것인가' 주제의 심포지엄에서 국립암센터 박은철 책임연구원이 발표한 바에 따르면, 최하위 소득계층이 최상위 소득계층보다 남성은 1.65배, 여성은 1.43배 더 많이 암에 걸리는 것으로 나타났다. 암 발견 첫해의 진료비는 평균 약 1천만원, 진행된 암은 1,852만원에 달했고, "의료비 등 암 직접 부담비용은 2조2,026억원이며, 여기에 대체보완의료비, 교통비, 간병인 등 사회적 비용을 합치면 암 환자가 부담하는 경제적 부담은 매년 15조4,694억원에 이른다"는 게 박 연구원의 분석 결과였다.

"가난한 사람은 병도 많이 걸리고 똑같은 병에 걸려도 더 많이 죽습니다. 뼈 빠지게 일해야 하는 노동조건, 열악한 집과 생활환경, 아이들 교육문제, 당장의 생계문제 스트레스는 얼마나 많습니까? 거기에다 치료비 문제로 인한 치료의 지연, 치료비 말고도 간병이나 여러 문제로 더 드는 비용문제로 인한 가정의 파탄…. 가난한 사람이 더 병에 많이 걸리지만 더 치료를 제대로 받지 못하는 것입니다. 그리고 암이 그 대표적인 질병입니다."

보건의료단체연합, "모든 의료를 건강보험으로 10문10답", 2005.5.9

사망원인 1위 암. 병원비가 가장 많이 드는 병 1위 암. 한국인 4명 가운데 1명이 암으로 죽고, 서민의 암 발병률은 부자들의 1.6배, 사망률은 2배. 암 환자가 1년에 쓰는 돈은 직접치료비만 연간 평균 1천만원에, 본인부담금은 5백만원. 서민들에게 이 부담을 덜어주는 데 드는 돈이 1조3천억원. 건강보험 흑자 1조3천억원. 초등학생도 알아들을 이 산술을 외면한다면, 국가의 자격이 없는 것이다.

건강보험은 감기보험?

한국의 건강보험은 '저부담-저급여 체계'로 출발했다. 왜 그랬을까? 건강보험 적용대상을 전 국민으로 확대한 1989년, 정부가 직접 발표한 명분은 "국민의 저항을 줄이기 위한 불가피한 선택"이라는 것이었다. 국민의 저항? 군사정권 끝물이었던 노태우 정부가 입에 담을 말은 아니다. 여기에는 필시 다른 배경이 도사리고 있었다.

건강보험 보장성을 선진국 수준인 80%에 도달하게 하려면, 어떻게 해야 할까. 비전문가인 일반 국민이 언뜻 생각하기에도 다음과 같은 전제들이 필요하다. (1)국가의 책임성 강화(예산), (2)재산 및 소득 수준에 따른 보험금 차등 부과(재분배 효과), (3)기업의 사회적 기여도 제고. 이상은 입구(input) 쪽의 조건이고, 출구(output) 쪽은 (4)의료전달체계 확립(중복진료 방지), (5)과잉진료 규제, (6)과도한 병원 출입(hospital run) 자제를 위한 사회문화 성숙 등이다.

국가 재정투융자의 노른자위를 거대자본들이 가져간다는 사실을 감안하면, (1), (2), (3)은 결국 재벌과 그 슬하의 렌트(rent) 집단이 부담해야 하는 몫이다. (4), (5), (6)은 대형병원들의 이윤이 줄어든다는 것을 의미한다. 이렇게 보면, '저부담-저급여 체계'가 누구를 위한 것인지, 역으로 '고부담-고급여 체계' 도입에 저항하는 국민이 누구인지 분명해진다.

"국민의 저항"을 입에 올리면서, 정부는 국민이 건강보험을 준조세쯤으로 여기고 있다는 투로 책임을 국민에게 돌렸다. 언어도단이다. 세금과 부역이 수탈의 수단이었던 전근대 사회는 말할 것도 없고, "대표 없이 과세 없다"는 민주주의가 실현되고 나서도 세금 내기 좋아하는 사람은 거의 없다. 국민이 세금 납부에 자발적으로 동의하는 경우는 국가가 공동체 전체의 이익에 부합하게 행동한다고 믿을 때로 한정된다. 그런데, 대한민국이 그랬나?

보건의료노조는 보건의료단체들과 "국민건강 하나로 운동"을 시작하면서, "1만1천원의 기적"을 슬로건으로 내걸었다. 국민 1인당 건강보험료를 1달에 1만1천원만 더 내면, 건강보험 보장성을 90%까지 끌어올릴 수 있다는 약속이다(9장 "건강보험 하나로 운동"의 출발 ; 2010 참조). 만일 국민에게 모든 정보가 공개되고, 순수한 자유의지로 선택할 권리가 주어진다면, 절대 다수 국민의 선택은 무엇이 될까. 이때 저항할 '국민'은 재벌과 그 언저리뿐이다.

2000년대에 접어들면, 건강보험은 암과 같은 중증 질환에 대해서는 보험으로서의 기능을 상실하게 된다. 감기 같은 경증 질환의 진료비는 70% 이상 보험이 부담하면서, 치료비가 적게는 수천만원에서 많게는 억대 이상이 드는 암은 50% 밖에 보장해주지 않는다. 그럼에도 건강보험료는 수년째 꼬박꼬박

2005년 영리병원 도입 반대 시위 현장. 보건의료노조는 정부의 의료산업화 정책을 온 몸으로 막아냈다.

연평균 8%씩 올랐다. 이러니, 암 때문에 가계 파산에 몰린 서민 가정에서는 건강보험에 대한 원성이 높아지고, "건강보험은 감기보험"이라는 비웃음이 사람들 입에서 나오게 된 것이다. 이 무렵, 한 신문사는 "벼랑 끝의 암환자들"이라는 제목의 시리즈 기사에서 이렇게 쓰고 있다.

> "이를테면 서울대병원을 기준으로 보험급여를 적용하는 6인실은 하루 1만원 정도면 되지만 비급여인 5인실 이하는 수십만원에 이른다. 6인실 입원은 하늘의 별따기이고 이마저도 병상회전율을 높이려는 단기병상제에 의해 6인실을 내줄 수밖에 없다. 때문에 중환자를 위한 급여 병실 적용 기준 개정과 급여적용의 재가요양 등을 요구되고 있으나 재정을 이유로 회피하고 있다. 이를 두고 건강관련 시민단체들은 '감기환자에 인심을 잃지 않으려는 정부의 태도가 바뀌지 않는 한 암환자와 같은 중증환자는 꼬박꼬박 건강보험료를 내고도 죽어나갈 수밖에 없다'고 주장한다."
>
> 전정희, "건보혜택 얼마나 받나…본인부담 절반 '유명무실'", 〈국민일보〉, 2004.11.29

보건복지부는 2004년 7월부터 시행한 "건강보험 본인부담 상한제"를 암환자 부담 경감 대책의 하나로 제시했지만, 이 제도에 비급여는 해당되지 않기 때문에, 전체 진료비의 75%가 비급여 항목인 암 질환 치료의 경우 상한제는 서민들에게는 '언 발에 오줌 누기'에 불과했다. 더구나 보건복지부는 2005년 4월 27일, 선택진료비, 식대, 상급병실료 차액 등을 급여 항목으로 전환시킬 계획이 없다고 밝혔다. 따라서 "암부터 무상의료" 이슈는 건강보험 보장성 제고를 위한 사회적 합의를 이끌어내는 계기이기도 했다.

> "OECD 국가의 대부분 본인부담률은 20% 미만입니다. 여기에 예방이나 재활에도 정부가 대부분 보장을 하고 있습니다. 그런데 우리나라 정부는 예방이나

재활은 고사하고 치료비도 보장하지 않고 있습니다. 치료비가 1000만원이 나오면 500만원을 자기 주머니에서 내야 하고 3000만원이 나오면 1500만원을 내야 합니다. 거기에다 중병이면 중병일수록 60% 이상의 돈을 자기가 내야 합니다. 이러한 낮은 의료보장률, 다시 말해 높은 의료비 본인부담률은 서민들에게는 정작 필요할 때 건강보험증이 도움이 되지 못하는 상황을 만들어내고 있습니다. 이렇기 때문에 집안에 중병환자가 나오면 집안이 거덜 나거나 치료를 포기해야 하는 상황이 벌어지는 것입니다."

보건의료단체연합, "모든 의료를 건강보험으로 10문10답", 2005.5.9

한편, "암부터 무상의료"는 공공재인 의료영역에서 민간보험의 침투를 막을 수 있는 대체재의 의미도 아울러 지니고 있었다(9장 "건강보험 하나로 운동의 시작" ; 2010 참조). 이와 관련, 우석균 보건의료단체연합 정책국장은 한 언론과 인터뷰에서 "현재 건강보험으로는 암 치료에 환자 본인이 50%를 넘게 부담하고 있는데다, 민간 암보험 시장이 3조원 이상(건보재정의 17%)일 정도로 국민은 이중고를 겪고 있다"고 전제한 뒤, "정부가 암 무상치료를 추진하지 못하는 것은 민간보험 시장의 눈치를 보고 있는 것 아니냐"고 반문했다(김양중, 앞의 기사).

신의 한 수

2004년 4월 22일, 보건의료노조는 서울 종묘공원에서 "건강보험 적용 확대를 위한 100만인 서명운동" 발대식을 갖고, 지역본부가 소재한 전국 주요도시에서 서명운동을 시작했다. 이 서명운동은 "노동조건 저하 없는 주5일제 쟁취 총파업" 일정과 연결되어 있었고, 민주노동당, 민주노총 공공연대, 보건의료시민단체와도 보조를 맞춘 것이었다.

노조는 이날 발대식에서 △건강보험 보장성 강화 △공공의료 확대

2005년, 민주노동당, 민주노총, 전국농민회총연맹이 공동주최한 "무상의료 무상교육 실현을 위한 2006년 예산확보 쟁취 결의대회"에서, 윤영규 위원장이 발언하고 있다.

△의료개방 저지 등 3대 핵심과제와 △본인부담금 상한액 인하 △보건의료예산 확충 △병원 영리법인 도입 및 민간보험 반대 등 6개 세부 실천사항을 제시했다. 핵심은 보장성 강화였다. 보건의료노조는 보건복지부가 연내 시행 일정을 밝힌 본인부담금 상한제와 관련, "6개월 300만원은 보험적용 진료비 총액이 1,500만원을 넘어야 해당되므로, 상한선은 2백만원으로 낮출 것"을 요구했다.

이에 앞서, 3월 3일에는 보건의료노조, 전국농민회총연맹, 건강세상네트워크, 경실련 등 20여 개 노동-농민-보건의료시민사회단체가 참여한 "의료연대회의"가 출범했다. 의료연대회의는 11월 11일, 건강보험이 1조3천억원대의 흑자를 거둘 게 확실시 되자, 기자회견을 갖고 건강보험료를 과도하게 인상했다고 비판하면서 "국민들에게 건강보험 혜택을 확대해야 한다"고 주장했다. 그리고 의료연대회의는 "암부터 무상의료"를 건강보험 보장성 강화운동의 전면에 배치하기로 결정했다. 김창보 당시 건강세상네트워크 사무국장(현 보건복지부장관 정책보좌관)은 언론 기고에서 이렇게 설명하고 있다.

> "우리가 제시하고 있는 슬로건은 '암부터' 무상의료입니다. 곧 '암부터' 시작하여 다른 중증·고액 질환으로 건강보험을 통해 무상의료를 확대해 나가자는 주장입니다. 우리는 건강보험 흑자분 중 사용처가 정해지지 않은 1조3천억원을 다수의 환자에게 '소액'을 지원하는 것으로 흩뿌릴 것인가, 아니면 '암부터' 시작하여 점차적으로 중증·고액 질환 환자에게 건강보험 지원을 집중시킬 것인가에 대하여 고민하였습니다. 그리고 이에 대하여 후자를 주장하는 것이 바람직하다고 판단하였습니다."
>
> 김창보, '암부터 무상의료'는 의료비 부담 해결 첫걸음, 〈한겨레〉, 2005.5.8

김창보 국장이 썼듯이 "암부터 무상의료"는 "건강보험 보장수준을 개선하여 고액의료비 때문에 가계가 파탄 나는 상황을 방지하고자 하는 국민적 운동의 첫걸음으로서 의미"를 갖고 있었다. 의료연대회의는 5월 19일, 건강보험공단 대강당에서 "암부터 무상의료" 토론회를 개최하고, 5월 30일에는 여의도 전경련회관 앞에서 "암부터 무상의료 연내 실시 촉구"를 위한 집회를 열었다.

이와는 별도로, 보건의료노조는 6월부터 민주노동당과 함께 전국 대도시 주요병원에서 "암환자부터 무상의료" 캠페인에 들어갔다. 환자와 가족들의 반응은 뜨거웠다. "무상의료"에 고개를 갸우뚱거리던 시민들도 "암부터 무상의료" 만큼은 엄지손가락을 세워 지지를 표시했다. 보건의료노조와 민주노동당은 여세를 몰아, "암부터 무상의료"에 이어 의료보장 사각지대에 방치된 차상위계층과 5세 미만 아동 및 70세 이상 노인부터 "무상의료"를 단계적으로 도입한다는 계획이었다.

7월 20일, 보건의료노조는 산별 총파업에 돌입했다. 요구 사항은 △

"암부터 무상의료" 등 환자 권리 확보 △사회 양극화 해소를 위한 비정규직 문제 해결(병원 내 비정규 노동자 최저임금 82만원 보장) △주5일제 근무 전면 확대 등이었다. 2005년 산별총파업은 직권중재의 덫에 걸려 산별교섭을 밀어붙이는 데에는 실패했지만(7장 보건의료사용자단체 구성 ; 2007 참조), 4만 조합원이 한 목소리로 외친 "암부터 무상의료"는 국민의 뇌리에 또렷하게 박혔다.

보장성 80%를 향해

"암부터 무상의료"는 누구도 대놓고 반대하지 못할 대세가 되었다. 국회 과반의석을 점유하고 있던 열린우리당이 이 이슈를 받아 안았다. 6월 27일, 열린우리당은 정부와 당정협의를 열고, 3대 중증질환(암, 심장질환, 뇌혈관질환) 환자의 진료비 부담을 2007년까지 평균 53% 더는 "건강보험 보장성 강화 로드맵"을 확정해 발표했다. 이에 따라, 암환자의 진료비는 9월부터 현재 부담하는 금액의 63%, 2006년에는 56%, 2007년에는 47%로 줄어들고, 연간 암환자 32만명, 심장질환자 4천명, 뇌혈관질환자 7천명이 혜택을 받게 되었다.

구체적인 내역을 살펴보면, △9월부터 3대 질환에 한해 항암제 등 약품과 각종 검사, 수술에 보험 적용 △보험이 적용되는 진료비의 20%를 내도록 돼 있는 '법정본인부담률'을 10%로 인하 △2006년 1월부터 초음파와 양전자단층촬영(PET) 검사에 건강보험 적용 등이다. 선택진료비, 식대, 상급병실 이용료를 제외한 모든 진료비가 보험 적용을 받게 되었다.

"암부터 무상의료"는 운동 첫해인 2005년부터 성과를 냈다. 이로써 건강보험 보장성의 획기적 강화에 시동이 걸렸다.

아울러, 2006년부터 질병에 상관없이 모든 입원 환자의 식대에 보험이 적용되고, 2007년부터는 기준병실(5, 6인실)에만 적용하던 보험이 3, 4인실까지 확대되게 되었다. 이날 열린우리당과 정부는 2008년까지 추가로 매년 9~10개의 중증질환을 선정해 지원을 확대함으로써 건강보험 적용비율을 2005년 6월 현재 61.3%에서 2006년 68%, 2007년 70%, 2008년 71.5%로 끌어올리겠다고 밝혔다.

로드맵이 시행되면서, 2005년 46%로 건강보험 보장률 61.8%에 15%p 이상 뒤지던 암환자 보장률은 2006년 67.7%:64.5%로 역전에 성공하고 2012년에는 73.3%까지 높아졌다. 2014년 11월, 국회에서 열린 "대한민국 암정책, 환자를 담다" 토론회에서 보건복지부는 "암질환 보장성 강화 주요정책(보건복지부는 "암부터 무상의료"라는 개념을 쓰지 않는다)" 도입 과정을 이렇게 정리하고 있다.

▷ **2005년** ; △암환자 본인부담 경감(20%→10%) △MRI 보험급여 △조혈모세포 수집용 KIT 보험급여

▷ **2006년** ; △특정 암검사 본인부담 경감 △장기이식수술 보험급여 △PET 보험급여

▷ **2008년** ; △백혈병 골수이식 급여기준 확대

▷ **2009년** ; △항암제(허셉틴) 급여 확대(7월) △암환자 본인부담 경감(10%→5%)

▷ **2010년** ; △항암제 급여 확대

▷ **2011년** ; △항암제(넥사바, 벨케이드) 급여 확대 △양성자치료 보험급여 △세기변조방사선치료 보험급여 △최신 암수술 보험급여 전환

▷ **2013년** ; △항암제 본인부담 경감(3월) △암환자용 치료재료 급여 적용(케모포트 니들) △4대 중증질환 대상 초음파 검사 급여 적용

▷ **2014년** ; △암환자 치료제 선택에 필요한 유전자검사 8항목 급여 적용

△후두암 인공성대 삽입술, 소장종양 소장내시경 검사 등 급여 전환 △간암 고주파열치료 재료 등 치료재료 보험급여 △직결장암 항암제(아바스틴주) 등 보험급여

2012년, 전체 환자의 건강보험 보장률은 62.5%이고 법정 본인부담률은 20.3%, 비급여 본인부담률은 17.2%이고, 4대 중증질환(암, 뇌혈관, 심장, 희귀난치질환) 평균은 각각 77.8%, 6.2%, 16%, 암환자의 경우 법정 본인부담률은 5.8%까지 떨어졌다. 나순자 위원장은 최근 8대 위원장 취임 직후 언론과 가진 인터뷰에서 "암부터 무상의료" 운동의 성과를 이렇게 평가했다.

"예전에 집안에 암환자가 있으면 가정이 파탄 났다. 보건의료노조는 2005년 '암부터 무상의료' 운동을 시민단체와 벌여 90% 보장성을 이뤄냈다. 현재는 병원비의 95%를 건강보험에서 보장해 주고 있다. 자부담을 5%로 줄였다. 이처럼 건강보험만으로도 병원비를 해결할 수 있다면 개인적으로 민간보험에 가입할 이유가 없다. 민간보험으로 들어가는 돈을 건강보험으로 내게 하면 된다."

나순자 위원장 인터뷰, 한남진, 〈내일신문〉, 2018.1.9

나순자 위원장은 새 정부가 추진하고 있는 이른바 "문재인 케어"가 목표로 삼고 있는 보장성 70%로는 부족하다고 힘주어 말했다. 최소한 80%는 돼야 국민들에게 실질적인 도움이 된다는 게 보건의료노조의 입장이다. "암부터 무상의료"는 보건의료노조와 시민단체 그리고 국민이 손을 잡으면 보장성의 획기적인 강화가 불가능하지 않다는 것을 보여주었다. "암부터 무상의료"는 의료공공성 강화운동의 신기원을 연 '신의 한 수'였다.

20th Anniversary
보건의료노조 창립 20주년
Korean Health and Medical Workers' Union

07

아름다운 합의 I

보건의료사용자단체 구성 및 첫 교섭 | 2007

"산별! 교섭창구를 열어라! 병원협회 나와라! 단결권, 단체교섭권, 단체행동권…. 헌법에 보장된 노동자의 권리…. 그러나 그 어느 것 하나도 쉽게 주어지지 않는 권리…. 기업의 장벽을 넘어 하나의 노조로 단결한 보건의료 노동자들의 여정은 쉽지 않았다. 사용자들은 산별교섭을 완강히 거부했다. 단체교섭권을 쟁취하기 위한 보건의료 노동자들의 긴 싸움의 여정이 시작됐다. 전국 860개의 병원이 회원으로 가입돼 있는 대한병원협회(병협)를 대상으로 산별 교섭을 요구했다. 병협 앞 집회 및 점검 농성, 전국상경투쟁, 병원장 동시 항의방문 등 산별교섭 성사를 향한 보건의료노동자들의 발걸음이 이어졌다."

〈그래! 우리가 꿈꾸는 바로 그 산별노조!〉, 보건의료노조, 2015, p78

노동자가 힘이 없으면 단체교섭도 거부하고, 자기 손으로 도장을 찍은 단체협약마저 뒤집기 일쑤인 사람들이, 하물며 법에 나오지도 않는 산별교섭에 순순히 응할 리가 없다. 기업주들이 산별교섭을 회피하는 가장 큰 이유는 무엇일까? 노동자의 단결이 종횡으로 불어난다. 용납할 수 없는 일이다. 산별교섭은 법, 제도, 정책, 예산에 손을 대게 된다. 숨겨왔던 많은 진실들이 드러난다. 끔찍한 일이다.

2004년 산별합의를 이끌어낸 보건의료노조는, 2007년 "인력확충"과 "비정규직 정규직화"를 산별요구안의 전면에 내걸었다.

그렇다면 독일 같은 나라의 사용자들은 왜 산별교섭에 협조할까? 근본적으로는 노동조합의 힘이 센 까닭이겠지만, 그것만으로는 노사 간 '윈-윈'의 이유가 설명되지는 않는다. 자동차산업을 예로 들어보자. 독일에는 "동일노동 동일임금"이 있는데 한국에는 없고, 한국에는 '하청 쥐어짜기'가 있는데 독일에는 없다. 만일, 한국에 "동일노동 동일임금"이 있고, '하청 쥐어짜기'가 없다면? 아마 현대차 경영진은 장사 못해먹겠다고 난리를 피울 거다.

독일의 완성차 가격에는 부품(하청) 생산단계부터 집적된 부가가치가 그대로 담겨 있다. 현대차는 그 반대다. 완성차 조립단계로 올수록 차감된다('하청 쥐어짜기'). 산별교섭은 산업 내 동일노동 동일임금을 지향한다. 당연히 '하청 쥐어짜기'가 도마 위에 오른다. 이걸 현대차가 받아들일까? 현대차 사용자는 금속 산별교섭에 단 한 번도 나온 적이 없다. 나오게 하려면? 현대차노조가 사생결단을 해야 할 거다. 그런데 노조가 이 일을 하려 할까? 2016년 금속노조 중앙교섭에 참가한 조합원은 전체 152,183명 가운데 16,778명이었다.

좋게 말하면 '선단식 경영', 중립적으로 말하면 '수직적 산업구조', 사실대로 말하면 '약탈적 산업생태계'에서는, 최상위의 포식자를 길들이지 않으면 노사 간의 '윈-윈'은커녕 자본 간의 '상생'도 연목구어다. 대기업이 국민경제를 책임진다는 주장은 새빨간 거짓말이다. 장하성 교수(현 청와대 정책실장)의 조사를 보자. 대기업(300인 이상)과 중소기업(5~299인)의 고용 비중은 1980년에는 46.1%:53.9%로 7.8%p밖에 차이나지 않았다. 이러던 게, 1990년부터 41.3%:58.7%로 벌어지기 시작하더니, 2000년

22.4%:77.6%, 2014년에는 19.1%:80.9%로 무려 60.8%p까지 격차가 났다.

약탈로 포식하는 대한민국의 자본은 산별교섭을 필요로 하지 않는다. 정부와 보수정당이 가려운 곳 알아서 다 긁어주는데, 뭐 하러? 산별교섭이 정착되면 '좋은 시절' 다 끝나는 건데, 미쳤어? 이 책 앞부분에서 지적한 바 있지만, '전투'라는 단어의 뜻을 앞뒤 생각 않고 제몫만 챙기려고 달려드는 것이라고 해석한다면, 우리 사회에서 진짜 전투적인 쪽은 노동이 아니라 자본이다. 이런 상황이 방치되면 생태계는 끝장이다. 그래서 산별교섭이 더 필요한 것이고, 그렇기 때문에 산별교섭이 더 어려운 것이다.

논쟁보다 실천을!

보건의료노조는 달랐다. 큰 병원 조합원들이 더 적극적이었다. 산별 전환도 그랬고, 중앙교섭도 그랬다. 불법 파업의 딱지를 붙이는 직권중재에도 물러서지 않고, 사용자들에게 산별교섭을 압박한 가장 큰 힘은 사립대병원과 국립대병원의 조합원들이었다. 2004년 산별교섭 합의안에 비정규직 보호를 넣을 수 있었던 것도, 이런 전통이 있었기에 가능했다. 그들은 보건의료 노동자들의 방패였다.

"노동자대투쟁"이 폭발하기 전까지 무법천지였던 병원 현장. 근로기준법 위반과 부당노동행위를 밥 먹듯 하던 전근대적 사용자들에게 쐐기를 박은 전위는 민간 중소병원의 조합원들이었다. 안산 한도병원(512일, 2007~2008), 제주 한라병원(300일, 2002), 부천 세종병원(181일, 2006), 제천정신병원(117일, 2002), 목포가톨릭병원(110일, 2002), 대구 시지병원(106일, 2012). 장기투쟁사업장 조합원들은 병원 사용자들의 뇌리에 보건의료노조의 결사항전 의지를 뚜렷하게 각인시켰다.

중소기업은 지불능력이 모자라서 산별교섭을 회피하는 경우가 종종 있다. 심지어 산별교섭에 긍정적인 하청 중소기업에 원청 대기업이 페널티를 부과하는 경우도 있다. 지불능력이 넘치는 대기업은 곳간에 쌓아둔 곡식(사내유보금)을 내놓아야 할까봐, 노사관계가 기업 단위를 넘어서는 것을 극구 막는다. 산별교섭은 수직적 산업구조에서 발생하는 이윤의 중층적 약탈까지 문제 삼게 될 것이기 때문이다. 제조업에서 산별교섭이 무산되는 경로는 대개 이런 패턴을 그린다.

건강과 생명을 돌보는 보건의료산업의 특성은 이 산업에 대한 국가의 강한 정책적 개입을 불가피하게 만든다. 제조업에서는 관세장벽 설치, 투융자 몰아주기, 조달물자 구매 시 우선권 부여, 수출과 내수의 이중가격 허용 등 개입이 주로 지원 일색인 데 반해, 보건의료산업에서는 기준 설정과 관리·감독에 초점이 맞춰진다. 병상 1개당 의료인원 몇 명이라는 법 조항은 있어도, 자동차 1대당 생산인원 몇 명이라는 법 조항은 없다.

사용자들은 빠져나갈 구멍(편법과 불법)을 찾게 된다. 공무원과 유착이 일상화되고, 관의 묵인 아래 인력부족과 안전 불감증이 만성화되어, 최악의 경우 국민의 목숨을 앗는 대형 참사를 빚는다. 메르스 사태, 최근 이대목동병원과 밀양 세종병원에서 벌어진 비극이 그것이다. 따라서 국가는 어설픈 규제로 자기 일 다 했다고 손 놓지 말고, 이 산업을 지원할 책임을 통감해야 한다.

보건의료산업에 대한 국가 정책기조의 전환은, 국민들에게 더 안전하고 저렴한 양질의 의료서비스를 제공하며, 보건의료 노동자들에게는 열악한 노동조건을 개선하고 더 나은 삶의 질을 누릴 물질적 조건을 부여한다. 사용자들은 편법과 불법에 기대지 않고 적정 이윤을 확보할 기회를 얻는다. 물론 이 지원이, 일부 몰지각한 기업주들이 보이는 행태처럼, 땅장사나 외국에서 자동화설비를 들여와 일자리를 없애는 데 쓰여서는 안 될 것이다. 노-사-민-정의 협치가 필요하고, 이 협치를 여는 시발점이 산별교섭이다.

여기에서 한 걸음 더 나아가, 국가 정책 전환의 기조를 의료공공성 강화로 확장하면, 보건의료산업이 국민경제 전체에 미치는 선순환의 효과는 극대화된다. 우선, 의료비 부담의 경감은 다른 재화를 구매할 여력을 높여 준다. 내수 진작의 계기이고, 민간보험에 돈이 몰려 국부(國富)가 비생산적 투기로 새나가는 것을 막을 수 있다. '호스피탈 런(hospital run)'이 일시적으로 국가재정을 곤란에 빠뜨릴 수도 있겠지만, 그것은 제도가 아니라 문화의 문제다.

사용자들도 값비싼 의료기기를 수입해야 하는 강박에서 벗어날 수 있다. 의료공공성 강화는 의료전달체계를 혁신한다. 모든 병원들이 최첨단 검사 장비를 갖추고 있을 이유가 없어진다. 기계로 돈 벌 생각을 버리고, 환자를 더 가깝고 더 따뜻하게 돌볼 수 있다. 보건의료인의 전문성과 숙련도가 올라간다. 교육시스템이 바뀌고, 의료장비 생산기업과 제약기업에 더 많은 데이터가 전달된다. 이 모든 변화가 보건의료산업 발전의 밑거름이 되고, 우리 산업의 기술 종속을 극복할 터닝 포인트가 된다.

2004년 산별교섭 때, 기획예산처 관료들이 "정부와 병원이 먼저 해야 할 일을 노조가 한다"라고 말했던 것은 그냥 인사치레가 아니었다. 이렇듯, 산별교섭은 노동조합이 꼭 해야 할 일이었다. 산별교섭은 노동자 계급 이기주의에서는 결코 나오지 않는다. 산별교섭을 어떻게든 피하려는 사용자와 정부를 테이블에 앉히기 위해, 노동조합이 치러야 하는 대가는 실로 엄청난 것이었다. 보건의료노조는 그 출혈을 기꺼이 자신의 숙명이자 임무로 받아들였다.

2007년 보건의료 산별교섭 상견례.

"산별"이라는 구호가 선창된 지 15년이라는 세월이 흘렀다. 아무도 반대하지 않았다. 그러나 정작 시작하려 하면 다들 몸을 사렸다. 추상적인 논쟁과 무책임한 탁상공론이 난무했다. 산별을 하자는 건지 말자는 건지, 알 수가 없었다. 그림을 얼마나 많이 그렸던지, '산별 매트릭스'라는 기발한 조어가 노동계 유행어가 되었다. 보다 못한 윤영규 위원장이 나섰다. 당시 언론에 실린 그의 인터뷰 기사 제목은 "산별? 논쟁할 시간에 실천부터 하라!"였다.

의제를 선점하자

△ 2002년 ; 63개 병원, 단체협약에 "산별교섭 참가" 합의

△ 2003년 ; 93개 병원, 단체협약에 "산별교섭 참가" 합의

△ 2004년 ; 116개 병원, 산별교섭 참가, 산별합의서 조인

설득하고 압박해 힘들게 마주앉았지만, 병원 측 대표들은 마지못해 끌려왔다는 표정을 지우지 않았다. 그 순간만 모면하면 그만이라는 듯 사용자 단체 구성은 기약이 없었다. 산별총파업으로 안착되나 싶었던 산별교섭은 그 다음해인 2005년, 또 벽에 부딪혔다. 사용자들은 노무사를 내세워 산별교섭에 어깃장을 놓았다. 사전담합이라도 했든, 또 다시 직권중재 뒤에 숨으려 했든, 보건의료노조로서는 2년 연속으로 총파업을 각오해야 하는 상황이었다.

6월 22일, 보건의료노조는 113개 지부 33,226명 조합원의 이름으로 중앙노동위원회에 쟁의조정신청서를 냈다. 병원장들을 주5일제 합의 위반으로 노동부에 집단고발 하고, 대국민 선전전으로 산별총파업의 정당성을 알려 여론을 환기시켰다. 그런데, 중노위의 분위기가 심상치 않았다. 2004년에는 조건부 직권중재로 파업에 전향적인 태도를 취했던 중노위였다. 결국 직권중재가 떨어졌다.

보건의료노조는 7월 8일부터 직권중재 철폐투쟁으로 투쟁 방향을 돌려, 사흘간(20~22일)에 걸친 산별총파업을 강행했다. 총파업은 조합원

들의 1일 상경 총파업에 이어 1일 간부 파업과 실천단의 집중타격투쟁, 그리고 1일 지역거점 전면총파업이라는 파상공격 형태로 진행되었다. 하지만 2년 연속 총파업은 무리였다. 산별총파업에 참가한 조합원은 전체 조합원의 1/10에도 못 미치는 3천여 명이었고, 이 해의 산별교섭은 무산됐다.

2005년의 실패를 보건의료노조가 어떻게 평가했는지, 〈보건의료노조 10년사〉의 기록을 세 측면에서 요약하면 다음과 같다. 첫째, 직권중재라는 악조건 속에서 산별총파업을 힘 있게 전개할 새로운 전술을 고안해 내지 못했다. 투쟁방식은 단조로웠고, 총파업을 조직하는 과정 또한 느슨했다. 직권중재 회부 뒤 지부장회의가 "7월 20일부터 무기한 전면총파업 투쟁"을 결의했으나, 조합원들과 충분히 공유되지 못했다.

둘째, 정세 판단이 안이했다. 집행부는 직권중재 회부 가능성을 높게 보지 않았다. 이는 7월 8일 총파업이 미뤄지고, 열이틀을 넘긴 7월 20일에서야 1일 총파업이 조직된 것을 보면 알 수 있다. 노조는 "직권중재에 회부될 경우 무기한 총파업투쟁에 돌입한다"는 방침을 정해 놓고 있었지만, 파

2003년, 보건의료노조는 "의료공공성 강화"를 핵심과제로 확정했다. 이때부터 "돈보다 생명을!"이라는 슬로건은 보건의료노조의 트레이드마크가 되었다.

업전야제에 집결한 8천여 조합원의 에너지를 투사할 실질적인 준비를 하지 못했던 것이다.

셋째, 직권중재에도 사흘간 총파업을 전개했다는 점, 파업에 동참한 지부들이 "산별파업하지 않으면 지부요구 다 들어주겠다"는 병원 측의 회유를 뿌리쳤다는 점은 보건의료노조의 저력을 확인시켜주었다. 그러나 불법 파업의 굴레 앞에서 조직력이 약한 지부들은 움츠러들 수밖에 없었다. 사용자들은 이 틈을 파고들었고, 지부교섭에 잠정합의한 지부들이 불참하면서, 총파업의 위력은 반감되었다.

양극화에 눈물짓던 유권자들이 17대 국회(2004~2008)에 거는 기대는 컸다. 하지만 열린우리당은 스스로 뛰어든 사학법과 국가보안법의 수렁에서 헤어나지 못했다. 2004년 해가 저물면서, 탄핵 정국으로 뭉쳤던 지지도에 균열이 생겼다. 20%를 넘보던 민주노동당의 지지율도 한 자리수로 다시 내려앉았다. 보건의료노조의 2005년 산별교섭 직전, 국회에서는 비정규직 관련 법안 제·개정을 놓고 노사정-정당 협상이 벌어졌다. 열린우리당의 입장은 한나라당과 크게 다르지 않았다.

2004년에는 주5일제 시행이라는 사회적 이슈가 있었다. 주5일제 시행은 전 국민적 관심사였고, "노동조건 저하 없는 주5일제 시행"을 요구하며 총파업을 벌이는 보건의료노조에 심정적인 지지를 보내는 국민이 많았다. 노조는 주5일제 시행이 조합원들의 의식 고양과 산별 교섭 견인의 주요 동력이 될 것이라는 점을 정확히 파악하고 있었으며, 1년에 가까운 시간을 투자해 산별교섭과 총파업에 대비했다.

2005년의 경험은 의제의 선점이 산별교섭을 관철시켜내는 충분조건이라는 사실을 알려준다. 〈보건의료노조 10년사〉가 지적하고 있듯이, "산별투쟁전선을 만들기 위해서 핵심 교섭의제를 의식적으로 준비하여 내용적으로 정식화하려는 노력"이 부단히 경주되어야 하는 것이다. 의식이 토대를 뛰어넘을 수 없는 것처럼, 산별교섭의 주체적 조건을 조직하는 일은 객관적 정세에 대한 과학적인 분석을 통해 주도면밀하게 선택된 의제와 결합돼야 한다. 이는 부가가치가 꼭대기로 독점되는 우리의 산업구조 하에서는 더욱 그러하다.

단순 비교할 수는 없겠지만, 의료공공성 강화 투쟁은 "암부터 무상의료!"라는 슬로건으로 비약적으로 강화됐고(2005), 한미FTA 저지 투쟁이 신자유주의에 반대하는 사회적 연대의 틀을 확장시켰으며(2006), 의료법 개악 저지 투쟁은 산별교섭을 추동할 힘을 모아내는 발판이 되었다(2007). 이 세 번의 성공적 투쟁 사례는 조합원들이 꼽은 보건의료노조 10년 10대 뉴스에 모두 포함됐다.

산고(産苦)

산별교섭에서 임금협약을 어떻게 다룰지도 중요한 문제였다. 2005년 산별교섭에서 보건의료노조가 정한 임금협약의 원칙은 "+@"였다. 2004년에는 "단일한 인상률"이었다. 인상률을 단일하게 하면 기업별 교섭력이 떨어지는 지부에 힘을 실어줄 수 있다. 하지만, 병원별로 지불능력의 격차가 심한 상태에서, 단일한 인상률은 노조 안에 "산별노조는 더 많은 것을 따주는 곳"이라는 기대심리와 "산별투쟁에 적극적이면 오히려 손해 본다"는 피해의식을 병존하게 만든다.

실제로 일부 지부에서는 "우리끼리 지부교섭 하면 더 많은 것을 따낼 수 있고 잘할 수 있다"는 불만의 목소리가 나오기도 했다. 서울대병원지부 등의 탈퇴도 이와 무관하지 않았다. 그래서 산별교섭 추진 초기 단계부터 임금을 산별교섭에서 다루지 말자는 의견이 있었다. '하향평준화'와 이로 인해 본조와 지부 사이에 갈등이 발생할 것에 대한 우려였다. 산별교섭 의제는 별도로 마련해야 한다는 것이었다.

그러나 임금을 산별교섭에서 다루지 않으면, 조합원들은 대체 산별교섭을 왜 하는가라는 본질적인 의문을 품을 수밖에 없다. 이렇게 되면 투쟁의 동력은 살아나지 않는다. 노동조합은 무엇보다 먼저 노동조건의 개선에 힘을 쏟아야 한다. 임금협상을 배제한 산별교섭은 '앙꼬 없는 찐빵'이나 마찬가지다. 병원 간 임금격차는 더 벌어질 것이고, 이것은 "동일노동 동일임금"을 지향하는 산별노조의 존재이유와 가치를 떨어뜨린다.

보건의료노조는 "비정규직 철폐운동"의 선봉에 섰다. 조합원들은 일터에서 거리에서 "비정규직 철폐!"를 외쳤다. 이것이 보건의료노조의 진정한 힘이었다.

이 문제와 관련, 더 근본적인 문제제기도 있었다. 임금은 노동의 대가가 아니라 노동력의 대가다. 생계에 필요한 비용은 해당 시점에서의 물가와 보편적인 소비 스타일로 계산되어야지, 영업장부의 대차대조표가 정하는 게 아니다. 산별교섭이 임금과 직접 연관성이 없는 의제들만 다루게 되면, 노동조합의 존립근거를 해치게 된다. 조합원들의 관심과 투쟁동력을 산별로 집중시키기 위해서는 다른 방법이 없다는 의견이었다.

"+@"에 대해서도 찬반양론이 존재했다. 사용자들은 "이중교섭, 이중파업" 때문에 못 받겠다고 하고, 지부들은 "낮은 수준에서 +@로 타결하면, 산별파업과 지부파업으로 이중의 투쟁부담을 져야 한다"고 불만을 표시할 것이라는 게 반대하는 측의 논거였다. 그렇다고 해서, "-@"로 타결하기도 난감하다. 경영상태가 부진한 민간중소병원의 조합원들을 보호할 방어벽을 노조 자신이 치우는 셈이 되기 때문이다.

장기적으로는 "단일한 인상률"로 가야 하겠지만, 열악한 산업 환경에서 산별교섭을 정착시키기 위해 싸워야 하는 노동조합의 현실을 고려할 때, "+@"를 고리로 해서 임금교섭을 산별과 지부에서 병행하는 게 불가피했다. "이중교섭, 이중파업"을 들먹이며 산별교섭을 회피하려는 사용자 측의 저항은 어디까지나 노조가 힘으로 돌파해야 할 일이었다. 한편, "특성별 소산별 임금교섭"의 아이디어도 있었으나, 실행되지는 않았다.

산별교섭이 어느덧 3년차로 접어들었다. 2006년 산별교섭에서 보건의료노조가 내건 캐치프레이즈는 "현장과 함께 준비된 산별투쟁"이었다. 선봉은 부천 세종병원지부였다. "민주노조 사수!"의 깃발을 들고 1월 19일부터 파업에 들어간 세종병원지부는, 용역깡패까지 동원한 병원 측의 노조 탄압에 맞서 장장 181일을 버텼다. 본조는 전력을 다해 지부를 엄호했고, 지부는 끝내 △주5일제 △고소·고발 및 손배소 취하 △징계 문제 해결 등을 타결하며 '무단협' 사태를 종결지었다.

2006년 산별교섭 역시 15차까지 간 끝에 사용자 측의 합의 번복과 불성실 교섭으로 결렬됐다. 3년 연속 산별총파업. 8월 23일 파업전야제에는 전국 27개 거점에서 7,305명의 조합원이 집결했다. 교섭은 파업 하루만에 사용자들이 노조의 합의안을 수용하면서 타결됐다. 이번에는 직권중재가 떨어지지 않았다. 2006년의 경험은, 직권중재만 없다면 노사 자율로 산별교섭이 성사될 수 있다는 것을 다시 한 번 보여주었다.

2006년 산별교섭의 가장 큰 의의는 보건의료노조가 줄기차게 요구해온 "산별 5대 협약(△산별기본협약 △보건의료협약 △고용협약 △임금협약 △노동과정협약)"의 체결이었다. 산별교섭의 틀과 의제가 명확해진 것이다. 사용자들은 더 이상 사용자단체 구성을 미루지 못하게 되었고, "유일교섭단체 인정, 유효기간 1년, 효력자동갱신" 조항은 산별교섭이 정착할 틀을 만들었다(산별기본협약).

일자리(고용협약), 임금(임금협약), 노동조건(노동과정협약)이 산별교섭의 의제로 명문화되었으며, 의료공공성 강화를 위한 법·제도 개선 및 정책 개발에 노사가 협력해야 한다는 약속(보건의료협약)이 이루어졌다.

2006년 산별교섭에는 103개 병원이 참가했다. 산별기본협약서가 마련됨으로써, 노정 교섭, 미조직 교섭, 의료노사정 교섭 등 산별교섭에서 합의된 의제 실행을 위한 중층교섭이 본격적으로 추진되는 계기가 확보되었다.

특히, 2006년 산별기본협약서는 "지부에서 기 합의한 사항과 지부 단체협약이 산별협약의 합의를 상회하는 경우 그에 따르기로 한다"고 명시해, 2004년 산별합의서 10장 2조를 둘러싼 논란에 종지부를 찍었다. 이에 따라 '하향평준화' 우려는 불식되었고, 임금협약을 산별교섭에 포함시킬지 여부에 대한 찬반양론도 접점을 찾았다.

산별교섭 타결 이후 지부교섭도 순조롭게 이어져, 교섭대상 지부 119개 가운데 104개 지부가 잠정합의에 성공했다(2006년 10월). 지부교섭의 주요안건은 △비정규직 정규직화 및 처우개선 △주5일제 시행에 따른 인력충원 △공정한 인사승진을 위한 인사제도 및 임금체계 개편 등이었으며, 다수의 지부에서 비정규직을 정규직화 하는 성과를 끌어냈다. 2006년 산별교섭에서 합의된 주요 내용은 다음과 같다.

△ 2006년 말까지 사용자단체 구성과 하반기 노사공동실무위원회 가동

△ 의료공공성 강화를 위한 의료노사정위원회 구성과 운영

△ 의료공공성 강화를 위한 정부 지원 대책 공동 추진

△ 공보험 강화를 위해 병원 내 건강보험상담센터 설치 운영

△ 병원 식당과 환자식에 우리 쌀과 농산물 사용

△ 국내외 재난발생 시 노사공동 긴급의료지원 활동

△ 직접고용 비정규직 단계적 정규직화

△ 간접고용 비정규직의 고용승계

△ 주5일제 시행에 따른 토요일 외래진료 최소화와 필요인력 즉시 충원 및 기존 근무시간별 인력 축소 금지

△ 출산과 양육의 국가책임과 사회적 부담을 위한 사회적 지원 요청, 직장

보육시설 확대, 육아휴직 실질적 사용보장

△ 산업재해 예방 노력

△ 임금 총액 대비 3.5%~5.54% 인상

△ 정규직 임금인상률 이상의 비정규직 임금인상

사회적 합의로 가는 길

"2006년 합의를 바탕으로 2007년 보건의료 사용자단체가 출범했다. 2007년 보건의료 노사는 산별교섭을 통해 정규직 임금 인상분의 일부를 비정규직 정규직화 등 비정규직 문제해결 비용으로 전환하기로 합의했다. '아름다운 합의'라고도 일컬어지는 이 비정규직 합의는 산별교섭이기에 가능한 사회적인 합의였다. 이어 2008년 산별교섭에서는 미국산 쇠고기의 병원급식 사용을 금지하는 합의를 이루어냈다. 산별합의가 임금과 근로조건을 넘어 비정규직 문제, 병원급식 문제 등 사회적 합의로 확대되어가는 의미 있는 성과였다."

〈그래! 우리가 꿈꾸는 바로 그 산별노소!〉, 보건의료노조, 2015, p101

보건의료노조는 숨 돌릴 새도 없었다. 산별교섭을 복원하는 것만 해도 보통 일이 아닌데, 노무현 정부가 밀어붙인 노사관계 로드맵(2006), 한미 FTA(2006)에 이어 의료법 개악(2007)까지 막아내야 할 일들이 산더미였다(의료법 개악 저지투쟁과 관련해서는, 10장 "건강보험 하나로 운동"의 출발 ; 2007 참조). 어느 것 하나 중요하지 않은 게 없었다. 의료법 개악 저지투쟁은 산별 비정규직 투쟁과 함께, 2007년 산별교섭을 보위할 양 날개였다.

노무사를 불러오고, 사용자단체가 아직 구성되지 않았다고 하며, 사용자들은 연례행사처럼 노조의 진을 빼려 했다. 5월 8일 드디어 사용자단체가 구성되어, 5월 15일의 4차 교섭에서 교섭원칙을 합의했지만, 사용자

측은 "선 산별교섭 후 지부교섭"을 요구하면서 교섭에 성의를 보이지 않았다. 노조는 총파업 전열을 서서히 가다듬었다.

6월 18일부터 21일까지 "의료법 개악안 폐기와 산별 요구안 쟁취를 위한" 쟁의행위 찬반투표가 실시되었다. 재적 조합원 33,513명 가운데 26,794명이 참여해 투표율 80.0%, 20,873명이 찬성해 찬성률 77.90%를 기록하며, 2007년 산별총파업 찬반투표는 조합원들의 압도적인 지지로 가결됐다. 6월 25일 파업전야제에는, 6천여 명의 조합원들이 운집했다. 이 무렵, 노동계 집회 중에서 가장 많은 인원이 모였다.

두 차례 조정기간 연장으로 파업 연기의 결단을 내리면서, 막판 교섭을 진행했으나 조정은 결렬되었고, 6월 28일 보건의료노조는 파업에 돌입했다. 산별합의안을 거부하는 병원에 대한 "악질사업장 분리타격투쟁"이 효력을 발휘해, 7월 7일 새벽 11차 교섭에서 최대 쟁점이었던 △비정규직 문제와 임금 △산별 5대 협약 세부사항을 일괄타결하면서, 2007년 산별교섭은 일단락되었다.

2007년 산별협약의 핵심은 노사가 비정규직 문제 해결에 공동책임을 진다는 데 합의한 것이었다. 노조는 임금인상분 일부(사립대병원 5.3% 중 1.8%, 국립대병원 4% 중 1.5%, 민간중소병원 4.3% 중 1.3%)를 비정규직 문제를 해결하는 비용으로 분담하고, 사용자는 비정규직 정규직 전환 및 처우개선에 나서기로 했다.

이 합의로 보건의료노조는, △비정규직 문제 해결을 위한 비용 총액 323억원 마련 △비정규직의 정규직화 2,400명 △차별시정 42개 사업장 1,541명 △처우개선 51개 사업장 2,717명 △간접고용 비정규직 처우개선 11개 사업

언론은 2007년 산별합의를 "아름다운 합의"라고 대서특필했다. 홍명옥 위원장이 사용자대표들과 산별협약에 서명하고 악수를 나누고 있다.

장 1,285명 △비정규직 문제 해결을 위한 비정규직대책노사특별위원회 구성이라는 성과를 거뒀다. 직접고용 비정규직 중 상시적인 업무를 수행하는 비정규직의 약 80%가 정규직으로 전환됐다.

'기간제법(기간제 및 단시간근로자 보호 등에 관한 법률, 2007.7.1 시행)'이 통과되면서 비정규직 문제가 드라마의 소재가 될 정도로 사회적 쟁점이 된 상황에서, 보건의료노조가 선두로 산별노조운동의 해법을 실천한 것이었다. 노사는 '비정규직대책노사특위'를 구성해 비정규직 문제 해결 방안을 공동으로 연구하기로 했으며, 간접고용 비정규직 노동자의 처우개선을 위해 법정기준보다 높은 산별 최저임금제 시행에 합의했다.

보건의료노조는 잠정합의안을 조합원 찬반투표에 부쳤고, 투표율 78%와 찬성률 91%로 통과됐다. 91%라는 경이적인 찬성률은 이번 산별교섭에 거는 조합원들의 기대가 얼마나 컸는지를 입증한다. 안팎에서는, 우려의 눈초리가 적지 않았다. 양보가 선례가 되면 어떻게 할 거냐는 것이었다. 그러나 조합원들은 91%의 찬성률로 합의안에 신뢰와 긍지를 표현했다. 이것이 바로 산별노조 보건의료노조의 진정한 힘이었다.

"언론에서는 2007년 보건의료 산별교섭 및 산별투쟁을 '아름다운 투쟁', '아름다운 합의', '병노사의 아름다운 악수', '아름다운 동행'이라면서 반겼다. 모두가 산별노조 차원의 비정규직 문제 해법, 고용안정 해법에 주목했다. 국제노동계에서도 보건의료노조의 산별교섭이 비정규직의 정규직화와 처우 개선을 위한 모범사례라고 평가하면서 국제공공노련(PSI) 웹사이트에 보건의료노조의 산별협약 조인식 소식이 톱으로 올랐다."

〈보건의료노조 10년사〉, 보건의료노조, 2009, p261

2007년 산별합의안의 정신은 한 점의 훼손도 없이 지부교섭으로 이어졌다. 〈보건의료노조 10년사〉의 표현을 빌리면, "'아름다운 산별합의'가

지부 수준에서 더욱 빛나는 과정"이었다. 보건의료노조의 모든 현장에서 조합원들은 비정규직 정규직화, 차별시정, 처우개선 투쟁을 헌신적으로 전개했다. 그 결과, 교섭 전 전체고용인원 66,468명 중 13,553명이던 비정규직(직접고용 6,970)이 교섭 후에는 11,169명으로 줄어들었고, 그 숫자만큼 정규직이 늘어났다. 보건의료노조가 옳았다.

> "외로웠죠. 노동계 관계자들마저 우호적이지 않은 시선을 보내왔으니까요. 하도 '무늬만 산별'이라는 소리를 듣다 보니, '그래, 무늬라도 만들어 봐라'라고 응수하며 웃어 넘겼죠. 그런 면에서 지금은 많이 든든합니다. '산별이 해답'이라는 점이 더욱 선명해졌으니까요. 산별노조에 대해 비판의 목소리를 높였던 당사자들도 이제는 느끼기 시작했을 거예요. 산별노조를 만들기까지 엄청난 의지와 노력이 필요하다는 것을요. (보건의료노조의 역할은?) 저렇게 하면 된다는 확신을 심어주는 거죠. 비록 현실은 척박하지만, 희망은 있다고 할까요?"
>
> 홍명옥 위원장, 〈그래! 우리가 꿈꾸는 바로 그 산별노조!〉, 보건의료노조, 2015, p127

2007년 보건의료노조는 한국 산별노조운동의 새로운 이정표를 세웠다. 사용자단체 구성을 이끌어내고 2년 연속으로 산별협약서를 체결했다. '아름다운 합의'로 비정규직 문제 해결의 전망을 제시했다. 의료법 개악 저지에 성공함으로써, 제도개선투쟁을 넘어선 산별 정치투쟁의 실마리를 풀었다. 홍명옥 위원장(4대, 2006~2008)의 말대로, 보건의료노조는 "국민과 함께하는 노동운동", 사회적 합의로 나아가는 이 땅의 노동자들에게 확신을 심어주었다.

08

우리는 물러서지 않는다

직권중재 철폐에서 필수유지업무제도 폐지로 | 2008

> 정당한 파업, 평화적 파업에도 불구하고 파업에 들어가서는 늘 구속 결단식을 할 수밖에 없는 병원노조들. 그 이면에는 바로 직권중재제도가 있다. 병원에서의 파업은 현행법상 불법이라는 부담 때문에 전쟁을 치르는 각오로 시작하게 된다. 그런 전쟁에서 이기기 위해서는 구속과 해고 결단, 막강한 조직력과 투쟁력을 갖추려고 노력하게 된다. '이에는 이', '눈에는 눈'이라고나 할까. 악법과 사측의 불성실 교섭을 이겨낼 수 있는 힘은 오로지 노조의 단결력 밖에 없다는 것을 병원노동자들은 온몸으로 깨닫고 있는 것이다.
>
> 이주호, 〈그래! 우리가 꿈꾸는 바로 그 산별노조!〉, 보건의료노조, 2015, p260

"노동자대투쟁" 이후 20년, 민주노조를 세운 병원 노동자들은 인간으로서의 존엄과 보건의료인으로서의 긍지를 되찾기 위해 싸워왔다. 그들의 앞길을 가로막은 것은 한두 가지가 아니었지만, 그 중에서도 가장 악랄하고 비열한 족쇄는 직권중재였다. 이주호 당시 보건의료노조 정책국장이 어느 토론회에서 눈물로 증언했던 것처럼, 노동조건 개선과 국민건강권 보장 실현을 위해 병원 노동자들은 "신체의 자유"부터 포기해야 했다.

헌법은 노동3권을 단결권-단체교섭권-단체행동권의 순서로 나열하고 있다. 귀납의 논법을 따르면 이 순서는 당연한 듯 보인다. 법리적으로 따지더라도, 단결권이 부여되지 않으면 뒤의 두 권리는 조각될 수 없다. 그러나 현실에서 노동3권이 실현되는 과정은 역순이었다. 단체행동이 먼저였고, 단체교섭의 성과가 단결을 넓혔으며, 이 과정을 통해 노동3권은 법테두리 안으로 진입할 수 있었다. 계통발생의 순서는 이랬다.

단결은 목적이고, 교섭은 목표이며, 행동은 수단이다. 수단이 없는데 어떻게 목적을 달성하나? 단체행동권에 1의 제약이 가해지면, 단체교섭권은 1/10로 줄어들고, 단결권은 1/100로 약해진다. 직권중재는 병원 노동자들의 단체행동권을 사실상 부정했다. "노동자대투쟁"까지 병원에 노동조합이 네 개뿐이었던 이유가 바로 이것이었다. 헌법이 보장하는 노동3권은 병원 노동자들에게는 해당사항이 없었다.

공공부문 노동악법 철폐투쟁의 최전선

보건의료노조가 2004년부터 2007년까지 4년째 한 해도 거르지 않고 산별총파업에 나서야 했던 까닭도 결국은 직권중재 때문이었다. 노조가 파업을 벌려도 사용자들은 직권중재가 결정 나기 전까지는 꿈쩍도 안 한다. 사용자들은 2004년, 12일을 버텼다(조건부 직권중재), 직권중재가 떨어진 2005년에는 합의를 거부했다가, 직권중재가 떨어지지 않은 2006년에는 하루 만에 백기를 올렸다. 2007년에는 10일을 끌다 산별협약서에 도장을 찍었다(조건부 직권중재).

보건의료노조는 산별 전환 이전부터 단체행동권을 제약하는 직권중재제도는 "위헌"이므로 폐지되어야 한다고, 정부와 각 정당들에게 요구해왔다. 대부분의 OECD 국가들에는 직권중재제도가 없다. 필수공익사업장 대신 "필수서비스(essential service)"의 개념이 있고, 그 범위는 "그 중단이 국민의 전부 또는 일부의 생명, 신체적 안전이나 건강을 위태롭게 할 수

필수유지업무제도 도입은 명백한 '개악'이었다. 보건의료노조는 민주노총 공공부문 산별노조들과 힘을 합쳐 저지투쟁에 나섰다.

있는 서비스"로 엄격히 제한된다(ILO 결사의 자유 위원회 권고).

병원 노동자들은 국민의 생명과 건강을 돌볼 책임을 잊은 적이 없다. 파업 때도 응급실, 중환자실, 수술실, 분만실에는 최소인력을 배치했다. 헌데, 직권중재 대상인 필수공익사업장을 한국 법은 "업무의 정지 또는 폐지가 공중의 일상생활을 현저히 위태롭게 하거나 국민경제를 현저히 저해하고 업무의 대체가 용이하지 않은 사업(71조)"이라고 규정하고 있다. "공중", "일상", "국민경제"와 무관한 사업장이 어디에 있겠으며, "현저히"라는 자의적 기준에서 빠져나올 수 있는 파업이 어디에 있을까.

보건의료노조만큼 직권중재 때문에 고난의 길을 걸어야 했던 노동조합이 또 없다. 필수공익사업장으로 지정된 곳들은 대개 공기업으로, 단위노조의 규모가 크다. 직권중재가 떨어졌던 2005년 산별총파업 때 보건의료노조의 조합원 수는 113개 지부, 33,226명이었다. 1개 지부 평균 300명이 채 안 된다. 사랑하는 동료의 "구속 결단식"을 지켜보며 병원 노동자들이 20년 동안 흘린 눈물이 얼마나 많았을지, 상상이 가지 않는다.

직권중재는 자본에게 사용자로서의 의무를 내팽개칠 구실을 준다. 보건의료노조는 직권중재가 사용자의 불성실교섭을 유도해 노사관계를 갈등과 파국으로 몰아가고 있다고 수없이 경고했다. 타결에는 정성을 안 쏟고, 직권중재만 바라본다는 것이다. 2004년부터 2007년까지 산별교섭에서 사용자들이 보여주었던 태도에서 드러나듯이, 직권중재만 없다면 노사 자율로 얼마든지 좋은 병원, 건강한 사회를 이룰 수 있다.

한국의 자본은 군사정권이 설치한 온실 속에서 직권중재 같은 영양

주사를 맞으며 비대해졌다. 부가가치를 올릴 원천기술의 축적은 등한시하고, 노동을 쥐어짤 노무관리기술을 닦는 데 열을 올린 결과, 근육은 퇴화되고 소화기관만 기형적으로 발달했다. 그들이 파업을 호환마마보다 더 두려워하는 것은 다름 아닌 그 자신의 체질 때문이다. 단체행동권을 빼앗아 노동조합을 이빨 빠진 호랑이로 만들어놓고 배를 두드린들, 그 포만감이 오래 가겠는가.

자본이 노동자와 대화하지 않고 무슨 수로 경쟁력을 키울까. 이러니, 경기가 나빠지면, 산업 주기가 다하면, 새 기계 살 돈 달라고 정부에 손을 내미는 거다. 수십 년째 그 막대한 예산 독식하고서도 2차(내연기관), 3차(컴퓨터) 산업혁명도 못 따라잡은 자들이 무슨 낯으로 4차 산업혁명을 이끌겠다고 예산을 달라고 하나. 구조조정을 혁신이라고 착각하는 한, 한국의 자본은 영원히 '3류'의 자리에서 못 벗어난다. 그리고 그 폐해는 고스란히 노동자와 소비자에게 전가되는 것이다.

직권중재에 위헌 소지가 있다는 것은 헌법재판소도 인정한 바 있었다. 비록 2/3에 못 미쳐 위헌 결정은 내려지지 못했지만, 다수의견(9명 재판관 중 5명)은 위헌이었다(1996.12.26). 2001년 11월에는, 행정법원이 중앙노동위원회 직권중재 결정에 대해 보건의료노조가 낸 '중재회부 결정무효확인청구소송'에서 직권중재를 다시 위헌 제청했다. "쟁의 발생 후 가능한 강제중재와 달리 사전적인 직권중재는 과잉금지 원칙에 어긋나고 단지 공익사업장이란 이유로 단체행동권을 사실상 박탈한다"는 게 재판부의 결정문 요지였다.

직권중재는 국제사회도 폐지하라고 권고했던 대표적인 노동악법 독소조항이었다. 국제노동기구(ILO) 이사회와 산하 '결사의 자유 위원회'가 공익사업장의 단체행동권을 보장해야 한다고 한국 정부에 촉구했고(1993), PSI(국제공공노련)와 UNI(국제사무직노조)가 직권중재 폐지 결의문을 채택하고 노동부 관계자를 만나 항의의 뜻을 전달했다. 하지만, 이 정도 압력에 움직일 대한민국 정부가 아니었다.

병원 노동자들의 투쟁의 역사는 곧 직권중재 철폐투쟁의 역사였다. 공공부문 노동자들을 괴롭히는 노동악법 철폐투쟁의 최전선에 병원 노동자들이 서 있었다. 2002년, 보건의료노조는 직권중재와 운명을 건 사투에 돌입했다. 가톨릭중앙의료원 217일, 경희의료원 119일. 필수공익사업장 노동운동 역사상 최장기 파업을 기록한 이 싸움(4장 끝이 없는 파업 ; 2002 참조)으로, 투쟁은 새로운 단계에 접어들었다.

어쩌면 노동계라는 찻잔 속의 태풍으로 머물러 있던 직권중재제도 폐지 이슈가 전 국민적 관심사로 떠오른 것이었다. 직권중재제도를 없애라는 사회적 합의가 성숙됐다. 정부로서도 이 조항을 붙들고 있을 수만은 없게 되었다. 이 시점에서 노무현 정부가 추진한 이른바 '노사관계 선진화 로드맵'이 등장한다.

'개악(改惡)'

당시 노동부가 밝힌 로드맵 추진의 배경은 "변화하는 제반환경에 대응하고 보편적 노동기준(Global Standard)에 부합하는 합리적 규범으로서의 노사관계법제도의 마련이 시급히 요청된다"는 것이었다. 결론부터 말하면, 로드맵은 보건의료 노동자들의 간절한 열망을 짓밟았다. 직권중재라는 단어만 없어졌을 뿐, 이 이상 더 나쁠 수가 없는 '개악(改惡)'이었다.

직권중재 폐지와 관련, 로드맵이 제시한 노동조합 및 노동관계조정법 입법예고안의 골자는 다음과 같았다. △필수업무유지제도 도입(42조 2,3,4항) △필수공익사업장 파업 시 대체근로 전면 허용(43조 3항) △혈액사업 등 필수공익사업장 범위 확대(71조 2항) △긴급조정제도 존치(76조).

필수유지업무의 범위를 노동위원회가 결정할 수 있게 하고, 대체근로를 허용하면, 병원에서 파업은 완전히 무력화된다. 당시 현행법이 "동일 사업장 내에서의 파업 미참가자들의 대체근로 투입"을 이미 허용하고 있는 마당에, 신규채용과 하도급을 통해 대체근로를 투입하는 길을 열어주면, 사용자들이 교섭에 나설 리가 없다. 필수공익사업장 노동자들에게 단체행동권을 보장함으로써 노사 자율교섭을 유도, '노사관계 선진화'를 꾀한다는 입법취지가 무색해지는 것이다.

로드맵대로 되면 어떤 일이 벌어지는지, 지난해 철도노조 파업을 예로 들어 확인해보자. 노사의 필수유지업무 운영안이 규정한 필수유지인력은 8,460명. 나머지 파업 가능 조합원 수는 9,912명인데, 국토교통부와 코레일이 투입한 대체인력이 약 6천명이었다. 18,372명 조합원이 전부 파업을 해도 노조의 요구를 들어줄까 말까 한데, 필수유지업무와 대체근로로 실제 파업 효과는 4천명에 그쳤다. 정부는 노조가 지치기만 기다린다. 사냥하나?

2007년 보건의료노조가 병원사용자단체와 비정규직 전환 합의를 이끌어냈을 때, 언론은 이구동성으로 "아름다운 합의"라며 대서특필했다. 하지만, 그 "아름다운 합의"는 1년도 가지 못했다. 2008년, 산별교섭은 필수유지업무제도를 등에 업은 사용자들의 버티기로 파행을 겪다가 결렬됐다. 사용자들은 "아름다운 합의"가 어떻게 되든 아랑곳하지 않았다. 2009년, 국립대와 사립대병원 사용자들은 아예 불참을 통보했고, 급기야 사용자단체는 해산됐다.

2010년, 보건의료노조는, 노조 자신의 표현을 빌리면, "노사 신의와 성실에 바탕을 둔 산별교섭"을 사용자들에게 요구했다. 그러나 돌아온 답은 "거부"였다. 사람도 그대로, 병원도 그대로였다. 무슨 천재지변이 일어난 것도 아

공공부문 노사관계 정상화를 바라는 대다수 전문가들은 필수유지업무제도 도입에 우려를 표시했다. 그러나 정부와 사용자 측은 막무가내로 이를 밀어붙였다.

니었다. 달라진 건 단 하나. 로드맵에 따라 노동조합 및 노동관계조정법 개정안이 시행된 것뿐이었다.

로드맵. 거기에는 "보편"도 "Global Standard"도 "합리"도, 눈을 씻고 찾아봐도 없었다. 남은 건 "변화하는 제반환경에 대응"과 "시급히 요청"이라는 두 문구. 어차피 직권중재를 폐지할 수밖에 없는 상황이라면 이 참에 더 세련되게 고삐를 죄어보자는 뜻이었을까? 아니면, 의료민영화와 의료시장 개방의 사전정지작업을 위해 장애물부터 치워놓고 보자는 심산이었을까? 우리는 이 질문에 대한 대답을 누구에게서 들어야 하나.

> "시장분배의 핵심은 노사관계이다. 분배에 무슨 자연법칙 같은 것은 없다고 생각한다. 모두가 다 사람 마음에 달려 있다. 외환위기가 터지고 나서 IMF의 압박을 받는 가운데 경제단체와 보수세력이 노동시장 유연성, 다시 말해서 정리해고 제도의 도입을 요구하는 대공세를 펼쳤다. 그런 환경 때문에 국민의 정부는 어쩔 수 없이 이것을 수용했다. 참여정부도 그것을 그대로 이어나갔다. 사용자 쪽에서 이 무기를 휘둘러 노동조합의 조직력과 교섭력은 현저하게 약해졌다. 단기적으로 힘을 쏟을 수 없었다. 세계적 조류이고 자본 측의 힘이 너무나 막강해 이것을 거부할 수도 없었다. 노사정 대화를 통해 사회적 합의를 이룸으로써 문제를 어느 정도 해결할 수 있을 것이라는 자신감 또는 희망을 가졌지만 그렇게 되지 않았다."
>
> 노무현, 〈운명이다〉, 2010, p215~216

일리노이주지사 존 알트겔드는 취임한 첫해, 메이데이의 시발이 된 시카고 헤이마켓 사건으로 6년째 교도소에 갇혀 있던 파업주동자들을 사면했다. 사면 이유를 설명한 장문의 성명서에서, 그는 헤이마켓 사건의 재판의 부당성을 낱낱이 폭로했다. 정치에 입문하기 전, 알트겔드의 직업은 변호사였다. 2년 뒤 철도노조 파업 때, 그는 파업 진압을 위한 군대 투입을 끝까지 막았다. 그 대가로 그의 정치생명은 끝이 났다. 후회하지 않느냐는 기자의 질문에 그의 대답은 "전혀(Never!"였다.

보건의료노조가 피눈물로 쌓아올린 20년 공든 탑을 일순간에 무너뜨린 '개악'이 하필이면 참여정부에서 저질러졌다. 그것은 노동자들의 가슴을 후벼 파는 아이러니가 아닐 수 없었다. 현대건설 회장 이명박은 대통령이 되고 나서도 재벌에 봉사했는데, 노동변호사 노무현은 그렇지 않았다. 그의 자서전 〈운명이다〉에 실린 58개의 글 제목에 "노동"이라는 두 글자는 딱 한 번 나온다. 1부 출세의 네 번째 글 막노동판에서.

"여기서 무릎 꿇으면 하인으로 살 것 같았다"

2006년 9월 11일, 민주노총이 불참한 상태에서 진행된 '노사관계 법제도 선진화 방안(로드맵)' 노사정 협상이 타결됐다. 14일에는 노동조합 및 노동관계조정법 일부 개정법률안 입법예고안이 공개됐다. 다음날 보건의료노조는 광화문 정부종합청사 앞에서 기자회견을 갖고, 대정부투쟁을 선언했다. 정해선 수석부위원장은 '이번 입법예고안은 직권중재 폐지를 핑계삼은 엄청난 개악'이며, '정부, 사용자단체, 한국노총의 야합'이라고 규정하고, 민주노총과 함께 총파업을 불사하겠다고 밝혔다.

10월 4일, 보건의료노조는 '전국보건의료산업노동조합의 의견서'를 정부와 국회에 전달했다. 노조는 이 의견서에서 입법예고안이 △필수공익사업장 노동자들의 단체행동권을 직권중재보다 더 심하게 3중 4중으로 제약하는 '파업원천봉쇄법'이 되고 말았고 △노조에게 일방적으로 족쇄를 채우면서

2008년 9월 3일, 지방노동위원회의 필수유지업무 편파판정에 항의, 조합원들이 시위를 벌이고 있는 모습.

사용자에게는 불성실교섭을 유도해 노조탄압 의도에 날개만 달아준 꼴이며 △그대로 국회를 통과할 경우 공공서비스노조만이 아니라 사회공공성 강화의 수혜자가 돼야 할 국민들에까지 피해가 고스란히 전가될 것이라고 지적했다.

노조의 요구는 "조건 없는 직권중재 폐지"였다. 긴급 중집회의 결정에 따라 "한미FTA 저지! 9·11 노사정 야합 노사관계 로드맵 폐기! 보건의료노동자 단체행동권 쟁취투쟁본부" 체제로 전 조직을 전환하고, 투쟁기획단을 구성했다. 보건의료노조는 △공공서비스노조 산하 필수공익사업장 노동조합들과 공동연대투쟁 △시민단체와 공동대책위 구성 △국제노동단체들과 국제연대 강화 등을 통해 개악안의 국회통과를 저지한다는 방침이었다.

11월 8일 오전, 보건의료노조 주최로 "노사관계로드맵 정부안의 문제점과 필수공익사업장 노동기본권 보장을 위한 국회 대토론회"가 국회도서관 대강당에서 열렸다. 이주호 정책기획실장이 첫 번째 발제를 맡았고, 우원식(열린우리당), 배일도(한나라당), 단병호(민주노동당) 의원이 여야 3당을 대표해서 토론자로 나섰다. 300석 규모의 강당은 통로까지 보건의료노조 조합원들로 입추의 여지없이 꽉 찼다.

이주호 실장은 먼저 '대체근로 전면허용'을 강하게 비판했다. 그는 입법예고안이 "노조의 파업예고 → 사측 신규채용 공고 → 파업 임박 시 오리엔테이션 명목으로 대체인력 투입 → 조합원 고용불안 위협 → 파업 종료 후 대체인력과 조합원 갈등 → 파업참가 조합원 탄압"이라는 시나리오로 이어질 것이라며, "필수공익사업장 관련 산업에서 전문 인력송출회사가 대대적으로 늘어날 것"이라고 내다봤다.

이 실장은 이어서 필수업무유지제도와 관련, 도입 자체도 문제지만, 입법예고안이 "필수인력배치를 노조가 자율적으로 하는 것이 아니라 노사합의 또는 강제중재로 한다는 게 큰 문제"라고 지적했다. 노조가 필수인력기준을 제시해도 사측은 강제중재 조항에 기댄 채 받지 않을 게 분명하고, 공은 노동위원회로 넘어가 노조는 또 다른 형태의 직권중재를 감수할 수밖에 없다는 우려였다.

이 우려는 개정안이 시행된 2008년부터 곧바로 현실화되었다. 필수유지업무를 규정한 시행령 자체가 법 개정 1년도 지나지 않아 졸속으로 마련됐고, 이 과정에서 노조와 보건의료단체들의 의견은 거의 수렴되지 않았다. 보건의료노조가 노사자율로 필수유지업무협정을 맺자고 사용자측에 요구해 부평 세림병원 등 66개 병원이 업무협정에 타결을 봤지만, 일부 병원들은 지방노동위원회에 결정신청을 냈다.

조정회의는 졸속으로 진행됐고, 현장조사도 부실했다. 병원의 특수한 근무환경 등을 충분히 이해할 수 있는 전문성과 지식을 갖추지 못한 조정위원이 선임되거나, 노조가 기피신청한 인사가 조정위원에 포함됐다. 이를 기회로 사측은 △비어 있던 병실로 중증환자 옮기기 △일반병실에 중환자실 문패 붙여놓고 심전도기 설치하기 △중환자 비율을 높이기 위한 환자 중증도 조작 등의 꼼수로 필수유지인력비율을 높였다. 심지어, 외래와 일반병동까지 필수유지업무부서로 인정받기 위해, 중환자 비율을 고무줄처럼 늘리고 줄였다.

토론회가 끝났다. 단병호 의원의 마무리발언은 "국회를 믿지 마라"였다. 조합원들은 총력투쟁결의대회 장소인 국회 맞은편 산업은행 앞 도로로 이동했다. 이날 저녁부터 1천여 명의 간부들이 이곳에서 농성투쟁을 개시할 예정이었다. 이 농성을 시작으로 △1인시위 △광화문집회 △국회의원면담 △대국민 선전전 등 여론투쟁을 전개하고, 11월 15일 민주노총 총파업에 결합한다는 계획이었다.

오후 3시, 총력투쟁결의대회. 보건의료노조 본조, 지역본부, 지부 임원과 간부들이 조합원 앞에 앉아 비장한 표정으로 동료들에게 머리를 맡겼다. 우리 노동운동 역사상 전무후무한 지도부 87명의 집단삭발식. 그

가운데 1/3이 여성이었다. 곱게 가꾼 머리카락이 잘려 길바닥에 나뒹굴었다. 조합원들의 얼굴은 눈물범벅이 되었다. 그 한 구석에 타는 눈길로 국회를 응시하는 얼굴이 있었다. 올 들어 두 번째 삭발. 이틀 전, 2006년 제15회 전태일노동상 수상자로 선정된 부천 세종병원지부의 김상현 지부장이었다.

> "로드맵이 지금대로 통과되면 병원노동자들은 이제 아무 것도 할 수가 없습니다. 조합원들이 매달 1인당 1천원씩 걷어 우리에게 생계비 지원을 해주었습니다. 덕분에 우리 지부 조합원들이 매달 70만원씩 생계비를 받을 수 있었습니다. 투쟁기금도 지원해주었습니다. 산별노조의 힘이 대단하다는 것을 몸으로 느꼈고, 참 고마웠습니다. 아마 우리의 싸움이 있기 전에 지금 로드맵 안이 있었다면 세종병원지부의 싸움은 애당초 시작도 못했을 겁니다."

김상현 부천세종병원 지부장 인터뷰, 여정민, 〈프레시안〉, 2006.11.13

35명의 조합원으로 사측이 동원한 용역깡패에 용감하게 맞서며, 181일 동안 물러서지 않고 일터를 지켜낸 부천세종병원지부. 전태일노동상 수상자로 선정됐다는 소식을 듣고, "기륭전자 등 우리보다 더 힘들게 싸우는 사업장도 많은데 우리가 어떻게 이 상을 받느냐"며 미안해 어쩔 줄 몰라 했다는 조합원들. "여기서 무릎 꿇으면 하인으로 살 것 같았다"는 김상현 지부장. 보건의료노조는 이런 사람들의 조직이었다.

촛불을 켜고

우려했던 대로, 2008년 산별교섭은 필수유지업무협정을 놓고 개시하기도 전부터 삐걱거렸다. 4월 23일 3차 산별교섭준비소위원회에서, 사용자단체인 보건의료산업 사용자협의회가 "직권중재 폐지 이후 체결해야 하는 필수유지업무협정을 개별 사업장에서 하지 않는 한" 산별교섭 자체가 불가능하다고 통보한 것이다. 이는 개정안 시행을 앞두고 노사 양측이 진행해 온 논의를 깡그리 무시하겠다는 것이었다.

보건의료노조는 "상대적으로 협상력이 높은 산별교섭이 아닌 개별사업장별로 필수유지업무 협정을 체결할 경우 파업권 제한범위가 넓어질 가능성이 높다"는 판단 아래, 필수유지업무제도와 대체근로 이슈를 산별교섭 테이블에 올려야 한다는 입장이었다. 보건의료노조가 내건 2008년 산별교섭 핵심 5대 요구는 △정규직 인력 충원 △의료기관평가제도 개선 △100억 산별연대기금 확보 △비정규직 정규직화 및 차별시정 △필수유지업무제도·대체근로 폐기 및 노동기본권 확보였다.

'민주정부' 10년의 시대가 가고, 이명박 정부가 들어섰다. 대통령직인수위원회와 국무위원 청문회에서 '어륀지', '고소영', '강부자'가 나와도 신임 정부의 지지도는 견고했다. 2008년 4월 치러진 국회의원총선거에서 한나라당이 압승을 거뒀다. 한나라당은 서울(48개 선거구)에서만 41석을 휩쓰는 등 153석을 차지했다. 친박연대(14석)와 친박무소속(21석)으로 갈라지지 않았다면, 개헌 의결 정족수인 200석까지도 가능했을 것이다.

통합민주당은 81석, 분당으로 둘로 쪼개진 민주노동당은 5석에 그쳤다. 진보신당은 의석을 얻지 못했다. 보수언론들은 '민주정부' 10년의 실패라며, 진보의 시대는 갔다고 입을 모았다. 거저 주운 정권이라는 사실을 잊어버릴 만도 했다. 캠프데이비드에서 이명박이 부시와 미국산 쇠고기 스테이크를 먹으며 파안대소 하는 장면이 텔레비전에 나오자 민심은 서서히 요동쳤다.

5월 2일, 첫 번째 촛불이 광화문 청계광장을 밝혔다. 미국산 쇠고기 수입 협상의 내용이 알려지고, 광우병 고발 프로그램이 전파를 타면서, 성난 시민들은 광장으로 쏟아져 나오기 시작했다. '민주정부'는 실패했는지 모르지만, 민주시민은 위축되지 않았다. 5월 22일, 보건의료노조는 민주노총 회의실에서 기자회견을 갖고, "보건의료노동자가 국민의 건강과 생명을 송두리째 짓밟으려는 이명박 정부에 맞서 전면투쟁에 나설 것"을 선포했다.

노조는 △광우병 위험 쇠고기 수입 무효화 및 재협상 △쇠고기 협상 책임자 파면 △광우병 예방을 위한 특별법 제정 등을 요구하며, 이날부터 2박3일간 "미국산 쇠고기 병원급식에 반대하는 조합원 상경투쟁"에 돌입, △쇠고기 재협상을 촉구하는 청와대 앞 집회 △영등포역 등지에서 쇠고기 협상 반대 대국민 선전전 △산별교섭 불성실 사용자 규탄을 위한 병원로비 농성을 전개하며, 촛불에 가세했다.

촛불이 노동과 만나자 광장은 더욱 밝아졌다. 촛불시위는 6월 10일 최고조에 올라, 이날 하루 60만이 넘는 시민이 집결했다. 그 시점에서 8년 뒤의 일을 예측한 이는 없었겠지만, 그것은 2016~2017 촛불시민혁명의 완벽한 리허설이었다. 보건의료노조는 미국산 쇠고기의 병원급식 사용 금지를 2008년 산별교섭에서 최우선적으로 관철시킬 요구안으로 정하고, 촛불과 결합해 개악된 노동악법과 대결했다.

6월 5일, 부평세림병원지부가 사용자 측과 노사자율교섭으로 필수유지업무협정을 타결했다. 전국의 필수공익사업장 중에서 처음이었다. 이어서 20일에는 신천연합병원지부가 타결에 성공했다. 신천연합병원 노사가 체결한 필수유지업무협정 전문은 "헌법에 보장된 기본권으로서 쟁의권을 보장하면서 쟁의행위 시 환자들의 생명유지·신체의 안전을 고려해 법상 필수유지업무가 최소한으로 유지·운영될 수 있도록 한다"라고, 협정의 목적을 명시했다. 25일, 보건의료노조는 내부 승인절차를 거친 뒤 이를 공식 발표했다.

2008년 8월 12일, 경희의료원에서 열린 보건의료노조 산별총파업 총력투쟁 결의대회.

보건의료노조는 사용자 측에 노사자율교섭과 성실교섭을 요구하는 한편, 노동부와 노동위원회에 엄격한 기준 적용과 행정지도를 촉구했다. 노사자율로 필수유지업무협정을 체결한 지부가 66개로 늘어났다. 하지만 속도가 너무 느렸다. 사용자 측의 거부 때문에 산별교섭을 통한 일괄타결이 불가능했고, 이를 총파업으로 압박하자니 불법파업이 된다. 로드맵이 노리던 바가 바로 이것이었다.

사용자 측이 조정신청을 한 경우에는 시간이 더 걸렸다. 직권중재는 중앙노동위원회가 한 번에 처리하게 되지만, 필수유지업무 결정은 조정신청 사업장별로 각각 지방노동위→중앙노동위의 단계를 밟기 때문이다. 보건의료노조는 노동위원회의 졸속·편파 결정을 규탄하며, △필수유지업무 강제 결정 철회 △담당 공익위원 해촉 △지방노동위 공식 사과 △필수유지업무제도 폐지 등을 요구하는 전 조합원 서명운동을 조직하고, 중앙노동위 앞에서 항의투쟁에 들어갔다.

이러는 사이, 계절이 벌써 여름에 접어들었다. 산별교섭은 4월 30일 이후 10차례의 본교섭과 2차례의 축조교섭이 진행됐지만, 사용자 측이 필수유지업무제도를 구실로 작년의 산별협약을 후퇴시키려 하면서 답보 상태를 면치 못하고 있었다. 7월 7일, 보건의료노조는 119개 지부 조합원 37,450명의 이름으로 중앙노동위원회에 쟁의조정신청을 접수시켰다. 조정 만료일인 22일까지 보름 동안 집중교섭을 진행하되, 요구안이 수용되지 않으면 23일 07시를 기해 산별총파업에 들어가겠다는 것이었다.

하지만, 언론은 "필수공익사업장으로서 업무유지비율이 최대 90%를 기록해야 하기 때문에 파업 효과는 기대하기 힘든 상황"이라는 뉴스를 내보냈다. 조합원들로서는 힘이 빠질 노릇이었다. 사용자 측은 △인력충원 및 교대제 개선 △미국산쇠고기 병원급식 사용 금지 △산별최저임금 △산별연대기금 △쟁의 중 대체근로 금지 등 노조의 핵심 요구안에 대해 '수용불가'로 일관했다. 직권중재보다 더 편리하고 솜씨 좋은 해결사가 새로 생졌다는 사실을 확실하게 알아차린 셈이었다.

보건의료노조는 29일 오후 2시부터 산별 부분파업에 돌입했다. 파업의 위력은 예년의 1/10도 되지 않았다. 노조는 30일 광주기독병원 등 25개 민간중소병원들과 미국산 쇠고기 병원급식 사용 금지를 포함한 잠정합의안을 타결했으나, 산별교섭은 끝내 결렬됐다. 로드맵은 병원 노동자들에게 지울 수 없는 상처를 남겼다. 직권중재 철폐를 위해 누구보다 앞장서서 싸워왔던 이들에게는 너무나 잔인한 보상이었다.

보건의료노조가 발목이 잡힌 채 힘겨운 싸움을 벌이던 그 때, 익명을 요구한 보건복지부(당시 보건복지가족부)의 한 관계자는 어느 신문 기사에서 이렇게 말했다. "앞으로도 이런 방식의 농성투쟁 정도가 이어질 뿐 실질적인 파업이 이어지기는 어려울 것이다." 로드맵이 공개됐을 때, 보건의료노조는 분명히 경고한 바 있다. 국민들에까지 피해가 고스란히 전가될 것이라고. 민간보험의 약탈, 진주의료원 폐업, 메르스 사태, 신생아들의 떼죽음 그리고 밀양. 이것이 진정 로드맵이 바랐던 것인가?

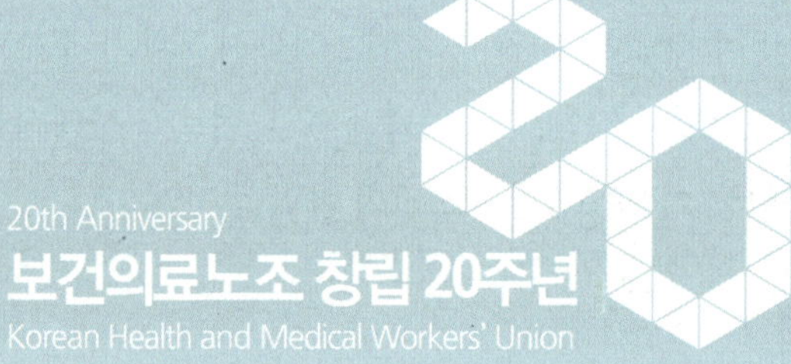
20th Anniversary
보건의료노조 창립 20주년
Korean Health and Medical Workers' Union

의료비 걱정 없는 나라

"건강보험 하나로 운동"의 출발 | 2010

병원 노동자는 1987년 이후부터 사회공공성 고민을 해 왔다. 다른 산업이 임금과 근로조건 변화를 놓고 싸울 때 병원 노동자들은 그와 동시에 병실 텔레비전 무료화, 보호자 침대 설치 등 '의료민주화 운동'을 벌였다. 심지어는 병실 화장실에 휴지를 비치하라는 요구까지 있었다. 그 다음 단계가 의료개혁 투쟁이었다. 의사들의 촌시 서부, 제약회사와 병원의 리베이트 근절, 직장보험과 지역보험의 통합 등을 내걸었다. 그러다 보니 자연스럽게 기업별 노조에서는 해결할 수 없는 문제가 많다는 것을 알게 됐다.

홍명옥 위원장 인터뷰, 여정민, 〈프레시안〉, 2008.2.27

복지부가 발간한 〈2014년 국민보건계정〉에 따르면, 한국 경상의료비는 1970년 약 1천억원에서 2014년 105조원으로 물경 1,050배가 늘었다. 같은 기간, 국내총생산(GDP)은 176배 늘었다(1970년 82억 달러, 2014년 1조 4,495억 달러). 176배도 경이적인 수치인데, 그보다 6배나 빠른 속도로 경상의료비가 늘었으니, 그동안 병원 문턱이 얼마나 높았는지 알 수 있다. 이에 따라 경상의료비가 GDP에서 차지하는 비중은 1%대에서 7.1%로 커졌다. 우리도 '선진국 모델(2011년 OECD 평균 9.7%)'을 따라가는 것일까?

경상의료비는 국민 전체가 1년간 보건의료재화와 서비스를 구매한 비용으로, 개인의료와 집합보건의료(예방+공중보건사업+보건행정관리)에 지출된 금액을 합한 값이다. 경상의료비의 재원은 크게 공공재원과 민간재원으로 구분할 수 있다. 공공재원은 정부 지출과 의무가입제도(건강보험, 노인장기요양보험, 산재보험 등)로 구성되며, 민간재원에는 가계직접부담, 임의가입제도(민간의료보험), 민간비영리단체 및 기업의 출연금이 포함된다.

2014년 경상의료비 중에서 공공재원은 정부 10.2%, 사회보장기금(건강보험, 노인장기요양보험, 산재보험 등) 46.3%로 56.5%를 차지한다. 1970년대에 비하면 천지개벽의 느낌이 들지만, 이 비율은 OECD 평균 72.3%에 비하면 턱없이 낮은 수치다. 특히 눈여겨봐야 할 대목은 외환위기가 수습된 2000년 이후의 증가세로, 2000

2010년, "모든 병원비를 건강보험 하나로" 시민서명운동 선포식 현장.

년대 평균 54%에서 2.5%p 밖에 오르지 않았다는 사실이다. 누구 말마따나 '산업화'에 성공하고 '민주화'를 완수한 나라치고는, 기이한 일이 아닐 수 없다. OECD 국가들의 경우에는 이 시기에 복지지출이 대폭 늘었다.

가계직접부담의 경우, 2000년 43.5%에서 2010년 35.7%로 낮아졌다. 의약분업과 건강보험 보장성 강화정책 추진 덕분이었으나, 공공재원 증가 규모보다 비급여 지출이 더 커짐에 따라 36.8%까지 다시 상승했다. 가계직접부담의 OECD 평균은 19.6%이고, 우리나라는 OECD 국가 중 두 번째로 높은 것으로 나타났다(OECD Health Statistics, 2016). 이를 반영하듯, 1인당 의료비는 지난 10년간(2005~2014) 7.1%의 증가율을 보였다.

이 수치는 해당기간 OECD 국가 전체의 1인당 의료비 증가율 1.9%의 3배가 넘는 것이다. 경상의료비에서 공공재원이 차지하는 비중이 낮고, 그나마 50%대 중반에서 십여 년째 고정된 상황에서, 1인당 의료비는 가파르게 상승하고 있다. 외환위기가 수습된 2000년부터 2014년까지, GDP가 2.58배 늘었는데 비해, 경상의료비는 4.13배 늘었다. 보편적 의료복지는 고사하고, 혹시 이료비 지출이 성상의 불쏘시개가 되고 있는 것은 아닌가?

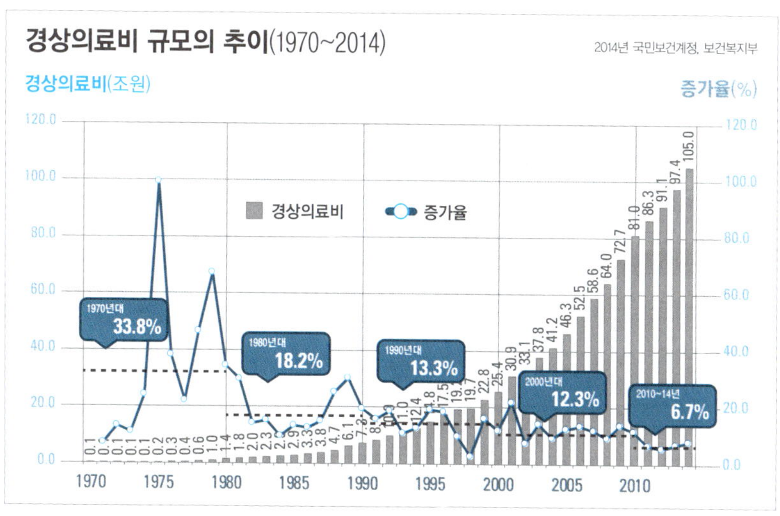

경상의료비 규모의 추이(1970~2014)

2014년 국민보건계정, 보건복지부

경상의료비가 늘어나는 것 자체는 나쁜 일이 아니다. 그것은 보건의료산업의 연착륙을 도와 좋은 일자리를 만들어냄으로써 보편적 의료복지를 안착시킬 물질적 토대를 제공한다. 그러나 현실은 그렇지 않았다. 보건의료산업의 외형은 수십배 커졌는데, 좋은 일자리는 자꾸만 줄어든다. 2014년, 국내 주요 병원의 비정규직 비율은 평균 14%였다. 이 가운데 직접고용 비정규직은 6.6%, 간접고용은 7.4%였다. 사립대병원의 경우에는 비정규직 비중이 최대 20~30%에 달했다(〈보건의료노조 2014년 비정규 실태 연구용역보고서〉).

외환위기를 경계로 성장이 추력을 잃고 구조조정에 들어가자, 정부와 자본은 보건의료산업을 새로운 성장엔진으로 점찍었다. 여기까지는 반대할 일이 아니다. 헌데, 정부와 자본이 내놓은 대안은 영리법인, 의료민영화, 의료산업 개방, 민간보험(실손보험) 규제완화 등이었다. 가계에 의료비를 더 청구하고, 병원에서 돈을 빼내는 걸 더 쉽게 해주는 데 초점이 맞추어져 있다. 이렇게 되면 의료라는 공공재는 약탈의 수단이 된다.

판도라의 상자가 열리다

2014년 기준으로, 민간재원은 가계직접부담 36.8%, 민간의료보험 5.9%, 비영리단체·기업 0.7%로 구성되어 있다. 이 중에서 2000년대 중반 이후 증가폭이 가장 큰 것은 민간의료보험이다. 실손보험이 보건의료시장에 빠르게 파고들어오면서, 2000년대 평균 1.6%에 머물러 있던 민간의료보험의 비중은 2014년에 3배 이상 증가했다. 이 멍석을 깔아준 게 노무현 정부의 '의료산업선진화위원회'였다.

2006년 7월 11일, 의료산업선진화위원회는 노무현 대통령에게 '의료산업선진화전략'을 보고했다. 여기에 "다양한 의료욕구 충족 및 첨단의료기술 발전 유도를 위해 비급여 중심의 실손형(보충형) 민간의료보험 제도를 활성화" 하겠다는 내용이 들어 있었다. 당연히, △상품개발을 위한 기초통계 공유 △상품 표준화 △보험사와 의료기관 간 비급여 부문 가격계약 허용 추진 등의 세부 실행계획이 뒤따랐다.

실손보험은 2007년 본격 출시되었다. 본인부담금상한제 한도를 초과하지 않는 급여항목의 법정본인부담금과 비급여항목의 진료비 전액을 보장해주는 상품이다. 실손보험은 통합형 상품으로 판매되었다. 이를테면, 1억원짜리 암보험의 특약 상품으로 '끼워 팔기' 한 것이다. 계산기를 두드려 봤을 테니, 단독형 상품으로 판매해 리스크를 떠안을 이유가 없다. 실손보험은 정액보험 상품 판매를 늘리기 위한 방편이었다. 그렇다면, 그 이전에는 왜 실손보험을 '끼워 팔' 생각을 못했을까?

예를 들어보자. 암환자 A씨의 진료비 총액은 3천만원이고, 그 내역은 급여 1,500만원, 본인부담 450만원(본인부담금상한제에 따른 환급금액 150만원), 비급여 1,050만원이다. 이 때 A씨가 부담해야 할 돈은 1,350만원인데, 안타깝게도 A씨의 호주머니에는 300만원밖에 없다. A씨가 취할 방도는 돈을 빌리는 것밖에 없나. A씨가 비정규직이라면? 산와머니에 전화를 걸어야 한다.

제대로 된 나라라면, 이럴 때는 국가가 나서야 한다. 특정 중증 질환에 한해서 급여를 3천만원으로 해주던가("암부터 무상의료", 비급여항목 정리가 전제), 급여 1천5백만원을 2천7백만원으로 늘려주던가(보장성 90%) 해야 한다. 정 안 되면 장기 저리로 1,350만원을 빌려주기라도 해야 한다. 하지만, 국가는 이 일을 못하겠다고 한다. 건강보험 재정에 빵꾸가 나고, 예산이 없다는 거다. 그러면서, 세월호 못 구한 통영함에 처바르고, 차도 안 다니는 도로 닦을 돈은 있다.

한편, 보험사들은 정액보험 판매가 부진해 위기감을 느끼던 참이었다. 정액보험이란 원래 고소득자들이 드는 거다. 정기예금도 안 드는 세상인데, 누가 정액보험을 드나? 중산층에게 광고를 해봤지만, 안 산다. 암 치료비? 1,350만원이라면 은행에서 빌리고 만다. 1억짜리 암보험을 드느니, 다른 재테크 수단을 알아보는 게 더 이득이다. 보험사들은 실손보험으로 눈을 돌렸다. '한 달에 3만원만 더 쓰세요~ 병원비 다 내드립니다~'

민영보험이 건강보험을 약탈하고 있다. 건강보험이 뼈만 남으면, 의료공공성은 무너진다. 보건의료노조의 문제의식은 이것이었다.

자기네들이 책임질 진료비가 3천만원이었다면 이런 소리 안 했을 거다. 옛날에 실제로 그랬으니까. 건강보험 보장성이 낮으면, 실손보험은 시장에서 상품으로 성립할 수가 없다. 보험료율을 맞출 수가 없기 때문이다. 과거 정액보험들이 재미를 본 이유가 이거다. 요컨대, 실손보험은 본질적으로 건강보험 보장성 강화에 기생하는 존재라는 것이다.

중산층들이 먼저 '정액보험+실손보험'에 가입한다. A씨의 눈물을 본 비정규직 B씨, C씨도 가입한다. 보험사들은 쾌재를 부른다. 당장 궁한 보험사는 리스크를 무릅쓰고 단독형 상품으로도 실손보험을 판매했다. 이렇게 해서, 2009월 10월(실손보험 표준화 이전, 본인부담금 100% 보장)까지 1,500만명이 실손보험에 가입했다(금융위원회 2016년 자료). 국민 3명 중 1명이다. 판도라의 상자가 열린 것이다.

무슨 일이 생겼을까? 비급여항목이 점점 더 늘어난다. "돈보다 생명을!"을 실천하는 보건의료노조와 산별교섭도 안 하겠다는 병원들이다. 암환자가 오면 실손보험에 들었는지부터 물어본다. 들었다고 하면? 온갖 고액의 검사와 시술 리스트가 환자를 기다리고 있다. 보험사들은 회사 망한다고 아우성치고, 보험료는 차곡차곡 오른다. 가입자들 부담만 늘어난다.

이것으로 끝나는 게 아니다. 실손보험은 결국에는 건강보험 보장성(보장률)을 높이라는 사회적 압력을 줄이는 원심력으로 귀결된다. 보장성이 획기적으로 높아지면 보험사들은 실손보험을 더 팔아치울 수가 없다. 병원들도 청구서를 다시 써야 한다. 중도해지 약관에 묶여 있는 가입자들 역시 행동에 나서는 걸 주저한다. 보장성 강화보다는 보험료 인하가 먼저가 된다.

건강보험 보장률은 2010년 62.7%, 2011년 63%, 2012년 62.5%, 2013년 62%, 2014년 63.2%로 답보 상태를 면치 못하고 있다. 실손보험이 활개를 치지 않았다면 어땠을까? 보건의료노조가 주창한 "암부터 무상의료" 슬로건이 더 힘을 받았을까? 아니면 정부와 자본이 영리법인, 의료민영화, 의료산업 개방 같은 정책을 더 대놓고 밀어붙였을까? 풍선에 구멍이 뚫렸다. 실손보험은 건강보험 보장성 강화로 가는 사회적 합의에 치명적인 상처를 낸 구멍이었던 것이다.

건강보험 약탈하는 민간보험

2007년 2월 5일, 보건복지부가 의료법 개성안을 공개했다. 정부가 의료법에 손을 댄 것은 34년 만의 일이었다. 하지만, 그 방향은 환자의 건강권과 보건의료 노동자들의 삶의 질을 보장하기 위한 게 아니었다. 의료법 개정안 제61조. 환자 유인과 알선 금지에 예외조항을 두어, 민간보험 상품을 판매하는 보험사가 의료기관과 직접 비급여 진료 가격계약을 할 수 있도록 허용하자는 것이었다. 보건의료노조와 보건의료단체들은 경악하고 분노했다.

대형자본은 이윤율이 높은 쪽부터 쓸어 담는다. 민간보험을 판매하는 재벌보험사들이 의료기관과 가격계약을 맺게 되면, 첨단의료장비나 최신의료기술을 사용하는 검사나 시술은 거의 예외 없이 비급여 항목에 포함될 가능성이 높다. 보건의료산업 발전의 과실은 모조리 재벌보험사-대형병원 카르텔의 손아귀에 들어가고, 민간보험에 가입하지 못하는 서민들은 상급의 의료서비스를 누릴 기회를 박탈당하게 된다.

노무현 정부의 의료산업선진화위원회는 민간보험 활성화의 취지를 "고급 의료서비스 수요증가 등에 부응하고, 국민건강보험과 민간의료보험의 합리적 역할 분담을 통해 상호보완적인 관계를 형성"하는 것으로 밝힌 바 있다. 그러나 의료법 개정안은 이런 취지와는 거리가 멀었다. 우선 전 국민 의무가입제도가 위협을 받는다. 의료보험이 이원화되면, 부자들부터 자신이 내는 건강보험료를 떨어뜨리기 위해 조직적으로 저항할 테니까.

이 도미노는 건강보험의 재정을 취약하게 만든다. 그렇다고, 재벌이 사실상 장악하고 있는 정부와 국회가 건강보험의 적자를 메우기 위해 예산을 투입할 리도 만무하다. 건강보험 보장성은 극도로 위축되고, 병원들은 차례로 건강보험 체계로부터 탈출을 시도한다. 건강보험은 껍데기만 남아, 종국에는 사회안전망 수준으로 전락하게 된다. 이것은 양극화가 아니라 분리요 격리다. 의료서비스의 '아파르트헤이트'다.

보건의료노조가 의료법 개악에 반대하고 나선 이유는 그것이 몰고 올 결과에 대한 우려 때문만은 아니었다. 노조가 더 심각하게 여긴 대목은 과정이었다. 실손보험의 사례에서 확인했듯이, 건강보험이 병원 문턱을 낮추고 보건의료시장의 파이를 키우지 않았다면, 보험사들은 감히 이 영역에 뛰어들 생각을 하지 못했을 것이다. 개정안이 통과되면, 건강보험은 민간보험의 숙주 신세가 된다.

실손보험 가입자 수는 2016년 12월말 현재 3,330만명(생명보험사 610만명, 손해보험사 2,720만명)으로, 전 국민의 65%에 달한다. 보험사가 실손보험 판매를 거부하는 질환자, 장애인, 노인 등을 제외하면 거의 대부분의 국민이 가입하고 있는 셈이다. 2012~2014년 한국의료패널 연간데이터에 따르면, 이 기간에 실손보험에 새로 가입한 사람의 연간 총 의료비(건강보험 급여 포함)가 가입하지 않은 사람보다 약 64만원 많은 것으로 나타났다. 건강보험 재정이 실손보험 가입자에게 더 많이 쓰이고 있는 것이다.

건강보험 보장성 강화를 틈타, 보험사들은 실손보험 보장범위 축소와 지급보험금 감소 등으로 반사이익을 챙기고 있다. 2015년 국민건강보험공단의 연구용역 결과, 2013~2017년 건강보험 보장성 확대 소요액(11.25조원)의 13.5%인 1.52조원, 연평균 약 3천억원의 보험사 반사이익이 발생하는 것으로 집계되었다.

보험사의 실손보험료 수입은 2016년 6조3,359억원으로, 2008년(1조6,964억원) 대비 3.7배 증가했다. 실손보험 상품이 통합형이라는 사실을 감안하면, 보험사의 수입, 즉 가입자들의 실 지출액은 23~33조원으로 추정된다. 이 금액은 2018년 건강보험공단의 수입 목표치 53조원의 43%~62%에 해당한다.

건강보험 보장성이 이만큼이라도 강화되기까지 얼마나 많은 노고가 투여되었던가. 그것은 보건의료노조와 보건의료단체들이 흘린 피와 눈물과 땀의 결정이었고, 국민 모두가 나눠가져야 할 민주화의 과실이었다. 재벌이 그것을 훔쳐가는 것을 용납한나? 안 될 일이었다. 의료법 개악 반대투쟁은 "6월 항쟁"과 "노동자대투쟁"의 정신을 잇는, 노동자가 이끄는 민주주의투쟁의 연장이었다.

> "2007년 '의료법 투쟁'은 산별노조 법제도 개선투쟁의 새로운 가능성을 보여준 투쟁이었다. 2월 5일 보건복지부가 34년만에 의료법 개정안을 발표했다. 보건의료노조는 노숙농성, 보건복지부 규탄집회, 장관 항의방문, 국회토론회, 대국민 서명운동 등 의료법 개악 저지, 의료상업화 저지 투쟁에 전면적으로 나섰다. 또한 6월 23일부터 포털사이트 다음에 플래시 배너 광고를 게재하는 등 대국민 여론전을 전면화 했다. 보건의료노조의 투쟁으로 의료법 개악안은 결국 국회에서 처리되지 못했다."
>
> 〈그래! 우리가 꿈꾸는 바로 그 산별노조!〉, 보건의료노조, 2015, p142

보건의료노조가 선두에 나선 의료법 개악저지투쟁에 힘이 실리면서, 의료공공성 강화의 궁극적 목표라 할 수 있는 무상의료 실현을 위한 보건의료노조의 발걸음은 더욱 가벼워지고 다채로워졌다. 4월 7일 보건의 날을 맞아, 보건의료노조는 △"의료법 개악 반대!" △"의료산업화 저지!" △"한미FTA 무효화!" △"국민건강권 쟁취!"를 내걸고 투쟁결의대회를 개최하고, 종묘공원에서는 사회보험노조 조합원들과 공동으로 시민에게 무료 건강검진서비스를 제공했다.

모든 병원비를 국민건강보험 하나로!

보건의료노조의 의료공공성 강화 투쟁은 2003년 이후 다음과 같은 경로를 밟으며, 발전해 왔다.

▷ 2003년 ; "돈보다 생명을!" 캐치프레이즈 확정

▷ 2004년 ; '건강보험 보장성 확대를 위한 100만인 서명운동', 건강보험정책심의위원회(국민건강보험법에 따른 법정기구) 참여, 1조5천억원 급여 확대(5천억은 본인부담상한제 개선에 투입), 한국 최대 의료단체연대체 "의료연대회의" 출범, 경제자유구역 내 외국병원 내국인 진료 허용 반대와 영리병원 허용 저지를 위한 국회 앞 천막농성 및 위원장 삭발투쟁

▷ 2005년 ; "암부터 무상의료!" 이슈 본격 쟁점화, "모든 병원비에 건강보험 적용" 및 "3대 비급여(식대, 상급병실료, 선택진료비) 폐지" 여론화 성공, 암환자 본인부담률 10% 절감, 식대 및 초음파 급여화, 3~4인실 기준병상 확대, 지방의료원법(시행령, 시행규칙 포함) 제정, 지방의료원 관리부처 보건복지부 이전, 제주 영리병원 저지를 위한 총파업 찬반투표, 제주 국내 영

리병원 설립 저지 성공

▷ 2006년 ; 무상의료 실현 로드맵 구체화, 1차 한미FTA협상 저지투쟁(미국 워싱턴), 3차 한미FTA협상 저지투쟁(미국 시애틀), 한미FTA협상 저지 릴레이농성투쟁(서울 광화문)

▷ 2007년 ; 의료법 개악 저지 성공, 의료기관평가제 사회적 쟁점화, 보건복지부 의료기관평가제도T/F 구성

▷ 2008년 ; 광우병 촛불시위, 건강보험 당연지정제 폐지 방침 철회, 민간의료보험 활성화와 보험업법 개악 중단, 제주도 영리병원 도입 중단, 의료법 개악안 국회 처리 유보, 보험업계에서 개인질병정보 공유 조항 삭제

▷ 2009년 ; 보건의료노조 2대 전략과제로 "보호자 없는 병원 만들기를 통한 현장인력 확충"과 "획기적 건강보험 보장성 확대를 통한 진료비 걱정 없는 나라 만들기" 제시, '보호자 없는 병원 실현을 위한 연석회의' 구성, '보호자 없는 병원' 예산 확보

보건의료노조의 자체 평가에 따르면, "획기적 건강보험 보장성 확대" 운동은 △보건의료 재원확보 방안을 둘러싼 구체적 논쟁(보장성 90% 달성을 위해 15조원 재원 확보) △기존의 의사 대 비의사라는 논의구도의 변화 △병원 내부 노사관계에 있어 우위 선점 △의료공공성운동과 병원발전 전망의 결합 △인력과 임금과 연동된 포괄적 운동 등이라는 점에서, 기존 의료공공성 강화투쟁과는 질적인 차별성을 갖게 되었다.

이와 함께, "획기적 건강보험 보장성 확대" 운동은 △의료전달체계 확립 △지방-중소병원 발전대책 수립 △지역별 병상총량 규제 △포괄수

가제 전면 시행 △주치의제도 도입 △보호자 필요 없는 병원 운영 등 보건의료제도 전반에 대한 개혁을 수반하는 운동이다. 2010년, 보건의료노조의 "획기적 건강보험 보장성 확대" 사업은 "모든 병원비를 국민건강보험 하나로 시민회의"가 공식 발족하면서, 우리 사회 전체의 이슈로 부각되기에 이르렀다.

"모든 병원비를 국민건강보험 하나로!" 토론회에서, 보건의료단체 전문가들이 패널로 나와 발언하고 있다.

> "보건의료노조는 의료단체, 시민사회단체, 환자단체, 정당들과 연대하여 △제주영리법원 도입 저지투쟁 △의료민영화 저지 천만명 서명운동(총 290만7,271명 중 보건의료노조 6만207명) △6·2 지방선거 시 16개 광역단체 후보 대상 질의서 보내기 투쟁 △성명서 발표 △국회토론회 △환자보호자 설문조사(65개 병원 4,705명 대상) △지방자치단체장 면담 △진수희 보건복지부장관 내정 철회 촉구 △추석 귀향캠페인 △국회의원 면담 △건강관리서비스 시장화와 원격의료 허용 반대 3000인 선언 등 의료민영화 저지투쟁을 전개하였다. 이 같은 투쟁으로 2010년 의료민영화 법안은 모두 저지되는 쾌거를 이루었다."
>
> 〈그래! 우리가 꿈꾸는 바로 그 산별노조!〉, 보건의료노조, 2015, p172

"모든 병원비를 건강보험 하나로!" 운동은, 2011년 "러브플러스 전국순회투쟁"으로 보건의료노조 조합원 모두의 실천지침이 되었다. "러브플러스"란 "일하는 사람이 늘어나면 환자사랑도 커진다"는 의미로서, "국민건강보험과 공공보건의료제도가 확대·강화돼야 국민건강권을 보장할 수 있다"는 보건의료노조의 대국민 메시지였다.

조합원들은 전국 곳곳을 누비며 국민과 함께 의료비를 낮추고, 보장성을 높이기 위한 대국민 캠페인에 나섰다. "러브플러스 전국순회투쟁"은

2012년 총선과 대선을 앞두고, 온 국민의 무상의료 염원을 "하나로!" 모으며, 보편적 의료복지와 보편적 복지국가의 꿈을 구체화 하는 거대한 첫 발자국이 되었다.

시급한 과제들

69세 노인 A씨는 요즘 죽지 못하는 게 한이다. 희귀난치성질환에 걸려 1억3천만원의 병원비가 나온 것이다. 재산과표액 1억140만원이 있다는 이유로 매달 9만원의 건강보험료를 꼬박꼬박 내왔던 A씨. 막상 병에 걸렸더니 재산보다 더 많은 병원비를 지불해야 하는 황당한 상황에 직면하고 말았다. 기초생활수급자인 36세의 B씨. 중증화상을 입어 병원비가 무려 7천6백만원이 나왔다. A씨와 B씨는 어떻게 해야 할까.

한국보건사회연구원과 국민건강보험공단이 공동으로 주관하는 제7회 한국의료패널 학술대회에 따르면, 2008년부터 2013년까지 6년 동안 1년 이상 재난적 의료비를 시출한 가구는 23.5%(4,693가구 중 1,103가구)에 달하는 것으로 나타났다. 재난적 의료비는 가구 전체 지출의 30% 이상을 의료비로 지출한 것을 의미한다.

특히, 소득하위 20%(1분위) 가구 중 재난적 의료비를 1년 이상 지출한 가구의 비중은 44.9%로 전체 가구 평균 23.5%보다 11.4%p나 높았다. 3년 이상 재난적 의료비를 지출한 경우도 9.7%나 돼 전체 가구의 3.3%보다 3배가량 많았다. 보건의료노조가 보건의료시민단체들과 연대해 추진하는 "모든 병원비를 건강보험 하나로!"는 바로 이러한 문제들을 해결하기 위한 운동이다.

보건의료노조가 펴낸 〈2017 보건의료노조 대통령선거 정책자료〉에서 "건강보험 보장률 90%로 병원비 걱정 없는 사회 만들기" 항목을 발췌해, 소개한다.

"건강보험 보장율 90%로 병원비 걱정 없는 사회 만들기"

1. 건강보험 보장성을 90% 수준으로 확대해야 한다.

▷ "모든 진료비를 건강보험 하나로!" 해결하고, 돈이 없어 치료를 포기하는 아픔이 없는 사회를 만들기 위해 건강보험 보장률을 90%로 높여야 한다. MRI, 초음파, 상급병실료, 노인틀니, 치석제거, 선택진료비 등 건강보험이 적용되지 않는 비급여 의료서비스를 전면 급여화 하고, 간병서비스를 건강보험 급여화 해야 한다.

– 신의료기술에 대한 관리체계 정비를 통해 급여화 여부를 신속히 결정해야 한다. 한시적으로 먼저 급여화 하고, 후에 부적격 판정될 경우 배제하는 방안도 추진할 필요가 있다.

– 의료기관의 임의비급여 진료를 금지해야 한다.

– 본인부담 상한제를 연간 100만원으로 낮추어야 한다.

▷ 2022년까지 건강보험 보장률을 90%로 올리기 위한 연도별 목표치를 정하고 이를 달성하기 위한 로드맵을 마련해야 한다. 현행 63.2%에서 2022년 90.2%로 올리기 위해서는 5년간 매년 평균 5.4%로 보장률을 상향해야 할 것이다.

2. 과도한 본인부담금을 해결해야 한다.

▷ 입원 본인부담금 : 2012년 기준으로 입원 총 급여비용은 15조6,038억원이며, 본인부담금은 3조4,537억원이다. 따라서 입원 본인부담금을 없애려면 연 3조4,537억원이 필요하다.

▷ 노인치료비 본인부담금 : 노동능력이 없는 노인에 대해 법정본인부담금을 없애야 한다. 2014년 기준으로 만 65세 이상 진료비 총액은 19조9,686억원이다. 이를 2012년 평균 보장성 62.5%를 넣고 역산하면 약 11조9,812억원이 비보험을 포함한 본인부담금이다. 특히 법정본인부담금이 20.3%였으

므로, 법정본인부담금을 0%로 하는 데에는 약 6조4,858억원이 필요하다.

▷ 0~20세 미만 본인부담금 : 노동능력이 없는 어린이와 청소년에 대해 법정본인부담금을 없애야 한다. 2014년 기준으로 만 20세 미만 급여비 총액은 4조5,103억원이다. 이를 2012년 평균보장성 62.5%를 넣고 역산하면 약 7조2,164억원 가량이 20세 미만 총 의료비로 추정된다. 따라서 비보험 포함 2조7,061억원만 있으면 전액 무상의료가 가능하다. 만 20세 미만 진료비의 법정본인부담금을 전액 경감하는 데에는 약 1조4,110억원만 있으면 된다.

3. 비급여 문제를 전면 해결해야 한다.

▷ 임의비급여는 안전성, 유효성이 확립되지 않은 행위로서 보험수가로 정해지지 않은 것에 대하여 병원이 임의로 비급여하여 가격을 매길 수 있는 진료항목을 말한다. 따라서 같은 진료행위나 치료재료라 하더라도 병원별로 가격을 다르게 책정할 수 있다. 선택진료비 비율 축소, 일반병실 확대 등에도 불구하고 건강보험 보장률이 계속해서 떨어지는 이유는 새로운 비급여 항목이 그만큼 많이 생겨나기 때문이다. 건강보험 보장률이 높아진다 하더라도 비급여에 대한 통제가 없으면 무용지물이 될 수밖에 없다.

▷ 급속하게 증가하고 있는 비급여 문제를 해결하지 않고서는 건강보험 보장률을 높일 수 없으며, 밑빠진 독에 물붓기이다.

▷ 비급여를 해결할 수 있는 근거는 충분하다. ①현재 비급여의 대부분이 효용성이 의심되는 행위 및 약제이고, ②일부 비용 문제와 대체재가 존재하지 않는 비급여는 조속히 급여화 할 수 있는 재정여력이 있으며, ③비급여 철회는 건강보험의 보장성 강화뿐만 아니라, 적정진료 확립에도 도움이 되어 불필요한 행위 및 약제에 국민들이 노출되는 수준이 줄어들 것이다.

▷ 국민들이 부담하는 의료비 가계 지출을 줄이고 국민건강보험 보장률을 90% 수준으로 확충하기 위해 정부는 건강보험이 적용되지 않는 비급여 항

목을 세부적으로 조사하고, 이를 급여화하기 위한 조치를 취해야 한다.

▷ 또한 진료과정에 비급여가 있으면 보험급여가 되는 진료행위를 포함해 해당 진료비용 전체에 대해서 보험급여를 해주지 않고 본인이 전부 부담하게 하는 혼합진료금지 등의 통제방안이 필요하다.

▷ 비급여비용 항목 구성비를 살펴보면, △기준초과 비급여(횟수/용량 등을 초과한 비급여) 32.7%, △항목 비급여(신의료기술 평가 이후 비급여 판정) 21.9%, △법정 비급여(선택진료, 상급병실료 등) 32.9%, △합의 비급여(미용성형 등) 6.1%, △미분류 비급여 6.2%로, 이 중 의학적 비급여인 기준초과 비급여와 항목 비급여를 급여로 전환할 경우 6조1천억원이 소요될 것으로 예상된다.

4. 건강보험 재정 확충 및 안정화, 건전화를 위한 조치가 필요하다.

▷ 건강보험 보장성을 90% 수준으로 확충하기 위해서는 이에 필요한 재원을 안정적으로 마련하고, 건강보험의 재정건전성을 획기적으로 개선해야 한다. 이를 위해 정부는 △국고지원을 현재 20% 수준에서 30%로 확대 △사후정산제 도입 △사용자 분담률 확대(기업의 건보료 분담률: 한국 50%, 프랑스 65%, 스웨덴 80%) △고소득자와 부자들의 분담률 확대 △사회목적세 신설 △민간의료보험 확산 통제 △부정수급 근절 △낭비적인 건강보험료 지출제도 개선 등의 조치를 취해야 한다.

5. 연간 진료비 본인부담 상한선을 100만원으로 제한해야 한다.

▷ 연간 가계지출 중 의료비 부담이 10% 이상인 가정이 25.1%에 이르고, 빈곤가구는 57.5%이다. 따라서 건강보험이 있음에도 불구하고 가구원 중 한 사람이라도 중병에 걸리면 의료비 걱정에 시달리고 민간의료보험에 들어야 하는 상황이다. 이 상황을 해결하기 위해서는 연간 100만원 이상의 진료비는 건강보험으로 부담해야 한다. 연간 본인부담 상한선을 100만원

으로 제한하여 아무리 중대한 사고, 질병이라 하더라도 1인당 진료비 부담이 연간 100만원을 넘지 않도록 하고, 초과하는 비용에 대해서는 건강보험으로 전액 부담한다.

20th Anniversary
보건의료노조 창립 20주년
Korean Health and Medical Workers' Union

10

노동자 정치세력화를 향해

집단 당원 가입! 우리 후보를 국회로! | 2012

"우리는 정치활동의 자유를 위해 노력한다."

병노협 강령, 1987년 12월 12일

"우리는 노동대중이 역사의 주인임을 굳게 믿으며 자주적이고 민주적인 노동조합운동의 이념 아래 대동단결하여 노동자가 주인 되는 그날까지 전진할 것을 엄숙히 선언한다."

병원노련 창립선언, 1988년 12월 17일

"우리는 전국보건의료산업노동조합의 깃발을 높이 들고 보건의료 노동자의 고용안정과 노동조건 개선을 실현하고 국민건강권 쟁취와 평등의료 실현 노동자 정치세력화와 민주사회 건설, 노동해방의 그날까지 생명의 손길 빛내며 힘차게 투쟁할 것을 선언한다."

보건의료노조 창립선언, 1998년 2월 27일

민주주의 하면, 사람들이 가장 먼저 떠올리는 말, 그 유명한 링컨의 게티즈버그 연설의 마지막 구절인 "government of the people, by the people, for the people"에서 가장 중요한 것은 "by"다. "by"를 막아버리면, 국민은 그 옛날 백성과 다를 바 없게 된다. 뼈 빠지게 농사지은 곡식 다 빼앗기고, 흉년이 들면 진휼미에 목을 매야 하는 가련한 신세가 백성이다.

"by"가 없으면, "of"는 착취를 가리는 양두구육의 말장난에 불과하다. 그 가증스러운 말장난으로 얼마나 많은 억압이 정당화되었던가. 노동자들이 분배를 요구하며 파업에 나설 때마다, 정부와 언론은 펄펄 뛴다. "민주사회의 기본질서를 파괴하는…." 이런 적반하장이 통하는 이면에는 "of"와 "by"에 대한 허위의식이 숨어 있다.

"for" 또한 그러하다. 어떤 이들은 "for"가 가장 중요하다고 주장한다. 심지어, "for"를 민주주의가 필요한 이유라고 설명하는 사람도 있다. 필요? 민주주의는 필요에 의해서 태어난 게 아니다. 자유의 어머니가 필요인가? 여유 있고 한가한 사람들만이 이런 소리를 지껄인다. 대개 백성을 위한다고 나발을 부는 나라가 더 백성을 도탄에 빠뜨렸다.

"of"는 "by"에 의해 지탱된다. "for"는 어디까지나 "by"의 결과라는 사실을 잊어서는 안 된다. "of"가 헌법이라면, "for"는 근로기준법에 해당한다. "노동자대투쟁" 이전, "of"가 존재했나, "for"가 실현됐나. 이 책이 주제넘게 더듬고 있는 보건의료 노동자들의 눈물겨운 자기애와 헌신적인 노력이 없었다면, 다시 말해 "노동

2012년 4월 총선, 의정부성모병원 앞에서 투표참여 캠페인을 벌이는 보건의료노조 조합원들. 가운데 어깨띠를 두르고 있는 이가 홍희덕 의원이다.

3권"이라는 "by"를 되찾기 위한 그 피나는 투쟁이 없었다면, '무법천지 병원의 현실'은 조금도 개선되지 않았을 것이다.

"of"든 "for"든 오직 "by"에 의해서만 강화되고 확장된다. 부르주아들은 의회의 문이 열리자 기다렸다는 듯이 투표소의 문을 걸어 잠갔다. 그로부터 백년간, 노동자들의 참상은 이루 말할 수 없었다. 조선시대 신하들도 왕 앞에서 말문이 막히면, 볼멘소리로 나라는 백성의 것이라고 대꾸했다. 자기들 빼놓고 누구와 정치할 거냐는, 말하자면 일종의 협박이다. 그 등쌀에 애꿎은 백성만 죽어났다.

참정권 확대의 역사는 곧 노동운동의 역사다. 러다이트(Luddite)에서 산업별 노동조합으로, 차티스트운동(Chartist Movement)에서 노동자 정당으로 나아간 노동자들의 각성이, 보통·직접·비밀·평등선거를 이뤄냈다. 한국의 보건의료 노동자들도 그 길을 밟았다. 민주노조 → 병원노협 → 병원노련 → 보건의료노조로 이어진 역사는 동시에 노동자 정치세력화를 향한 위대한 도전의 역사였다.

지방의원이 된 간호사

"노동자대투쟁"으로부터 정확히 10년 뒤, "국민승리21"이 창당되었다. 1997년, 외환위기로 국가부도 사태가 벌어지게 됐다며 정부와 정당, 언론들이 한목소리로 국민에게 겁을 주던 그해 대선에서, 권영길 민주노총 초대 위원장이 "국민승리21" 후보로 출마했다. 권영길 후보는 구조조정과 IMF의 고금리 강요에 반대하며, 악조건 속에서도 선전을 펼쳤지만, 결과는 306,026표(1.2%)를 얻는 데 그쳤다.

노동자의 목소리를 담아내려 한 정당은 그 전에도 있었다. 멀리는 1963년에 광산노조 등 노동계 일부가 민주노동당이라는 당명으로 창당에 나선 적이 있었다. 민중의당(1988)과 민중당(1990)은 당시 갓 태어난

민주노조들과 직간접으로 유대를 맺고 있었다. 하지만 이 시도들을 노동자 정치세력화라고 부르기는 곤란했다. 민중당의 경우, 주요구성원들의 상당수가 보수정당에 흡수되었다.

노동자 정치세력화가 늦어진 이유를 법과 제도에서 찾는다면, 구 노동조합법 제12조, 정치활동의 금지 조항을 빼놓을 수 없다. ①노동조합은 공직 선거에 있어서 특정 정당을 지지하거나 특정인을 당선시키기 위한 행위를 할 수 없다. ②노동조합은 조합원으로부터 정치자금을 징수할 수 없다. ③노동조합기금을 정치자금에 유용할 수 없다. 이 조항은 "노개투 총파업" 직후인 1997년 3월 삭제되었다. "국민승리21"은 정치활동의 자유를 쟁취하려는 민주노조운동의 산물이기도 했다.

1998년 지방선거, "노동자의 도시" 울산에서 노동조합의 전폭적인 지지를 받은 2명의 후보가 당선되었다. 그 중 한 명은 현대차노조위원장 출신이었다. 2000년 1월 30일, 민주노동당이 창당되었다. 민주노동당은 "노동자·민중 중심의 민주적 사회경제 체제 건설"을 자신의 임무로 삼았다. 민주노총은 그해 3월 대의원대회에서 "민주노동당에 대한 배타적 지지"를 결정했다.

이제 와서 민주노동당이 문제가 많았다고 비난을 하는 건 부질없는 짓이다. 노동자 중심성이 부족했다는 지적이 많지만, 적어도 그 시점에서 민주노동당은 이 땅에 단 하나뿐인 노동자의 정당이었다. 민주노동당이 성공하느냐 실패하느냐 여부는, 전적으로 조합원들의 참여에 달려 있었다. 보건의료노조는 민주노총 대의원대회의 결정을 충실히 따랐다. 당원 가입 독려와 "조합원=당원" 교육은 산별의 기본적인 일상활동 중 하나였다.

2001년 7월, 헌법재판소가 민주노동당이 제기한 비례대표 선출방식 위헌소송에서 위헌 판결을 내리면서, 1인2표 정당명부제가 도입되었다. 노동조합이 모은 표가 소중하게 쓰일 객관적 조건이 마련된 것이다. 민주노동당은 정당명부 비례대표 1번을 여성에게 할당하고, 정치일꾼을 찾았

2012년 총선을 앞두고, 보건의료노조 조합원 4,500명이 통합진보당에 집단입당을 하고, 나순자 위원장(당시 미조직위원장)은 비례대표 경선에 출마했다.

다. 보건의료노조의 여성 조합원들이 빠질 수 없었다.

2002년 6·13 지방선거에서, 보건의료노조가 추천한 박미진(동수원병원지부장), 전종덕 후보가 각각 경기도 광역비례의원과 전라남도 광역비례의원에 당선됐다.

전종덕 전남도의원 당선자는 후보로 나서기 전, "조합원이 10명 되지 않은 순천의료원까지 지원 가서 연대파업투쟁을 통해 승리를 이끌어냈던" 강진의료원지부장이었다. 전 의원의 등원은 지역토호들이 빨대를 꽂고 단물을 빨던 도의회에 새로운 바람을 몰고 왔고, 도민들은 그런 전 의원의 발언과 정책에 주목했다. 전종덕 "조합원=도의원"은 의정활동의 비결을 묻는 언론의 질문에 이렇게 대답했다. "저에겐 보건의료노조, 전교조, 공무원노조를 포함한 민주노총이 있고, 농민형제들이 있습니다."(전종덕 도의원 인터뷰, '노동자·서민·농민 위한 전남 만들겠다', 신광재, 〈오마이뉴스〉, 2002.9.16)

해가 바뀌고, 2003년 2월 18일 오후 7시 목포가톨릭회관에서 민주노동당 목포지구당 정기총회가 열렸다. 목포가톨릭병원지부는 268일째 장기투쟁 중이었다. 전 의원은 조합원들과 함께 병원과 경찰의 침탈을 온몸으로 막았다. 서미숙 지부장이 당원들에게 "60명의 조합원은 공공병원의 정상화를 위해 끝까지 투쟁하겠다"고 약속하자, 조삼수 민주노총 광주전남본부장이 마이크를 잡았다. "사는 날 동안 민주노동당 목포지구당과 연대하겠다."(김문호, '민주노동당 목포지구당 정기총회', 〈오마이뉴스〉, 2003. 2.20)

노동자와 환자는 투표도 할 수 없다?

박미진, 전종덕 두 의원은 조합원들의 자랑이었다. 자신감을 얻은 보건의료노조는 후보 발굴에 더 힘을 쏟고, 노동자 정치세력화에 박차를 가했다. 2004년 4·11 총선에서, 김영준(경희의료원지부 수석부지부장, 서울 동대문갑), 이근선(부천세종병원지부장, 경기 부천원미갑) 후보가 출마했다. 보건의료노조 소속 간부가 국회의원 선거에 후보로 나선 것은 처음 있는 일이었다. 노조는 선거자금과 인력을 조직적으로 지원했으며, 두 후보는 각각 4.39%(4,310표)와 8.43%(5,712표)의 득표율을 기록했다.

2006년 지방선거, 보건의료노조는 12명의 민주노동당 후보를 냈다. 출마자가 두 자릿수를 넘었으며, 이병렬 본조 연대사업실장이 광명시장에 도전했고, 광역의원후보는 3명, 기초의원후보는 8명이었다. 2008년 총선은 대선 후폭풍으로 분당의 상처를 안게 된 민주노동당으로서는 어려운 선거였다. 보건의료노조에서는 이병렬(경기 광명을), 박미진(안산 단원갑), 전종덕(전남 나주·화순), 심경숙(새양산병원지부장, 경남 양산) 등 4명의 후보가 출마했다. 당을 구하기 위한 결단이었다.

이 선거에서 전종덕, 심경숙 두 후보는 각각 15.37%와 10.41%의 득표율을 올리며, 보건의료노조 여성 국회의원후보의 매운맛을 단단히 보여주었다. 15% 이상 득표율은 공식선거비용 100%를 보전 받을 수 있는 커트라인이다. 국회의원선거에서 이 마의 장벽을 뚫은 후보는, 민주노동당 전체에서도, 울산과 창원을 제외하면, 16대(2000) 2명, 17대(2004) 2명, 18대(2008) 7명, 도합 11명밖에 나오지 않았다.

보건의료노조는 국민건강권 보장을 자신의 사명으로 놓고 있으니만치, 생활정치의 이슈와 정책에 강한 산별노동조합이다. 의료공공성 강화 투쟁은 다른 각도에서 보면 정치훈련의 장이기도 했다. 조합원들에게 무한책임을 지며 리더로서의 수양을 닦아 온 노동조합 간부들이다. 지역주민들 사이에서, 보건의료노조 출신 지방의원들은 야무지게 일 잘하더라는 평판이 높아졌다.

2010년 지방선거. '진보정당'의 분열로 노동자 정치세력화가 표류하는 암담한 상황에서도, 보건의료노조는 9명의 후보를 내보내 5명을 당선시키는 성과를 거뒀다. △박윤주(산재의료원지부 교육국장, 인천동구의원) △안병강(전남대병원지부장, 광주동구의원) △김인숙(신천연합병원지부 조직부장, 부천시의원) △이현주(군산의료원지부장, 전북도의원) △심경숙(양산시의원).

평소에 법이나 제도, 정책, 예산에 무관심하던 유권자들도, 선거 때가 되면 후보들의 공약을 유심히 살펴본다. 선거는 의제를 쟁점화해 사회 속에 뿌리내릴 절호의 공간이다. 그러자면, "스피커"가 필요했다. 우리 후보 입으로 말하는 것과 남의 후보 입을 빌리는 것은 비교가 되지 않는다. 노동자 후보가 많이 나올수록, 노동자 정치세력화는 앞당겨진다. 여기에 무슨 설명이 더 필요한가.

출마 결단은 정말 쉽지 않은 일이었다. 선거는 돈 먹는 하마다. 자본에 봉사하는 정당들이 그렇게 만들어놓았다. 선거는 '기울어진 운동장'의 끝판이었다. 보건의료노조에게 선거란 투쟁의 연장. 본조는 늦더라도 선거 6개월 전부터 "○○선거 승리를 위한 투쟁계획"을 입안해, 지역본부별로 방침을 공유하고 준비상황을 점검했다. 승패의 기준은 우리의 의제가 얼마나 쟁점화 되었느냐다. 그러므로 승리의 영광은 출마자 모두와 조합원들에게 돌려져야 했다.

'기울어진 운동장'의 본성은 공포와 비열이다. '기울어진 운동장'을 설계한 작자들은 도무지 '페어플레이'라는 걸 모른다. 입후보를 막은 자들이 투표라고 가만히 놔둘 리가 있나. 투표소 문턱 높이고 몽질하는 데는 이골이 난 사람이다. 애써 우리 후보의 이름을 투표용지에 올렸는데, 조합원이 투표를 못한다면? 이렇게 황당하고 분한 일이 또 없다. "ㅇㅇ선거 승리를 위한 투쟁계획"이 물거품이 되는 순간이다.

> "'투표가 절실하지만 생계 때문에 투표장에 갈 수 없는 현실이 너무 억울합니다.' 간병노동자인 박모(56·여) 씨는 서울 모 병원에서 24시간 맞교대로 일한다. 제18대 대통령 선거날인 19일도 박 씨는 환자들을 돌봐야 한다. 박 씨는 근무교대 시간을 고려하면 사실상 투표가 불가능하다고 했다. 박 씨는 꼭 투표하고 싶다고 했다. 주당 법정노동시간인 40시간을 3배 웃도는 평균 140시간(보건의료노조 통계)을 일하지만, 최저임금도 휴가도 퇴직금도 수당도 받지 못하는 현실을 바꾸는 방법은 투표 밖에 없다고 생각하기 때문이다. 그러나 박 씨는 투표장에 가지 못한다."
>
> 이재우, '투표하고 싶지만 생계·회사 때문에', 〈뉴시스〉, 2012.12.19

선거일은 법정공휴일이 아니라 정부가 그때그때 정하는 임시공휴일이다. 관공서나 학교는 쉬지만, 민간 기업에게는 강제성이 없는 규정이다. 현행 근로기준법 10조(공민권 행사의 보장)는 근로자가 투표시간을 요구할 때 거부하면 2년 이하 징역 또는 1천만원 이하 벌금에 처하도록 하고 있지만, 박 씨의 사례처럼 경제적 약자인 노동자들이 이 조항을 사업주에게 들이밀기란 사실상 불가능하다.

24시간 환자를 돌봐야 하는 병원에서 일하는 보건의료 노동자들에게 투표소는 너무 멀다. 보건의료노조 나영명 정책실장이 한 언론과의 인터뷰에서 밝힌 바에 따르면, "지부장선거에서는 80~90%에 달하던 투표율이 총선이나 대선 때는 약 40% 밖에 되지 않았다"는 것이다. 입원중인 환자 역시 마찬가지다. 노조는 최대 130만명 이상의 유권자가 참정권을 제대로 행사하지 못하고 있다고 집계한다(이주호 전국보건의료산업노동조합 전략기획단장, 〈청년의사〉, 2016. 4.11).

2012년 4월 총선을 앞두고, 보건의료노조는 임시공휴일에 정상근무를 강요하는 병원의 명단을 공개하는 등 대대적인 캠페인을 시작했다. 12월 대통령선거에서는, 151개 병원에 대통령선거일을 임시휴무일로 지정하라는 공문을 보내고, 참여연대 등 200여 개 시민사회단체들이 모인 "투표권보장공동행동"과 연대해 사업주들에게 휴업 및 근무시간 조정을 촉구했다.

노동조합과 시민사회단체들의 노력의 결과, 2013년 상반기 재·보궐선거에서 선거사상 최초로 사전투표제도가 도입되었다. 그러나 노동자와 환자의 투표권 보장을 위해서는 해결해야 할 과제들이 많다. 무엇보다 병원의 만성적 인력부족이 먼저 해결되

보건의료 노동자들은 장시간노동에 결박되어 사실상 투표할 권리를 박탈당한 상태였다. 보건의료노조와 시민단체들의 노력으로 사전투표제가 도입되었다.

어야 한다. 이를 기본 전제로 하여, 보건의료노조는 △의무투표제(벌금제) △전자투표 도입 △투표시간 연장 등의 제도개선방안을 제시하고 있다.

국회를 점령하라!

보건의료노조는 노동자 정치세력화를 지향함에 있어서, "독자후보 출마" 전술만을 고집하지는 않았다. 주요 의제를 "정책협약"의 형태로 각 정당 및 후보들과 함께 공유하고 추진하는 "정책연대" 전술 또한 활발하게 구사했다. 산별 전환 이후 어언 10년의 시간이 흘렀다. 보건의료노조는 어느새 대한민국 의료혁명을 선도하는 가장 믿을 수 있는 '파워집단'이자 싱크탱크로 떠올랐다.

보건의료노조는 "정책협약"의 전 단계로 2008년 총선에서 의료법 개악 저지, 의료기관 당연지정제 폐지 저지 등 노조가 집중하고 있는 주요의제를 쟁점화 하고, 당시 여당인 한나라당의 독주를 견제하기 위해 각당 총선 후보에게 질의서 보내기 운동을 전개했다. 이를 바탕으로, 2010년 지방선거에서는 야권 4당과 "정책협약"을 논의하고, 안희정 민주당 충남지사 후보 등 야권 단일후보들과 "보호자 없는 병원" 정책협약을 체결했다.

2014년 지방선거에서 보건의료노조의 "정책협약" 전술은 본격적인 성과를 내기 시작했다. 보건의료노조와 각 후보의 정책협약식이 잇따라 열렸고, △지역건강벨트 구축과 건강도시 만들기 △지방자치단체 시민건강위원회 구성 △공공의료 확충과 질 높은 의료서비스 제공 △공공병원 운영에 시민의 민주적 참여 보장 △보호자 없는 병원 확대 시행 등 노조가 꾸준히 제기해 온 이슈들이 "정책협약"의 의제로 포함됐다.

2013년 1월, 서울의료원이 "환자 안심 병원"으로 지정돼 "보호자 없는 병원"의 첫 번째 시범운영에 들어갔다. 보건의료노조와 박원순 서울시장후보가 맺은 "정책협약"의 결실이었다. "정책협약"은 노동자 정치세력화와 더불어, 노동조합 정치활동의 새로운 모델이라는 평가를 받았으며, 2017년 "일자리혁명"으로 이어진다(19장 좋은 일자리 50만 개, 2017년 일자리 혁명 ; 2017 참조).

2012년은 총선(4월), 대선(12월)이 연달아 치러지는 해였다. 이명박 정부 5년. 단맛을 본 보수세력과 쓴맛을 본 '진보세력' 간에 건곤일척의 승부가 예고되었다. 총선은 여당인 새누리당 후보와 '야권단일후보'의 일대일 대결로 판이 이미 짜였고, 대선은 박근혜 새누리당 후보와 문재인 민주당 후보의 격돌이 기정사실이 된 터였다.

위험했다. 민주노동당의 실험이 실패로 끝나가는 상황에서, 이 구도가 이대로 굳어진다는 것은 노동 없는 진보에 노동이 함몰될 수도 있다는 사실을 의미했다. 노동자 정치세력화는 결단코 내릴 수 없는 깃발이다. 보건의료노조 간부들 사이에서 위기의식이 높아졌다. 2011년 12월, 민주노동당과 새진보통합연대, 그리고 국민참여당이 합당해, 통합진보당이 창당되었다. 자칫하면 밀도가 떨어질 수도 있다. 노동 중심성을 강화할 특단의 대책이 강구되어야 했다.

2012년 3월 5일, 보건의료노조 조합원 4,500여명이 통합진보당 당사에서 집단입당식을 가졌다. 19대

2012년 대선, 새누리당 박근혜후보와 민주통합당 문재인 후보가 격돌했다. 사진은 보건의료노조와 시민단체가 연대한 대선 투표 캠페인.

총선에 통합진보당 비례대표후보 출마를 선언한 나순자 전임 위원장(5대, 2009~2011)과 유지현 위원장(6대, 2012~2014)이 간호사, 의료기사 등 보건의료노조 조합원들의 다양한 직종을 대표하는 병원근무복을 각각 입은 신규당원들과 함께 기자회견 단상에 올랐다.

보건의료노조가 중앙집행위원회에서 통합진보당의 노동 중심성 강화를 위해 나순자 전임 위원장의 비례대표후보 출마와 집단입당을 결의한 게 1월 12일이었으니, 1개월 남짓한 기간에 전체 조합원의 10%가 넘는 숫자가 입당한 것이었다. 유지현 신임 집행부도, 조합원도, 통합진보당도 놀랐다. 노조 간부들에 대한 조합원들의 무한한 신뢰가 없었다면, 불가능한 일이었다.

1개월의 당원가입운동 기간 동안, 조합원들은 나순자 비례대표후보 출마 예정자와 유지현 위원장, 지역본부장들을 "밤에 피는 장미"라고 불렀다고 한다. 병원 노동자들은 한시도 쉴 틈이 없다. 한 명이라도 더 입당시키기 위해서, 조합원들과 한 마디라도 더 나누기 위해서, 간부들은 자정이 넘은 시각부터 새벽까지 전국의 지부 현장을 돌았다. 잠은 오전 이동 중에 잠깐씩 눈을 붙였다.

> "그동안 노조활동을 하면서 모든 법과 제도·예산이 국회에서 결정됐다. 국회 보건복지위원회 위원이나 다른 의원들을 통해서 작업을 했는데 한계가 있었다. 우리가 하면 한 가지라도 확실하게 할 수 있을 텐데 하는 경험을 많이 했다. 그래서 대리정치 하지 말고, 직접정치 한번 해보자고 한 것이다. 보건의료노조는 가장 먼저 산별노조를 건설했고, 산별파업도 했다. 3년 동안 전략의제로 무상의료와 보호자 없는 병원, 공공의료 강화, 병원 인력법을 이슈화 했다. 우리가 생각하는 의제들을 실현하려면 국회에서 누군가가 직접 설득하고 정책을 실행해야 한다고 판단했다."
>
> 나순자 위원장, 〈그래! 우리가 꿈꾸는 바로 그 산별노조!〉, 보건의료노조, 2015, p286

나순자 위원장(5대, 2009~2011)이 국내 유일의 노동일간지 <매일노동뉴스>와 인터뷰에서 밝힌 출마의 변이다. "노동 중심성을 세우려면 우리가 들어가야 합니다. 그 속에서 노동자들의 힘을 키워야 합니다. 앞으로도 대대적인 가입운동을 해야 합니다. 그래야 정치적 영향력을 행사할 수 있습니다." 조합원들의 당원가입을 독려하는 내내, 나 위원장은 이 말을 입에 달고 살았다.

나 위원장은 2012년 조합원 집단입당을 이렇게 평가했다. "이번 집단입당 과정에서 조합원들의 정치의식이 높아지고 있습니다. 산별노조에 대한 참여와 기대감이 커지면서 간부들의 현장 활동력이 살아나 조직 강화로 이어지고 있습니다." 보건의료노조는 노동자 정치세력화가 흔들리자, 주저 않고 자신이 할 일을 실행에 옮겼다. 그것은 "진보정당에서 부족한 노동자 중심성을 강화해가는 모범사례"였다.

미국의 깨어 있는 시민들이 금융자본의 약탈에 반대하며 "월스트리트를 점령하라!"고 외쳤다면, 한국의 보건의료 노동자들은 "무상의료"를 실현하고 노동자 정치세력화의 그날을 앞당기기 위해 국회를 점령하려 했다. 애석하게도 나순자 위원장의 원내 진출은 뒤로 미뤄졌다. 국회 본회의장에 "무상의료"와 "병원인력 확충"의 외침이 쩡쩡 울려 퍼지기를 학수고대하던 조합원들은 눈물을 훔치며 다음을 기약했다.

"바보야, 문제는 정치야!"

'바보야, 문제는 경제야!' (It's the economy, stupid!) 이 구호는 1992년 미국 대선에서 민주당 클린턴 후보가 당시 현직 대통령을 누르고 정권 교체를 이끈 히트작으로 널리 알려져 있다. 유권자로 하여금 국제정치와 경제문제 중 무엇이 더 중요한지를 깨닫게 한 최고의 선거 전략이었다. 이번 총선에서 한 야당이 비슷한 구호를 들고 나왔다. 저성장과 양극화 시대, 헬조

노동자 정치세력화는 보건의료노조의 오랜 숙원이다. 나순자 위원장(가운데) 오른편으로 노회찬 의원, 그 옆 전화 받는 이가 심경숙 양산시의원(새양산병원지부)이다.

선과 청년실업률을 보면 호소력 있는 구호이다.

그런데 선거의 꽃이 후보와 공약이라면, 각 당의 막장 드라마 같은 후보 공천과정과 의제가 실종된 선거 양상은 "바보야, 더 큰 문제는 정치야"라는 구호가 더 설득력 있게 다가온다. "정치를 외면한 사람의 가장 큰 대가는 자기보다 못한 사람들의 지배를 받는 것이다"라는 플라톤의 말이 현실이 되지 않으려면 우리 보건의료계부터 보다 적극적인 정치참여가 필요하다. 이를 위해 '비례대표선거'와 '투표 참여' 관련 두 가지만 제안하고자 한다.

먼저, 비례대표제 취지는 지역구 선거만으로 선출이 어려운 사회 각 분야의 대표성과 전문성을 가진 국회의원을 선출하기 위한 것이다. 그런데 지금의 비례대표 선거는 그런 취지를 전혀 살리지 못하고 늘 논란에 휩싸여 왔다. 비례 후보 선출 과정이 개인적 줄서기와 정당에서의 일방적 낙점 방식으로 진행되다 보니, 우리 노동계는 물론 의료계, 장애인 단체 등 각 직능단체에서 불만을 쏟아낸다.

이런 문제를 근본적으로 해결하기 위해서는 직능단체들이 총선대응기구(추천기구)를 만들고, 국회 참여 의사가 있는 회원을 대상으로 내부경선 절차를 거쳐 각 정당에 추천하고, 각 당은 그 후보를 선출하는 방식으로 가야 한다. 그래야 직능단체의 위상과 존재감도 살리고 국회의원이 되는 대표도 당 보스에 좌지우지 되지 않고 직능단체 현장의 이해와 요구에 기초해서 의정활동을 할 수 있다.

더 근본적으로는 비례대표 확대라는 정치개혁운동에 나서야 한다. 국회가 다양한 이해당사자를 대변하는 정당과 의원들 간의 정책 경쟁의 장이라면, '막연한 전체 국민의 대표'보다는 '어느 특정 계층과 계급 대표'를 표방하는 의원들이 많아져야 한국 민주주의가 발전한다. 따라서 2014년 10월 헌법재판소가 판결하고, 중앙선관위가 헌재 판결에 따라 비례대표를 100석으로 늘리는 것을 제안한 것처럼 비례대표를 늘리는 방향으로 적극 나가야한다.

즉, 독일식 정당명부 비례선거제도가 도입되면 각 직능단체들은 굳이 서로 싸우면서 누가 들어갈 것인지 갈등할 필요 없이 국회 진입과 정책참여가 훨씬 용이해질 것이다. 필자가 베를린에 머물 때 연방의회, 우리의 국회의사당을 방문하고 네 번 놀란 적이 있다.

한 번은 베를린에서 가장 유명한 랜드마크로서 오랜 역사를 자랑하는 건물의 웅장함에, 두 번은 한국보다 엄청나게 많은 의원 숫자(630명)에, 세 번은 우리 국회 본회의장보다 훨씬 좁은 공간에 책상도 없이 조그만 의자만 촘촘히 놓여있는 검소한 의원석 모습에, 네 번은 보건복지위원장실에 들렀을 때 아담함 의원실 규모와 적은 보좌관 숫자 때문이었다. 이처럼 독일 등 유럽의 사례를 볼 때 우리도 의원 특권을 반으로 줄이고 의원 수를 배로 늘리면 국민 세금을 늘리지 않고 직능별 정치 참여 확대가 얼마든지 가능하다.

정치참여에서 두 번째 중요한 것은 보건의료인들의 적극적인 선거참여, 즉 투표율을 높이는 것이다. 이것이 바탕이 될 때 대표자들의 정치참여는 더욱 힘을 받을 수 있다. 투표율이 낮은 것은 결코 선진국형이 아니다. OECD 통계를 보면 복지수준이 높은 북유럽의 경우 투표율이 80%대를 유지하고 있다.

보건의료노조 자체 조사결과에 따르면 24시간 365일 밤낮으로 운영되는 의료기관의 특성상 종사자들의 투표율은 다른 업종보다 훨씬 낮다. 입원환자 또한 별도의 투표대책이 필요하다. 현재 총 입원병상수가 70만 병상이라면 선거 당일 입원중인 환자와 이를 돌보는 간병인을 포함하면 최소 100만명 이상이 병원에 머물면서 투표를 못하게 된다.

게다가 당일 근무하는 보건의료노동자 수십만명이 투표를 못하면서 대략 130만명 이상이 특수한 조건과 근무형태 때문에 참정권을 행사하지 못하는 상황이 발생한다. 따라서 교대 근무자들과 환자들이 투표권을 행사할 수 있는 충분한 시간을 보장해주고, 사회적으로도 의무투표제(벌금제), 전자투표 도입, 오후 8시까지 투표시간 연장 등 법 제도적 개선책을 적극 강구해야 한다.

이제 총선이 끝나면 내년 2017년이 대선이고, 2018년은 지자체 선거이다. 선거의 계절, 한국 정치와 의료를 바꾸려면, 비례선거제도 확대, 적극적인 투표 참여와 더불어 중동호흡기증후군 사태 이후 전 국민적 쟁점으로 떠오르고 있는 건강보험 부과체계 개편 등 건강보험 개혁과 건강보험정책심의회 거버넌스 개혁, 간호간병 통합서비스 전면 시행, 환자중심의 의료이용체계 개편 등 보건의료의제를 향후 핵심 쟁점으로 띄우기 위한 정책적 준비를 바로 시작해야 한다.

이주호 전국보건의료산업노동조합 전략기획단장, 〈청년의사〉, 2016. 4.11

안심하고 일할 수 있는 병원

"보건의료인력지원특별법" 발의 | 2012

조합원들이 너무나 절박했다. 조합원들은 3교대를 한다. 밤근무를 하는 것도 너무 힘든데 인력까지 적다. 경력만 쌓고 그만두겠다는 조합원이 적지 않다. 그런 상황에서 인력법을 만들어서 우리의 상황을 바꿀 수 있겠구나 하는 희망을 가진 것 같다. 밤에 현장을 다니면서 만난 조합원들은 다른 것은 필요 없고 10분이라도 밥을 먹을 수 있는 시간을 보장해 달라고 했다. 그만큼 상황이 절박했다.

나순자 위원장, 〈그래! 우리가 꿈꾸는 바로 그 산별노조!〉, 보건의료노조, 2015, p287

1987년 여름, 병원 노동자들이 최초의 파업에 나섰을 때, 대한간호협회는 '백의의 천사가 어떻게 파업을 하느냐'며 회원들을 나무랐다. 그로부터 30년이 지났다. "백의의 천사"란 여전히 유효한 단어일까? 누가 이 성스러운 호칭으로 자신을 부른다면, 간호사들은 처연한 표정으로 한숨을 내쉴 것이다. 백의의 천사요? 백의의 전사가 우리입니다. '돌격 앞으로!'라는 명령 한 마디에, 기관총탄 세례 앞에서 비명도 못 지르고 소모품처럼 쓰러져야 했던 병사들처럼….

한국의 간호사들은 근무시간당 최소 10여 명에서 최대 50여명의 환자를 보살핀다. 하루 8시간노동에 50명이면, 1시간에 6명 이상, 1명당 10

분이 채 안 된다. 이 시간을 환자 입장에서 역산해보자. 8시간 동안 간호사가 나를 돌봐주는 시간이 10분? 아픈 사람이 7시간 50분을 혼자서 어떻게 참나? 자다가도 벌떡 일어나 "잠시만요!"라고 외마디소리를 지르는 직업병에 걸린 이들이 간호사들이다.

간호사 1인이 하루에 돌봐야 하는 환자의 수는 일본이 평균 7명, 미국은 평균 4~5명이다. 8시간노동, 주5일제는 한국의 간호사들에게는 별나라 이야기다. 2004년 산별총파업으로 간신히 해결책을 찾았나 싶었던 병원 현장의 장시간노동 문제는, 사용자들이 산별교섭을 깨트리면서 원점으로 돌아가고 말았다. 이 살인적인 근무조건은, 미국이라면 당장 '학대죄'로 소송감이라고 한다(이주호, '보건의료인력지원특별법 공청회 발제문, 2016.11.30 참조).

〈하버드 케네디스쿨의 리더십 수업〉의 저자로 우리나라에도 소개된 로널드 하이페츠는, 메디컬스쿨 교

2016년 6월 29일, 보건의료노조가 진행한 "백의의 물결" 집회. 조합원들은 시청광장에서 "보건의료인력지원특별법 제정"을 촉구하는 우산 퍼포먼스를 펼쳤다.

수 출신으로 환자와 의사 사이에도 리더십이 존재한다고 주장한다. 질병이라는 도전에 맞설 응전의 힘을 북돋워주는 게 시술이나 투약보다 더 중요하다는 것이다. 그게 어디 의사에게만 해당되는 리더십일까. 병원에서 환자 곁에 가장 가까이 있는 이는 간호사다. "잠시만요!"라는 비명이 일상이 된다면, 간호학 교과서에 금과옥조처럼 새겨진 "전인간호"의 개념은 그들의 가슴에 열패감의 상흔을 남기는 비수가 될 것이다.

보건의료노동자들이 입술을 깨물며 뇌까리는 말이 있다. 한국의 병원은 노동집약산업이 아니라 노동학대산업이라고. 보건의료노조가 수년에 걸쳐 조직이 가용할 수 있는 예산과 인력을 모두 쏟아 부어 완성한 "보건의료인력지원특별법"은 정책이라는 단어로는 형용할 수 없는, 70만 보건의료 노동자들의 비원(悲願)이고 절규였다.

'임신순번제'에서 '사직순번제'까지

2014년 10월 보건의료노조는 62개 의료기관에 종사하는 조합원 1만 8,263명을 대상으로 노동환경 등 전반에 대한 실태조사를 했다. 조사 결과, 간호부(看護部)의 경우 '임신순번제'가 있다는 응답이 17.4%를 기록했다. 사립대병원이 20.7%(230명)로 가장 높았고, 특수목적 공공병원이 20.2%(56명)로 뒤를 이었다. '임신순번제'는 주로 부서장의 지시 아래 이뤄졌는데, 이를 제대로 이행하지 않으면 근무에 불이익을 당하거나 직무 스트레스 탓에 부서를 옮기는 사례도 잦았다.

또한 설문 응답자 중 21.9%가 법으로 금지되어 있는 임산부의 야간근로를 경험한 것으로 드러났다. 특히, 특수목적 공공병원이 28.4%, 지방의료원이 27.6%로, 공공병원에서 임산부의 야간근로 비율이 높은 것으로 나타났다. 이렇게 높은 노동강도와 열악한 근무환경으로 임신한 노동자들이 유산 또는 사산하는 경우도 18.7%에 달했다. 유산 및 사산 경험 역시 국립대병원(24%)과 지방의료원(23.7%) 등 공공병원에서 특히 높았고, 난임·불임 경험도 전체적으로 16.7%에 달했다.

1990년 공포된 ILO조약 171조(야간노동)에는 건강평가와 건강에 대한 조언, 낮 근무로의 이동, 모성보호, 보상, 적절한 사회서비스, 노동자대표와의 상의 등의 내용이 포함되어 있다. 이 조약이 적용되는 야간노동은 "새벽 0시부터 5시를 포함하는 연속적인 7시간으로 노사 간의 합의를 통해 결정" 하도록 되어 있다. 산업의학계에서는 밤 근무를 '발암물질'로 분류한다.

또한 권고사항(178조)을 보면 근무시간, 연장근무나 맞교대(double shift)의 금지, 최소 휴식시간, 사회서비스, 낮 근무로의 이동, 훈련의 기회, 조기퇴직 등에 관한 사항이 명시되어 있다. 이 조항에는 특별히 모성보호를 위해 출산 전후 최소한 16주 또는 그 이상의 기간 동안 야간작업을 대체해주고, 해고나 근로시간의 변화로 인한 수입의 감소를 금지하고 있다. 또한 권고사항으로 전 임신기간 동안 가능한 한 낮 근무를 배치하도록 규정하고 있다.

보건의료노조가 주최해 국회에서 열린 "보건의료인력지원특별법" 공청회.

국내외의 많은 통계자료들이 우리나라의 보건의료인력이 부족하다고 경고의 신호를 발하고 있다. 그 중에서도 간호사 직종이 제일 심각하다. 한국의 임상간호사 수는 인구 1천명당 4.8명으로, OECD 평균 9.3명의 절반 수준이다(《OECD Health Data 2014》). 보건복지부가 펴낸 〈2015 보건복지통계연보〉에 나온 수치로 계산하면, 인구 1천명당 임상간호사 수는 2.78명으로 더 떨어진다(의료기관 종사 간호사 수 141,856명, 인구 5,100만명).

2014년 현재 간호사 전체의 수는 323,041명(여성 315,598명, 남성 7,443명, 〈2015 대한간호〉)이다. 전체 간호사에서 의료기관에 취업해 간호업무를 맡고 있는 간호사의 비율이 50%도 안 된다. 이는 간호사의 근무조건이 얼마나 열악한지 반증하는 것이고, 이 때문에 현장에서 간호사 1명이 담당해야 할 환자 수는 감당할 수 없을 정도로 늘어난다.

▷ 간호사 1명당 담당 인구 : 한국 343명, 미국 127명, 일본 127명, 영국 128명

▷ 긴호사 1명당 병상 수 : 한국 1.9병상, OECD 평균 0.5병상

▷ 급성기 병상당 간호사 수 : 한국 0.32명, OECD 평균 1.14명

▷ 병원노동자들의 평균근속년수 : 7.7년

▷ 하루 평균 휴게시간 및 식사시간 : 29.7분

▷ 육아휴직 대상자의 육아휴직 사용률 : 41.3%

▷ 여가시간 활용 1위 잠자기 : 44.1%

〈건강나눔〉 2016 Winter, 보건의료노조, p10

한국 보건의료인력이 얼마나 부족한지, 외국과 한국의 병원 근무인력을 비교한 자료가 있다. 한국의 경우, 820병상 규모의 사립대병원 W병원의 간호직 수는 646명인데, 미국 LA의 909병상 규모 비영리 민간병원은 2,956명이다. 한국의 2,743병상 규모 사립대병원에는 간호사 2,803명이 일

하고 전체 직원은 7,566명이다. 3,212병상 규모의 독일 베를린 시립 샤르티 병원은 간호사 4천명에 총 직원은 1만4,500명이다.

미국 캘리포니아주에는 "간호사인력법"이 있다. 간호사 1인당 일반병동 환자 4명이 기준이다. 야간이나 주말도 똑같다. 어기면 처벌받는다. 하지만 우리는 상급종합병원(최고등급)인 삼성서울병원과 서울아산병원조차 낮에는 간호사 1인당 10~11명을 돌본다. 2등급인 대학병원은 15~17명을 간호한다. 야간에는 더 많은 환자를 돌본다(이주호, '보건의료인력지원특별법 공청회 발제문, 2016.11.30 참조).

구분	한국(2000)	한국(2010)	OECD 평균(2008)
100만명당 CT 보유대수	28.38	35.66	22.97
100만명 MRI 보유대수	5.40	20.15	11.13
100만명당 MAMO 보유대수	13.25	49.39	22.63
100만명 PET 보유대수	0.02	3.17	1.48
1천명당 의사 수	1.37	2.01	3.11
1천명당 간호사 수	1.40	2.37	6.74

〈OECD Health Data 2012〉, 이주호, '보건의료인력지원특별법 공청회 발제문에서 재인용

간호사 수는 OECD 평균의 35.1%에 불과한데, MRI, MAMO(자기영상 유방촬영장치), PET(양전자방출단층촬영장치) 같은 고가의 장비들은 2배 넘게 쟁여놓고 있다. 외국에서 값비싼 기계 사다가 노동자 쥐어짜던 압축성장의 못된 버릇을 여태껏 못 고치고 있는 것이다. 그 결과, 간호사들의 평균 근속연수는 5년에도 못 미치고, 이직률이 20%에 육박한다. 급기야 '사직순번제'까지 나왔다.

"바쁘면 밥조차 먹을 수 없는 열악한 상황에 우리 간호사들은 언제나 발을 동동 구르며 일을 해야 했다. 희생과 봉사만을 강요하는 병원에 더 이상 신뢰하

지 않고 참을 수 없어 총파업을 시작했다. 조금 더 나은 의료 환경으로 환자중심의 질 좋은 간호를 제공하고자 인력확충, 비정규직 정규직 전환, 일-가정의 양립을 위한 모성정원제, 이직률 낮추기를 위해 300여명이 넘는 조합원이 함께했다."

조운, '간호사의 눈물…국회 토론회서 갑질 관련 증언 쏟아져', 〈메디파나〉, 2017.12.6

최근 48일의 총파업으로 노사합의를 이끌어낸, 대전을지대병원지부 민혜진 수석부지부장의 증언이다. 민 부지부장은 이 토론회에 패널로 참석해 16년차의 간호사로서 겪었던 고통을 눈물로 쏟아냈다. 2014년 6월 유방암 판정을 받았지만, 병가는 꿈도 못 꾸고 연차휴가를 써서 항암치료를 받았고, 이듬해에는 갑상선암 진단을 받았지만 병가조차 제대로 받지 못했다는 민 부지부장. 간호사들의 눈물로 돌아가는 병원, 그것은 인간의 고혈을 채취하는 악마의 펌프인가.

세상에서 가장 따뜻한 법

보건의료 노동자의 고통은 그 자신에서 그치지 않는다. 환자 돌봄에 치명적인 누수를 발생시키고, 국민건강권 침해로 이어진다. 보건의료노조는 병원인력 확충이 노동조건 개선과 비정규직 문제 해결의 지름길이라는 사실을 인식하고, 수년 전부터 이 문제의 해법을 찾기 위한 연구조사사업과 이를 쟁점화 하는 대국민 캠페인에 힘을 기울여 왔다.

2009년, 나순자 위원장이 이끄는 5대 집행부는 "보호자 없는 병원 만들기를 통한 현장 인력 확충"과 "획기적 보장성 확대를 통한 진료비 걱정 없는 나라 만들기"를 노조의 2대 핵심 전략으로 채택했다(10장 "건강보험 하나로" 운동의 출발 ; 2010 참조). 11월에는 "보호자 없는 병원 실현을 위한 연석회의" 출범을 주도하면서, 2010년 지방선거에서 "정책협약"을

2016년 6월 29일, "백의의 물결" 집회. 보건의료노조는 "인력확충" 의제에 전 조직력을 집중시켰다.

통해 "보호자 없는 병원 만들기 운동"을 전국적으로 확산시켜나갔다. 이 운동은 간호간병통합서비스법이 국회에서 통과됨으로써 제도화 단계에 들어섰다(17장 환자존중·직원존중·노동존중 병원 만들기 3대 캠페인 ; 2015 참조).

2010년 9월에는 한국-미국-일본-독일 등 4개국 병원인력 국제세미나를 개최했다. 미국 캘리포니아주의 병원들을 방문해 현장조사를 진행했다. 병원인력 기준을 법제화해 인력 문제를 해결한 미국의 사례를 연구하기 위해서였다. 앞에서 소개한 미국 병원과 한국 병원의 인력 비교 자료는 이때 확보된 것이었다.

2011년 4월 7일 보건의 날, 5월 12일 국제간호사의 날에는, 국회에서 병원인력 확충을 위한 토론회를 열었다. 보건의료노조는 이 토론회에서 한국과 미국의 사례를 비교분석한 자료를 소개하고, 미국의 "인력기준법(The Ratios)"와 "환자보호법(Patient Protection)"을 대안으로 제시했다. "보건의료인력지원특별법"의 밑그림이 그려졌다. 5월 23일부터는 전 조합원이 참여한 가운데 "무상의료 실현과 병원인력 확대를 위한 러브플러스 캠페인 전국투어"가 전국 주요도심과 병원에서 진행되어, 병원인력 확충이 사회적 이슈로 떠올랐다.

2012년 7월 24일, 박원석 통합진보당(당시) 의원 외 18명의 국회의원(강동원, 김미희, 김선동, 김우남, 김제남, 노회찬, 문병호, 박주선, 심상정, 오병윤, 유성엽, 이상규, 전병헌, 전정희, 정성호, 정진후, 주승용, 최동익. 이상 가나다순)의 공동발의로 "보건의료인력지원특별법"이 마침내 국회에 모습을 드러냈다.

"보건의료인력 지원 특별법"은 △3년마다 보건의료인력 지원 종합계획 수립 및 연도별 시행계획 수립·시행 △보건의료기관 종합 실태조사 실시 △보건의료인력 지원 심의위원회 설치 및 운영 △의료수가 개선, 신용보증지원 등 금융 및 세제지원 △"보건의료인력원" 설치 등을 골자로 하는 제정법안이다. "보건의료인력지원특별법"은 현재까지 총 4회 발의되었으며, 가장 마지막으로 발의된 법안(윤소하 정의당 의원 대표발의, 2016년 8월 4일)의 제안이유와 주요내용은 다음과 같다.

▷ **제안이유**

최근 한국 사회가 급속도로 저출산·고령화되면서 인구구조 및 질병구조의 변화로 인한 보건의료서비스의 수요가 급증하고 있음. 그러나 현재 보건의료기관의 양극화와 지역별 편중으로 인하여 수도권을 제외한 많은 지역의 보건의료인력의 수급이 원활하지 아니하여 환자에게 필요한 양질의 적정 의료서비스를 제공할 수 없는 것은 물론, 제2의 중동호흡기증후군(MERS) 사태를 예방하기 위한 대응체계 구축에도 문제가 되고 있음.

따라서 보건의료기관에 종사하는 보건의료인력의 원활한 양성과 공급, 근로환경개선 및 복지향상 등을 통해 고령사회를 대비하고, 향후 발생할 신종감염병에 대한 안정적이고 종합적인 보건의료인력 지원정책 수립의 필요성이 대두되고 있음.

이에 국민의 건강과 생명을 지키는 보건의료인력에 대한 국가의 책무를 명확히 하고, 현행법에 미비한 보건의료인력 지원에 필요한 사항을 구체적으로 규정함으로써 보건의료산업에 종사하는 근로자의 고용안정, 보건의료의 발전과 국민의 보건 및 복지 증진, 양질의 의료서비스 제공에 이바지하려는 것임.

▷ 주요내용

가. 이 법은 의료기관의 보건의료인력 수급 원활화와 인력 관리 및 지원, 노동조건의 개선, 복지향상 등에 필요한 사항을 규정함으로써 보건의료산업에 종사하는 근로자의 고용안정, 보건의료서비스의 질 향상 및 환자의 건강증진, 국민의 보건 및 복지 증진에 이바지하는 것을 목적으로 함(안 제1조)

나. 이 법은 보건의료 현장의 변화를 반영하기 위해 보건의료기관과 보건의료인력에 대한 정의를 최대한 확대 해석해서 법 적용의 사각지대를 없애려고 함(안 제2조)

다. 보건의료인력 지원에 대한 국가의 책무를 분명히 함(안 제3조)

라. 보건복지부장관은 보건의료기관의 원활한 인력확보를 지원하기 위하여 5년마다 보건의료인력 지원 종합계획의 수립 및 연도별 시행계획을 수립·시행하도록 함(안 제5조, 제6조)

마. 보건의료기관 등의 인력지원 및 개선에 필요한 종합적 실태조사를 실시할 수 있도록 하고 여기에는 구체적 노동조건과 여성, 외국인, 비정규직 지원의 현황이 반영되도록 함(안 제7조)

바. 보건의료인력 지원 종합계획 수립·시행과 인력 확보, 유지, 관리, 노동조건 개선, 복지향상 등을 위한 기본사업을 위해 '보건의료인력 정책심의위원회'를 설치·운영할 수 있도록 함(안 제8조)

사. 의료기관, 보건소 및 보건진료소 등은 보건복지부장관이 정하는 보건의료인력 기준에 관한 사항을 지키도록 함(안 제9조)

아. 국가와 지방자치단체는 보건의료기관이 어린이집, 연수복지시설 등 공동복지시설을 설치 및 운영하는데 필요한 경비를 지원할 수 있도록 함(안 제10조)

자. 국가는 청년실업자의 보건의료기관 취업, 보건의료기관의 고용확대, 근로시간 단축사업을 지원하도록 함(안 제12조, 제13조)

차. 보건복지부장관은 우수 보건의료기관 사례를 보급·확산하고 우수 보건의료인력에 대한 지원을 할 수 있도록 함(안 제15조, 제16조)

카. 보건복지부장관은 보건의료인력 지원에 관한 국제적 동향을 파악하고 민간부문의 국제협력과 교류를 지원할 수 있도록 함(안 제17조)

타. 국가는 환자안전과 의료서비스 질 향상을 위해 보건의료인력의 장기재직을 유도 지원하고, 보건의료인력 지원을 할 수 있도록 하며 중소병원과 지역거점병원의 경우 지원을 우대함(안 제18조, 제19조)

파. 보건복지부장관은 보건의료인력 지원을 효과적으로 수행하기 위하여 보건의료인력 지원 업무를 전담하는 '보건의료인력원'을 설치할 수 있도록 함(안 제20조)

보건의료노조가 수없이 지적했듯이, "환자를 돌보는 병원노동자가 꿈과 희망을 포기한 것은 환자에게도 국민에게도 불행한 일"이다. 인간에게 차마 강요할 수 없는 야만적인 근무조건, OECD 가맹국이라는 국제적 위상이 부끄러운 병원인력 부족을 더 이상 방치할 수는 없다. 보건의료 노동자들의 눈물을 닦아주고, 청년에게 좋은 일자리를 선사하며, 국민에게 보편적 건강권을 누릴 기회를 부여하는, 세상에서 가장 따뜻한 법. "보건의료인력지원특별법"은 보건의료노조가 20년에 걸쳐 실천해 온 "국민과 함께 하는 산별노동운동"의 정화(精華)였다.

5년이 지났건만 〈보건의료 노동자 실태조사 연구보고서〉 2017

보건의료노조는 해마다 〈보건의료 노동자 실태조사 연구보고서〉를 발표한다. 전체 조합원을 대상으로 실시되는 이 실태조사에는 보건의료 노동자가 일터에서 겪고 느끼는 모든 것이 담겨 있다. 2017년 실태조사는 모집단 49,457명 중 28,663명(응답률 57.9%)이 조사에 참여해, 역대 설문조사 최고의 응답률을 기록했다(2016년, 20,950명 응답). 보건의료 노동자들이 "보건의료인력지원특별법" 제정에 거는 기대가 얼마나 큰지 알게 해주는 대목이다.

병원 현장의 인력부족과 열악한 근무조건은 점점 더 악화되고 있다. 〈2017 보건의료 노동자 실태조사 연구보고서〉가 분석한, 보건의료 노동자들의 현실은 △임금 및 직장생활 △노동조건 △인력충원·의료기관평가인증제 △감정노동 및 수면 △노동안전 △모성보호 △정치의식 등 7개 영역으로 구성되어 있다. 이 보고서의 요약 글에서 주요대목을 발췌, 소개한다.

노동조건

▷ 전체 응답자의 72.5%가 최근 3개월 간 연장근무를 경험했으며, 병원 특성별로는 공공병원, 사립대병원이 가장 많았음. 연장근로시간은 병원 특성, 직종, 근속기간, 근무형태별로 유사하게 60분이 가장 많았음. 응답자의 57.7%가 연장근무에 대한 보상을 전혀 받지 못하고 있음. 이와 관련, 사립대병원(62.2%), 3교대근무자(68.7%), 10~15년 미만 근속자(52/8%)가 가장 많은 손해를 보고 있음.

▷ 전체 응답자의 29.8%가 매주 혹은 격주로 토요근무를 하며, 전체 응답자의 76.7%가 한 달에 6회 이상의 밤근무를 하고 있음. 주당 식사를 거르는 경험이 가장 많은 응답자는 간호사였음. 전체 응답자의 70% 정도가 식사시간을 30분 미만밖에 사용하지 못함. 또한 48.6%에 해당하는 응답자

"보건의료인력지원특별법"은 19대 국회 2회, 20대 국회 2회 등 총 4회 발의되었다. 2016년 8월 4일, 유지현 위원장과 윤소하 의원(정의당)이 특별법 발의 기자회견을 갖고 있다.

들이 연차휴가를 제대로 사용 못하고 있었음. 하지만 사용하지 못한 연차휴가를 수당으로 보상받지 못하는 경우가 응답자의 18%에 달함.

▷ 임신, 출산, 육아(휴직)으로 인한 불이익은 사립대병원>공공병원>민간중소병원 순으로 컸음. 간호조무사와 간호사, 정규직, 통상근무자에게서 이 같은 피해가 가장 많았음. 육아휴직은 사용하지 않은 경우(24.4%)가 사용한 경우(13.4%)보다 더 많았고, 사립대병원/간호조무사/통상근무자에서 사용하지 않은 비율이 더 큼. 육아휴직을 미사용한 이유는 가족의 육아지원 여부, 동료에게 발생할 불편이 가장 큰 비중을 차지함.

인력충원

▷ 전체 응답자의 58.2%, 여성이 62.4%, 20대가 71.6%, 민간중소병원이 60.0%, 정규직이 58.8%, 비정규직이 50.4%, 간호사가 71.1% 등의 이직의향이 있는 것으로 확인됨. 근속기간에서는 10년 이상인 경우와 그 미만인

경우에서 약간 눈여겨볼 만한 차이가 드러났으며, 10년 미만일 경우의 이직의향이 더욱 많은 것으로 확인됨. 이직 고려 사유로는 근무조건·노동강도>낮은 임금 순으로 응답자가 많았음.

▷ 부서 내 인력부족은 정신요양재활기관에서, 노동강도로 인한 건강악화는 사립대병원·정규직에서, 부서 내 인력부족으로 인한 사고 및 질병 위험노출에서는 정신요양재활기관·간호사·정규직이 가장 힘겨운 상황을 겪는 것으로 드러남. 특히 사립대병원은 인력부족에 따른 의료서비스의 질 저하를 가장 자주 겪고 있음.

감정노동 및 수면

▷ 전체 응답자 중 48.7%가 폭언, 8.5%가 폭행, 8.0%가 성폭력을 경험하였으며, 각각의 속성에 따라 다기한 양상을 보이고 있음. 폭언·폭행은 환자와 보호자가, 성폭력은 환자와 의사가 주된 가해자로 밝혀짐. 하지만 폭언·폭행·성폭력에 대응하는 주된 방식은 참고 넘기는 것이었음. 감정노동과 관련된 표정관리, 주도적인 환자·보호자 응대 등에 있어 여성, 3교대근무자, 안경사/간호사가 가장 큰 고충을 겪고 있음.

▷ 전체 응답자의 37.8%는 평균 수면시간이 5~6시간이었고, 6~7시간이 34.1%였음. 수면에 들기까지는 응답자의 24.7%가 20~30분을 소요하였음. 수면의 질은 간호사, 3교대근무자, 20대에서 가장 좋지 않은 것으로 드러남.

노동안전

▷ 전체 응답자의 69.8%가 업무상 재해 및 질병을 경험함. 전체적으로 근골격계 질환(54.7%)이 가장 많았고, 물리치료사/안경사/작업치료사와 40대 이상 응답자에게서 두드러짐. 그 다음으로는 수면장애(36.5%)가 가장 많았고, 20/30대, 경비·안내직, 간호사에게서 많았음.

▷ 전체 응답자의 69.6%는 업무 중 안전사고 위험을 느낀다고 대답했으며, 간호사, 2·3교대근무자에게서 상대적으로 높게 나타남. 전체 응답자의 62.5%는 안전사고 예방교육이 적절하다고 봄. 하지만, 간호사, 3교대근무자의 경우 이에 대한 부정적 응답이 적지 않았음.

모성보호

▷ 임신·출산 경험자를 대상으로 자유로운 임신 결정이 가능했는지를 물은 결과 응답자의 31.0%가 부정적으로 답변함. 특히 사립대병원, 민간중소병원에서 이러한 경향이 두드러짐. 동료에게 가중되는 업무가 임신이 자유롭지 못한 가장 큰 이유로 꼽힘. 이는 또한 국립대병원, 3교대근무자, 병동근무자에게서 나타나는 공통된 특징임.

▷ 임신 중 초과근로를 한 경험도 응답자의 49.7%가 해당되었고, 야간근로 역시 18.3%의 응답자가 경험하였음. 초과근로는 사립대병원에서, 야간근로는 특수목적공공병원에서 더 많았음. 간호사, 3교대근무자, 중환자실/병동 근무자에게서 임신 중 초과근로 및 야간근로가 많았음.

▷ 모성보호 관련 제도 이용실태를 보면 응답자의 76.4%가 출산 전후 휴가를 주로 사용함. 특수목적공공병원/국립대병원, 간호조무사/간호사, 2교대근무자는 모성보호 관련 제도를 제대로 이용하지 못하고 있었음. 유·사산 후 법정휴가는 비정규직의 18.4%, 정규직의 9.1%가 제대로 사용하지 못한 것으로 나타났으며, 이밖에 2교대근무자, 병동근무자들 역시 법정휴가를 제대로 사용하지 못하고 있었음.

특별법은 통과되어야 한다

인간의 권리를 지키는 법은 인간의 투쟁 없이는 세상에 나올 수 없다. 역사상 그 어떤 "인권법"도 가진 자들의 선의에 의해 만들어지지 않았다. 오

2016년 5월 1일. 노동절대회 직전, 조합원들이 "보건의료인력지원특별법 제정"을 촉구하는 집회를 갖고 있다.

히려 그들은 그 법을 휴지조각으로 만드는 데 기여했을 뿐이다. 보건의료노조가 "보건의료인력지원특별법" 초안을 마련하면서 참고했던 미국의 "인력기준법(The Ratios)" 역시 16만명의 조합원이 가입한 "캘리포니아간호사노조(CNA, California Nurses Association)"와 "전미간호사연대(NNU, National Nurses United)"의 투쟁으로 만들어졌다.

그들은 "이윤보다 환자를!(patients before profit)"이란 슬로건 아래 뭉쳐, "더 좋은 의료 서비스를 위해서는 더 많은 간호 인력이 필수적"이라고 주장하면서, 1999년부터 인력기준법 제정투쟁에 나섰다. 캘리포니아 시민사회는 즉각 이 이슈를 받아들였고, 논란 끝에 구체적 기준을 명시하지 않은 선언적 의미의 인력기준법이 그해 통과되었다. 이후 병원에 2년의 준비기간을 주고, 정부 주도 하에 세부기준 조사 작업 등을 거쳐, 2004년 전면 시행되기에 이르렀다(이주호, '보건의료인력지원특별법 공청회 발제문, 2016.11.30 참조).

"보건의료인력지원특별법" 제정은 오직 조합원의 강고한 단결투쟁과 시민사회와의 굳건한 연대협력을 통해서만 가능하다. 2012년 6월 28일, 서울 강서구 화곡동 KBS88체육관에서 열린 "2012 산별투쟁 승리를 위한 총력투쟁 결의대회", 이 자리에 모인 2천명의 조합원들은, △"보건의료인력지원특별법" 제정 △영리병원 도입 저지 △산별교섭 정상화 △노동법 전면 재개정 등을 요구하며, 총파업투쟁을 결의했다.

2012년 7월 24일, "보건의료인력지원특별법"이 발의되었지만, 이 법안은 국회 보건복지위원회 법안심사소위에 상정도 되지 못했다. 정부가 난색을 표시하고, 의사협회와 병원협회가 반대를 한 게 직접적인 원인이었다. 2012년 9월 4일, 보건의료노조는 이화의료원, 한양대의료원, 경희의료원, 고대의료원, 아주대의료원 등 5개 병원에서 "2012 보건의료노조 산별총파업 전야제 및 산별협약 쟁취를 위한 결의대회"를 열고, 특별법 상정을 촉구하는 실력행사에 들어갈 것을 선언했다.

예년과 달리, 파업전야제가 다섯 군데에서 동시다발적으로 진행된 이유는, 이화의료원 등 5개 사립대병원 사용자들이 산별중앙교섭을 파행시켰기 때문이었다. 전국에서 집결한 4천명의 조합원들은 △산별중앙협약 쟁취! △"보건의료인력지원특별법" 제정! △실질임금 인상! △영리병원 도입 저지! 등의 구호를 외치며, 기세를 올렸다. 이날 고대의료원에서 열린 파업전야제에는 특별법을 대표발의한 박원석 의원이 참석해, 정기국회 통과를 다짐했다.

한두 번으로 끝날 싸움이 아니라는 걸 보건의료노조는 잘 알고 있었다. 12월 12일, 보건의료노조는, 한국환자단체연합회에 의뢰해 입원환자 540명(상급종합병원 171명, 종합병원 196명, 병원 173명)을 대상으로 9월부터 10월까지 두 달 동안 실시한 "환자안전과 의료서비스 질 설문조사 및 심층면접조사" 결과를 발표했다.

조사 결과는 충격적이었다. 환자들의 의료기관 만족도는 50% 안팎에 불과했으며, △낙상사고 △질병진단오류 △투약오류(상급종합병원 2.9%, 종합병원 5.1%, 병원급 2.9%) △수혈사고(상급종합병원 1.2%, 종합병원 1.5%) 등 환자 안전이 심각하게 위협당하고 있는 것으로 드러났다.

진료대기시간이 △상급종합병원 20분~70분 △종합병원 20분~50분인 데 반해, 진료시간은 △상급종합병원 5분 이내 △종합병원 10분 이내로 나타났다. 이를 반영하듯, 의료기관이 제공하는 의료서비스에 대한 신뢰도(100점 만점)는 병원(65점) → 상급종합병원(59점) → 종합병원(55점)의 순이었다. 정부가 시행하는 의료기관평가제도를 못 믿겠다는 뜻이었다.

보건의료노조는 시민사회와 연대협력을 디딤돌로 환자와 손을 잡는 전략을 실행에 옮겼다. 이에 따라, △선택진료 △상급병실료 △간병서비스 등 환자의 부담이 가장 큰 3대 비급여 영역의 실태를 파악해, 이 항목부터 우선적으로 급여화를 요구하는 활동에 들어갔다. 또한 무상의료운동본부 등 시민사회단체와 함께 "적정부담-적정보장-적정수가를 통한 무상의료 실현운동"에 돌입하기로 계획을 세웠다.

2012년 6월 28일, 민주노총 결의대회를 마치고 거리행진에 나선 보건의료노조 조합원들. 이 해 "보건의료인력지원특별법"이 처음으로 국회에서 발의되었다.

“정책협약”도 폭을 넓혔다. 2013년 2월 27일, 보건의료노조는 창립 15주년을 맞아 야3당 국회의원 10명(김용익, 이목희, 김미희, 신계륜, 홍영표, 심상정, 민병두, 우원식, 정진후, 김제남)과 정책협약을 맺고, 특별법 제정에 보조를 맞추기로 합의했다. 이 협약에는 보건의료노조가 제기하는 5대 핵심 의제인, △병원비 걱정없는 보편적 의료복지와 환자안심 병원 실현 △지역거점병원 육성 등 의료전달체계 확립 △“보건의료인력지원특별법” 제정 △보호자 없는 병원 제도화 △노사갈등 현안문제 해결 등이 모두 포함됐다.

2015년 10월 26일에는 김용익 의원(민주통합당)의 대표발의로 “보건의료인력지원특별법”이 재발의 되었다. 메르스 사태로 병원인력 확충에 국민적 관심이 모아지던 시기였다(16장 메르스 사태의 교훈 ; 2015 참조). 19대 국회 임기가 만료되어 박원석 의원안과 김용익 의원안은 국회법 규정에 따라 자동폐기 되었으나, 20대 국회가 열리자마자 “보건의료인력지원특별법”은 다시 발의되었다(2016년 6월 정춘숙 의원 대표발의, 8월 윤소하 의원 대표발의). 그리고 “이제 때가 됐다”는 말들이 나오고 있다.

> “전국보건의료산업노동조합은 수년 전부터 적정 의료인력 확충 문제에 집중해왔다. 병원에서 ‘노동존중’ 환경이 조성돼야 ‘환자존중’이 가능하다고 봤기 때문이다. 이 문제를 제도적으로 풀기 위해서 지난 2012년 ‘보건의료인력특별법’을 처음으로 준비해 국회에서 발의까지 됐다. 그러나 제대로 논의조차 못한 채 밀리고 밀려 지금까지 왔다. 다행히 여기저기서 ‘이제 때가 됐다’는 말이 나온다. 인력 문제를 더는 미룰 수 없다는 공감대가 형성되고 있다.”
>
> 김상기, “노동존중 없는 의료시스템, 이젠 바꿀 때가 됐다”, 〈라 포르시안〉, 2017.3.10

19대 국회 임기 만료를 두 달 남긴 2016년 4월 15일, “보건의료인력지원특별법 쟁취를 위한 아름다운 기적, 20일 행동”에 돌입하며, 유지현 위원장은 보건의료노조 5만 조합원들에게 이렇게 호소한 바 있다.

> "보건의료인력지원특별법은 정부가 병원인력실태를 조사하고, 안정적인 수급 대책을 세우고, 병원인력 확충을 지원하도록 하는 법입니다. 환자 안전과 의료서비스 질 향상, 국민건강권 향상을 위해 정부가 책임을 다하도록 하는 법입니다. 제2의 메르스 사태를 막는 법이고, 의료사고를 막아 국민의 생명을 살리는 법입니다. 환자의 생명을 다루는 병원에 마구잡이로 비정규직 늘리는 것을 막아내는 법입니다. 의료서비스의 질을 높이고 환자와 직원, 국민 모두가 만족하는 병원을 만드는 법입니다. 보호자가 필요 없는 병원을 만들고, 간병비 부담을 해결하는 법입니다. 수도권, 대병원 쏠림 현상으로 인한 의료공백과 의료불균형을 해결하고, 좋은 일자리를 많이 만들 수 있는 최고의 일자리 창출 법입니다. 환자를 위해 일하는 우리가 건강하게 일하고 자부심을 갖고 일할 수 있는 환경을 만드는 법입니다."

12

결코 놓을 수 없는 공공의료의 희망 I

진주의료원 재개원 투쟁 | 2013~

그날 이후, 우리는 완전히 다른 세상에 들어갔고 꿈에도 생각지 못했던 '투쟁'의 한복판에 섰습니다. 보고도 믿기 어렵고 듣고도 귀를 의심할 수밖에 없는 왜곡과 매도가 덮쳐왔습니다. 끝내 진주의료원은 103년 역사를 마감하고 무덤 속에 들어가고 말았습니다. 하지만 아직 우리는 여기 있습니다.

〈공공의료의 희망〉, 보건의료노조 진주의료원지부, 2016, p388

경상남도가 진주의료원 폐업을 결정하면서 내세운 이유는 세 가지였다. 부채(279억원), 적자(매년 40~60억원) 그리고 '강성귀족노조'. 신축 이전(2008) 전인 2006년 진주의료원의 부채는 79억원이었다. 신축이전비용으로 쓰인 지역개발기금이 부채로 잡히면서 빚이 300억원대로 불어났다. 진주의료원은 지방공사다. 신축이전은 경상남도가 결정한 것이므로, 이 부채는 경상남도가 떠안아야 할 빚이었고, '누적' 부채는 더군다나 아니었다.

경상남도가 폐업을 결정한 2013년, 경상남도 보건복지국이 도의회에 제출한 자료에 따르면, 진주의료원의 자기자본금은 330억원. 부채 279억원을 모두 인정한다 해도 부채비율은 84.5%이고, 부채 가운데 남은 지역개발기금 차입금 93억7천만원을 빼면, 56.1%로 떨어진다. 그해 말 결산법인(상장사)의 평균 부채비율은 88.19%였다. 경상남도의 논리대로 하면, 한국의 기업들은 절반 이상이 문을 닫아야 한다. 게다가, 진주의료원의 자산가치는 약 1천억원이었다.

진주의료원은 신축이전 이후 해마다 평균 56억원의 적자를 냈다. 여기에도 허수가 있었다. 2012년 적자는 69억원. 회계장부에만 기재되는 신축 건물 감가상각비 33억원과 공사비 차입 상환금 18억원, 공공의료사업 수행비용 6억5천만원을 제외하면, 실제 적자는 약 11억원이었다. 이 숫자는 경상남도가 신축이전 이후 진주의료원에 지원했던 연평균 예산 12억원과 거의 일치한다. 그렇다면, 실제 적자 11억원은 왜 발생했을까? 공공의료기관으로서 불가피한, "적정진료로 인해 발생하는 민간병원과의 진료비 차액 약 30억원" 때문이었다.

> "일을 하면 할수록 '적정진료를 통한 적정진료비'야말로 공공성임을 깨닫게 됐다. 어느 의료원이 갑자기 1~2년 만에 흑자로 전환됐다고 하길래 우리(수원의료원)와 외래환자 1인당 검사건수를 비교해봤더니 우리는 2건대였는데 그곳은 8건대였다. MRI(자기공명영상) 한번 찍으면 3만원, CT(컴퓨터단층촬영) 찍으면 1만원, 이런 식으로 인센티브제도를 했던 것이다."
>
> 박찬병 전 삼척의료원장 인터뷰,
> 송윤경, "진주의료원 폐업하겠다는 건 돈 없는 환자들은 죽으라는 것",
> 〈경향신문〉, 2013.4.17

돈 벌려고 물불 안 가리면 진주의료원도 흑자 낼 수 있다. 하지만, 그것은 자신의 존재이유를 스스로 부정하는 짓이다. "30억원"은 보건의료노조가 추구하는 가치인 "돈보다 생명을!"을 실천하는 "착한 적자"였다. 그래도 적자는 적자다. 조합원들은 고통 분담을 자청했다. 진주의료원지부는 신축이전에 따른 경영수지 악화를 개선하기 위해 △6년 내리 임금동결 △장기근속자 명예퇴직(30여명)에 합의했고, 토요일 무급근무에 연차수당

2013년 3월 27일. 보건의료노조가 경남도청 앞에서 진행한 "진주의료원 폐업 저지" 집중집회. 진주의료원지부 간부들이 집단 삭발을 했고, 경남도에 국민의견서를 전달했다.

까지 반납했다. 진실은 적자가 늘어난 게 아니라 줄어든 것이었다.

'강성귀족노조'? 진주의료원 직원들은 신축이전 직후부터 임금체불에 시달렸다. 박석용 진주의료원지부장은 울분을 토했다. "우리가 정말 강성노조면 2008년부터 임금체불이 시작돼 직원들이 신용불량에 가까운 상태가 된 지금까지 파업을 한 차례도 하지 않았다는 게 말이 되느냐?" 진주의료원의 적자가 조금씩 줄어드는 동안, 조합원들은 빚을 내어 가계 적자를 메꿔야 했다. 가족과 친지들에게 30만원, 50만원씩 빌려 신용카드를 돌려막는 귀족이 세상천지 어디에 있나?

진주의료원이 막대한 부채와 적자로 회생불가능의 상태에 있다는 경상남도의 주장은 새빨간 거짓말이었다. 2012년, 거가대교와 마창대교가 퍼먹은 경상남도 예산이 각각 232억원과 142억원. 경상남도가 수요예측을 잘못하고, 도민에게 불리하기 짝이 없는 민자사업자 최소운영수입보장제(MRG)에 도장을 찍은 탓이다. 한 해 12억원의 공공의료 예산이 들어간다는 이유로 진주의료원 노동자들이 목숨과도 같은 일터를 내놓아야 한다면, 거가대교와 마창대교 사업을 꾸민 자들은 어떤 대가를 치러야 하는지 말해보란 말이다.

하이에나의 습격

진주의료원 사태와 관련, 위의 세 가지 이유 가운데 기사 제목으로 가장 많이 활자화 됐던 게 '강성귀족노조'였다. 하지만, 2013년 2월 26일 경상남도가 진주의료원 폐업 결정을 발표할 때, '강성귀족노조'는 전혀 언급되지 않았다. '강성귀족노조'가 쟁점이 된 것은 그로부터 한 달이 지나, 보건복지부가 반대 공문을 경상남도에 보내고, 청와대의 입장도 부정적이라고 알려진 뒤였다. 4월 10일에는 진영 당시 보건복지부장관이 "공공의료기관으로서 역할을 다할 방도를 찾겠다"며 진주의료원을 방문했으며, 그 다음 날부터 노사 간에 대화가 시작되었다.

적자와 부채가 폐업의 이유가 될 수 없다는 것은 누가 보더라도 명백했다. 노사대화가 지역주민과의 소통으로 이어지면, 폐업 결정 취소는 당연한 결말이 될 뿐더러 차라리 공공의료 강화의 공감대를 확산시키는 계기가 될 수도 있었다. 이 분위기에 찬물을 끼얹은 게 홍준표 경남도지사였다. "진주의료원은 강성귀족노조의 해방구", "나는 지금 강성노조와 전쟁 중"…. 말을 바꾼 것이 아니냐는 기자의 질문에, 그는 "처음부터 자기 카드를 다 보여주는 게 어디 있나?"며 도리어 눈을 치켜떴다. 카드? 포커 치나?

아니, 실은 그것이 그의 본심이었을 게다. 그는 항상 자신이 변방 출신이라고 자랑해왔다(변방은 홍준표의 책 제목이기도 하다). 그 마음이 진실이라면, 변두리 이웃들의 상처를 어루만지고 눈물을 닦아주는 일을 해야 한다. 그런데 그가 그랬나? 그에게 변방 출신이란 타이틀은, 반드시 출세하고 말겠다는 원한과 나도 끼워달라는 욕망을 푸는 수단이었다. 하

정해선 부위원장과 진주의료원지부 조합원들이 새누리당 부산시당 앞에서 진주의료원 폐업에 반대하고 홍준표 지사 퇴진을 요구하는 시위를 벌였다.

긴 홍준표만 그런 게 아니었다. 개처럼 벌어서 정승처럼 쓰겠다는 건 속담에나 나오는 얘기이고, 개처럼 줄 서서 청지기마냥 호가호위 하는 게 다반사다.

끈 떨어진 연을 고향이 받아주었다. 결혼할 때 푸대접 받았다고, 딸 준 장인을 '영감탱이'라고 부르고 26년 동안 용돈도 안 줬다고 떠벌리는 사람이다. 이런 사람이 고마움을 알까. 그가 이악스럽기 그지없게 대못을 박아버린 진주의료원. 그곳에서 쫓겨난 서해석 할아버지의 경우를 보자. 독거노인이고 기초생활수급자인 서 할아버지는 간경화가 심해 1년에 두세 번씩 쓰러지는 의료급여 1종환자다.

> "혼자 살다 보면, 몸 아파 밥 먹기 싫고 그럴 때, 의료원에서 쉬다 오면 나아졌는데, 이제 갈 데가 없는 기라. 기초생활수급자는 다른 병원에서 꺼리거든. 건강보험 환자는 계산하면 착착 나오는데, 나 같은 사람은 여차하면 심사해서 (진료 수가를) 깎지, 늦게 나오지…. 그걸 아니 내 마음이 불편한 기라."
>
> 김윤나영, '홍준표의 진주의료원 폐원, 그 뒷이야기', 〈프레시안〉, 2014.11.6

김윤나영 기자의 기사에 따르면, 서 할아버지는 진주의료원에서는 2주일 입원에 6~7만원을 냈지만, 폐업 후 입원한 요양병원(민영)에서는 19만6천원을 내야 했다. "마음이 안타깝지. (도에서) 급하게 없애버리니께네. 애초에 지을 때부터 나라에서 해가지고 진주의료원이라고 지은 긴디, 뭐한다고 도청으로 넘어가노?" 서 할아버지는 지난 선거 때 누구에게 표를 주었을까? 대통령이 되어 보답하려 했나? 203명의 환자들이 강제퇴원 당했고, 그 과정에서 40여명이 제때 적절한 의료혜택을 받지 못해 사망했다. 부모 돌아가신 뒤에 효도하겠다는 놈이 제일 불효자식 아닌가.

홍준표가 진주의료원을 상대로 계획했던 게 과연 경상남도 부채청산 계획이었을까? 폐업 결정을 발표하면서, 윤한홍 부지사는 "현재 경남도의 방침은 의료원 건물을 매각하는 것"이라고 말했다. 당연하다. 회생가능성이 없는 상황에서 부채를 청산하

노동자에게서 일자리를 빼앗는 것은 죽으라는 소리다. 진주의료원지부 여성 조합원들은 상복을 입고, "공공의료 수호"를 다짐하는 가두시위에 나섰다.

려면 매각 밖에 방법이 없다. 하지만, 진주의료원 매각은 홍준표 마음대로 할 수 있는 사안이 아니었다. 보건복지부의 승인을 얻어야 하는데, 이 시점까지 경상남도는 보건복지부와 이 문제를 놓고 '공식' 협의를 한 사실이 없다.

8월, 경상남도는 "매각 전 '충분한 협의'를 거치고 매각 때 건물용도를 병원으로 제한하겠다"고 밝혔다. 보건복지부가 승인을 안 해주니 이런 소리를 한 거다. 진주의료원이 폐업신고를 한 게 5월 29일인데, 두 달이 지나도록 '협의' 타령을 하는 경상남도. 요컨대, 홍준표는 매각이 가능한지 소관부처와 협의도 하지 않은 상태에서 폐업을 밀어붙였던 것이다. 마음이 딴 데 가 있던 게 아니라면, 행정을 이런 식으로 처리할 수가 있는가. 진주의료원은 지금 경남도청 서부청사로 쓰이고 있고, "서부청사 건립"은 그의 공약이었다.

2011년 진주의료원의 환자만족도는 평균 84점으로 타 공공병원보다 높은 점수를 받았다. 진영 장관은 국회에 출석해 이렇게 발언했다. "강성노조의 문제냐 수익성의 문제냐, 이 문제를 앞에 내세우면 본질을 가린다, 이렇게 생각합니다." 이어서, 진 장관은 의료법 59조의 업무개시명령 발동 용의가 있느냐는 김용익 의원의 질문에 "충분히 검토하고 있습니다"라고 대답했다(4월 12일, 19대 국회 제315회 보건복지위원회 제1차 회의 속기록). 이 날, 국회 보건복지위는 "진주의료원 정상화 촉구를 위한 결의안"을 만장일치로 채택했다.

경남도청 내부에서도 '폐업 결정은 패착'이라는 소리가 흘러나왔다. 하지만, 상식과 합리는 홍준표가 깐 "나는 지금 강성노조와 전쟁 중"이라는 프레임 앞에서 여지없이 무너졌다. 폐업 결정을 뒤집으면 '강성노조'의 손을 들어주는 게 된다. 정부여당의 어느 누구도 그럴 용기를 갖고 있지 못했다. 경제단체들은 쌍수를 들어 환영했다. 그가 믿었던 게 이것이었다. 도지사 하라고 준 표로 도박을 한 것이었다.

"10년 넘게 이용하니까 의사 선생님들이 안색만 보고도 내를 아는 기라. (건강) 보험 안 되는 약은 알아서 처방을 안 해. 내가 '선생님, 제 얼굴이 왜 시꺼멉니꺼?' 하믄, '(술 때문인 걸) 몰라서 그래요?' 하고 씩 웃어요."

김윤나영, '홍준표의 진주의료원 폐원, 그 뒷이야기', 〈프레시안〉, 2014.11.6

"이제 쓰러지면 의지할 병원이 없다"고 한탄하는 서 할아버지. 서 할아버지는 끝내 홍준표에 대한 원망을 입에 담지 않았다. 평화롭던 마을에 하이에나가 나타났다. 순박한 마을사람들은 하이에나를 받아주었다. 그러나 그들에게 돌아온 것은 갈등과 대립, 그리고 한숨. 이웃을 물어뜯어 기력을 보충한 하이에나는 더 큰 사냥감을 찾아 유유히 사라졌다. 이런 자를 상대해야 했던 진주의료원지부 조합원들. 이 나라 노동자들의 팔자는 왜 이다지도 기구한 것일까.

도민들의 손을 잡고

보건의료노조와 홍준표. 전쟁터에 나가는 목적은 전혀 달랐다. 홍준표의 목적은 자신을 태워 나를 프레임을 까는 것이었다. 그의 목적이 지방의료원의 구조조정이었다면, 자기들 잘 쓰는 수법대로, 말 잘 듣는 노무사 한 명 불러다가 단체교섭부터 조이면 될 터인데, 폐업이라는 마지막 수를 맨 먼저 꺼냈다. 도민이 이용하는 시설에 대한 애정은 털끝만큼도 없고, 공공의료라는 '정책 따위'야 어떻게 되든 관심도 없었다는 뜻이다. 솔로몬이 기가 찰 노릇이었다.

보건의료노조에게는 무엇보다 먼저 조합원들의 생존권이 걸려 있었다. 도민의 건강권, 나아가 공공의료 확대라는 정책의 향배가 걸려 있었다. 진주의료원 폐업은 결코 진주의료원만의 문제가 아닌, "공공의료체계에 대한 선전포고였고, 의료공공성 훼손의 첫 신호탄"이었다. 홍준표에게 이 싸움은 '홍의 전쟁'이었고, 그는 이를 즐겼다. 그러나 보건의료노조에게 이 투쟁은 "국민과 함께 하는", 물러서면 형제와 이웃을 배신하는 게 되는 수호자들의 성전이었다.

> "경남도청 앞 규탄집회와 집단삭발, 단식투쟁, 폐업철회 의견서 제출운동, 창원에서 진주의료원 폐업 철회를 위한 전국노동자대회 개최, 보건복지부 앞 노숙농성투쟁, 경남도청 내 철탑 고공농성, 진주–창원–서울에서의 촛불집회, 시민걷기대회, 생명버스, 생명캠프, 진주의료원 해산 의결을 저지하기 위한 경남도의회 앞 농성투쟁, 아사단식투쟁, 진주의료원 물품 반출 저지투쟁, 국회 토론회, 지역토론회, 수많은 국회의원들의 방문, 지역대책위–경남대책위–전국대책위 구성, 진주의료원 폐업과 재개원에 대한 여론조사, 강제퇴원 당한 환자 실태조사, 국정조사, 홍준표 도지사 그림자투쟁, 경남도청 앞 노숙농성 등 그야말로 산별노조의 힘을 총동원한 전면투쟁이 전개되었다."
>
> 〈그래! 우리가 바로 꿈꾸는 그 산별노조!〉, 보건의료노조, 2015, p192

2013년 2월 28일, 보건의료노조 정기대의원대회는 "진주의료원 폐업 저지 특별결의문"을 채택하고, 공공의료 사수를 위한 전면투쟁을 선언했다. 조합원들이 전선에 집결하기 시작했다. 울산경남지역본부 총력투쟁결의대회가 열렸고(3.5), 진주의료원지부 조합원들이 경남도청 정문에서 무기한 노숙농성에 돌입했으며(3.12). 보건의료노조는 경남도의회에 폐업 철회를 요구하는 도민 의견서를 전달하고 총력투쟁본부 체제로 전환했다(3.14).

3월 27일, 경남도청 앞. "폐원은 반드시 막아야 한다!"고 절규하며, 진주의료원지부 조합원 14명이 집단으로 삭발을 했다. 상복을 입은 여성 조합원 50여명은 무릎을 꿇은 채 눈물을 흘리며 머리카락을 잘랐다. 기자회견을 마친 조합원들이 잘린 머리카락과 폐업에 반대하는 도민 3만5천명의 서명이 담긴 의견서를 전달하기 위해 도청 안으로 진입을 시도하자, 경찰병력이 그들을 에워쌌다.

수호자들은 외롭지 않았다. 진주시민대책위(3.12)와 경남도민대책위(3.14)가 구성되었고, "진주의료원 지키기 희망걷기대회(1차 3.24, 2차 4.6), 촛불집회(4.5)가 잇따라 열렸다. 3월 18일에는 입원 환자 및 가족 대표들이 경남도청을 찾아 항의기자회견, 4월 2일부터는 민주개혁연대 김경숙, 석영철, 여영국 도의원이 단식농성, 4월 4일부터는 진주시의원들이 진주의료원 앞에서 천막농성에 들어갔다. 야당의원들도 동참했다. 김용익(민주, 보건복지위) 의원은 국회본청 로비에서 단식농성을 시작하고, 매일 광화문 앞에서 1인시위를 벌였다(4.8).

4월 12일, 경남도의회 문화복지위원회가 진주의료원 폐업 조례안을 날치기 통과시켰다. 새누리당 소속 도의원들과 경남도청 공무원들은 폭력 행사도 서슴지 않았다. 다음날 오후 2시, 창원시 만남의 광장에서 "진주의료원 지키기! 공공의료 사수! 전국노동자대회"가 열렸다. 유지현 위원장은 날치기통과의 주범인 새누리당 도의원들의 이름을 하나씩 호명하며, "도의회가 18일 본회의에서 조례 개정안 통과를 강행한다면 박근혜 정부를 상대로 싸우겠다"고 경고했다.

진주의료원 폐업 저지투쟁은 "국민과 함께하는 노동운동"의 의미를 다시 한 번 일깨워주었다. 보건의료노조는 국민 건강권 지킴이로서, 투쟁을 이끌었다.

16일, 박석용 진주의료원지부장과 강수동 민주노총 경남본부

진주지부장이 경남도청 신관 옥상의 20m 높이 통신탑에 올랐다. 도청 꼭대기에 "진주의료원 폐업 강행 철회하라!"는 대형플래카드가 내걸렸고, 진주시민대책위는 진주에서 경남도의회가 있는 창원까지 도보행진을 시작했다. 서울 광화문에서는, "진주의료원 지키기! 공공의료 강화 범국민대책위"가 주최한 촛불문화제가 열렸다.

18일 본회의 당일, 경남도의회는 "진주의료원 폐업 반대"를 외치는 도민들로 포위됐다. 안에서는 본회의장을 점거한 민주개혁연대 도의원단이 의장석을 인간 사슬로 둘러쳤다. 김용익, 김미희, 정진후 등 야당의원들은 경비들의 제지를 뿌리치며 본회의장 문을 두들겼다. 38석으로 전체의석 51석의 3/2 이상을 차지하고 있는 새누리당 도의원들은 당황했다. 본회의는 자동 유회됐다. 도민의 손을 잡고 날치기를 원천봉쇄한 것이다.

4월 23일, 유지현 위원장과 김재명 민주노총 경남본부장은 홍준표 지사와 "△진주의료원 폐원은 1개월간 유보한다 △정상화를 위한 노사대화는 재개한다 △철탑 농성은 해제한다"는 합의문에 사인했다. 합의문에는 △더 이상 환자를 전원시키지 않는다 △철탑농성자를 불구속 처리한다 △병원장 직무대행과 정상화방안을 논의하되 도지사 및 행정부지사와 면담을 가진다는 내용이 포함됐다. 박석용 진주의료원지부장과 강수동 민주노총 경남본부 진주지부장은 철탑에서 내려와 조합원들과 굳은 포옹을 나눴다.

진주의료원지부 조합원들은 손을 잡아준 도민들에게 지역봉사활동으로 보답하며, 정상화를 향한 희망을 키워갔다. 5월 3일 "지역봉사단" 발대식을 가진 진주의료원지부 120여명의 조합원들은, 5월 7일부터는 조를 나눠 △의료봉사활동(혈압·혈당 체크, 물리치료, 건강상담 등) △지역청소 및 위생관리 △고아원, 양로원, 노인정, 보육원, 요양원 자원봉사 △농촌일손돕기 △독거노인 돌봄 △취약계층 의료비 마련을 위한 시민바자회 등 다채로운 프로그램을 마련해 도민들을 만났다.

합의문에 따라, 노사대화가 재개되었다. 교섭은 5월 13일부터 9차례 진행되었다. 노조가 진주의료원을 살려보자며 성심으로 구체적인 방안을 제시한 데 반해, 사용자 측은 아무런 대안도 내놓지 않는 채 무성의로 일관했다. 약속한 1달만 끌면 내 할 일 끝난다는 태도였다. 다시 전운이 감돌았다. 진주의료원지부 조합원들은 광주 망월동을 찾아 5월의 영령들에게 결코 물러서지 않겠다고 맹세하고, 도의회 앞에 최후의 저지선을 펼쳤다.

국정조사

5월 21일, 노사교섭은 경상남도의 일방적인 폐업 방침 고수로 아무런 성과도 내지 못하고 끝났다. 진주의료원 폐업을 막기 위한 마지노선은 법인해산 조례안 통과 저지였다. 23일 보건의료노조 총력투쟁결의대회. 유지현 위원장, 정해선 부위원장, 최권종 부위원장, 안외택 울산경남지역본부장이 삭발을 했다. 다음날 본조 지도부 3인이 단식에 들어갔고, 유지현 위원장은 27일부터 아사단식투쟁을 결행, 홍준표 지사에게 "폐업 하려거든 나를 밟고 하라"며 조합원들에게 결사항전을 다짐했다.

"각계각층의 반대에도 불구하고 홍준표 경남도지사가 기어이 진주의료원 폐업을 강행했다. 지난 2월 26일 일방적으로 진주의료원 폐업계획을 발표한 뒤 환자 강제퇴원 종용, 수익성 논리, 강성노조-귀족노조 공세, 2차례의 명예퇴직·조기퇴직 종용, 노동조합 왜곡·비방, 노동조합에 대한 특정감사, 편파적인 여론조사, 출입구 용접공사, 용역깡패 투입계획 추진 등 온갖 파렴치한 작태로 사회적 비난에 직면한 홍준표 도지사가 궁지에 몰릴 대로 몰린 끝에 내린 최후 선택이자 마지막 발악이 바로 '폐업'이었다."

〈공공의료의 희망〉, 보건의료노조 진주의료원지부, 2016, p122

운명의 날이 다가오고 있었다. 5월 29일, 경상남도는 기어이 폐업을 강행했다. 법인해산 조례가 경남도의회 본회의를 통과하면, 진주의료원의 생명은 완전히 끊어지고 만다. 도의회 임시회는 6월 11일부터 18일까지 열릴 예정이었다. 6월 8일, 전국에서 "진주의료원 지킴이"들이 달려왔다. 700명이 넘는 지킴이들은 의료원 앞마당에 92개의 "생명텐트"를 치고, "돈보다 생명을! 문화제"를 개최했다. 밀양송전탑 반대 대책위 어르신들도 참가했다.

국회도 움직였다. 5월 31일, 여야는 진주의료원 폐업 국정조사에 합의했다. 국정조사가 여야 합의로 실시되는 것은 5년만의 일이었다. 경상남도는 "진주의료원 문제는 지방 고유사무"라며 국정조사 대상이 아니라고 강변했지만, 당혹해하는 표정을 감추지 못했다. 민주개혁연대 도의원단은 진주의료원 폐업과 해산 조례안 처리를 저지하기 위한 주민투표를 추진하고, 국정조사가 끝날 때까지 조례안 처리를 유보하도록 각 정당에 요구했다.

보건의료노조는 성명서를 내고, "이번 진주의료원 국정조사에서 진주의료원 폐업과 관련한 각종 거짓과 왜곡을 제대로 파헤치고 진실을 밝힐 것"을 국회에 요청했다. 조합원들과 도민들은 국정조사에 실낱같은 기대를 걸었다. 국정조사가 진행되면 진주의료원 폐업 결정이 얼마나 몰상식하고 부당한 것인지 국민들이 알게 된다. 이미 경상남도가 진주의료원지부를 표적으로 실시한 특정감사 결과, 재정손실 대부분이 관리운영부실 때문(전체 25억76천8백여만원 중 78%)인 것으로 드러난 터였다.

6월 11일 오후 1시 새누리당 소속 경남도의원들은 의원총회를 열어 강행처리 당론을 정했다. 같은 시각, 도의회 앞에서는 민주노총이 총력투쟁결의대회를 열었다. 오후 2시, 경남도의회 제308회 임시회는 해산 조례안(경상남도의료원 설립 및 조례 일부개정안)을 날치기로 통과시켰다. 도민의 벗이 되어 인술을 베푼 진주의료원 103년 역사에 종지부가 찍힌 것이다. 도의회 앞에 모인 조합원과 도민들은 땅을 쳤다. 13일 보건복지부가 "진주의료원 폐업 강행은 위법"이고 "도의회가 해산조례안을 재의할 것"을 요구하는 공문을 경상남도에 보냈지만, 홍준표 지사는 거부했다.

6월 12일부터 국정조사가 시작되었다. 18명의 여야 의원들로 구성된 "공공의료 정상화를 위한 국정조사특별위원회"는, 7월 13일까지 진주의료원 폐업 과정과 문제점, 공공의료 활성화대책 등을 놓고 심도 깊은 조사를 벌였다. 7월 4일 진주의료원에서 현장검증이 있었다. '3월 11일 서면 이사회 의결서'와 '4월 12일 소집 이사회 회의록' 열람으로, 3월 11일 이사회에서 휴업과 함께 폐업 결정을 해놓았던 사실이 발견되었다. 폐업 결정을 해놓고 대화에 응하는 척했던 것이다.

협잡이나 다름없는 경상남도의 작태에 여야 의원 모두가 흥분했고, 정우택 특위위원장은 홍준표 지사의 경상남도 기관보고 출석을 재차 촉구했다. 부른다고 나올 사람이 아니었다. 홍준표 지사는 국정조사가 시작되자 재빨리 권한쟁의심판을 청구해 놓았다. 1년 5개월 뒤 청구를 취하하면서 경상남도가 밝힌 이유는 "더 이상의 소모적 논쟁과 갈등을 조기에 매듭짓기 위해"서였다. 싸움은 자기가 걸어놓고.

9월 30일, 국회는 재석 240명 찬성 219명으로 국정조사결과보고서를 채택했다. 주요내용은 다음과 같다.

▷ 진주의료원은 서부경남에서 가장 새 건물일 뿐만 아니라 장비와 의료설비도 새것이며, 쾌적한 환경을 갖추고 있으므로 병원 이외의 용도로는 사용할 수 없다고 봄.

▷ 매각하여 병원이 아닌 용도로 사용할 경우 행정 낭비일 뿐만 아니라 갈등을 야기할 것이므로 진주의료원 폐업을 원점에서 재검토할 것을 촉구함.

▷ 진주의료원 해산 조례 발효 후 청산관리인이 임명되었음. 진주의료원을 매각한 후 채권 230억에 대해서 경상남도와 보건복지부가 6:4 비율로 나눌 예정이라고 하는데, '보조금 관리에 관한 법률' 제35조 제3항에 따라 보건복지부장관의 승인 없이는 불가능하고, 보건복지부장관은 매각 승인을 하지 않겠다고 하였으므로 경상남도가 진주의료원을 매각한 후 승인받겠다는 식의 언급은 바람직하지 못함.

▷ 보건복지부는 진주의료원의 중요재산 매각에 대하여 불승인하고, 1개월 이내에 폐업 조치된 진주의료원 관련 사항을 포함하여 지방의료원 육성대책을 마련하여 보고할 것

▷ 경상남도는 진주의료원 폐업 이후 경남 서부지역의 공공의료 시행대책을 보완·강화하여 보고하고, 1개월 이내에 진주의료원의 조속한 재개원 방안을 마련하여 보고할 것

▷ 경상남도는 진주의료원 부지와 건물 등에 대하여 즉각적인 매각중단 조치를 취하고, 구체적인 정상화 방안 등을 마련할 것

▷ 진주의료원 이사회 소집 및 의결과정의 불법성에 대해 감사할 것

▷ 진주의료원 사태 시 외부용역 투입 시도에 대해 재발 방지 조치할 것

▷ 진주의료원 해산조례 의결 과정에서 경남도 공무원 개입으로 인한 불법성을 감사할 것

국회는 진주의료원 폐업과 관련, 경상남도에게 폐업을 원점에서 재검토하고 조속한 재개원 방안을 마련할 것을 주문했다. 하지만 홍 지사는

건물 용도변경까지 막무가내로 밀어붙였고, 보건복지부는 국장 전결로 용도변경을 승인했다(2014.11.26.). 국회 특위의 진주의료원 주요 재산 매각 승인 불허 요구에, "진주의료원 건물이 공공의료에 쓰이는 경우에 한해 승인할 수 있다는 입장에 변화가 없다"고 답했던 보건복지부였다.

짧은 패배, 영원한 승리

진주의료원은 사라졌다. 70여명이 부당해고를 당했고, 150여명이 정든 일터를 떠나야 했다. 그들은 어디로 갔을까. 장수도 병사도 뿔뿔이 흩어져, 이름 없는 유랑민(diaspora)의 신세로 떠돌고 있을까. 아니다. 그들은 지금도 싸우고 있다. 진주의료원 폐업. 그것은 진주의료원지부와 보건의료노조의 "공공의료를 살리기 위한 대장정"(〈공공의료의 희망〉, 보건의료노조 진주의료원지부, 2016, p26)의 출발이었다. 〈공공의료의 희망〉은 햇수로 6년, 날짜로 1,800일이 넘는 이 대장정을 7단계로 나누고 있다.

▷ 1기(진주의료원 휴업·폐업 철회투쟁 ; 2013. 2.26～6.11)
▷ 2기(진주의료원 정상화를 위한 국정감사투쟁 ; 2013.6.12～7.13)
▷ 3기(진주의료원 매각 저지와 재개원 조례개정투쟁 ; 2013.7.14～12.31)
▷ 4기(진주의료원 재개원을 위한 홍준표 심판투쟁 ; 2014 지방선거)
▷ 5기(진주의료원 용도변경 승인 저지투쟁 ; 지방선거～2014.11.26)
▷ 6기(진주의료원 재개원을 위한 주민투표 청구 서명운동 ; 2014.12.31～2015.7.8)
▷ 7기(홍준표 지사 주민소환 및 서부경남지역 공공병원 설립운동 ; 2015.7～현재)

경상남도는 9월 25일 진주의료원 청산종결 후 매각을 추진했다. 진주의료원지부와 경남대책위는 그해 연말까지 민주개혁연대 도의원단과 연대해 진주의료원 재개원 조례안을 발의하고, 개정안 통과투쟁에 나섰지만, 새누리당의 반대로 부결되었다. 2014년 지방선거에서는 홍준표 지사 낙선운동을 전개했다. 용도변경 저지투쟁 또한 보건복지부의 밀실행정에 가로막혔다. 박근혜가 최순실과 짝짜꿍 놀이를 하고 있는 걸 국민들이 알지 못했을 때였다. 당시 장관이던 문형표는 자신이 감옥에 가게 될 줄은 꿈에도 몰랐을 것이다.

진주의료원지부와 경남대책위는 진주의료원 재개원을 위한 주민투표 서명운동을 조직했다. 홍준표 지사가 주민투표 대표자증명서 교부를 거부했으나, 대법원은 위법으로 판결했다(2014.12.14). 6개월에 걸친 서명운동으로, 청구요건(주민투표청구권자 총수의 1/20 이상 1/5 이하)인 133,826명보다 1만명 이상 많은 144,263명이 서명한 주민투표 청구서가 경상남도에 제출되었지만, 홍 지사는 서명운동에 불법이 개재되었다는 핑계를 대며 거부했다.

2015년 7월부터는 홍 지사 주민소환을 위한 제2차 주민투표 서명운동이 전개되었다. 청구요건(주민투표청구권자 총수의 1/10 이상)인 271,032명보다 8만명이나 더 많이 서명한 357,801명의 서명지가 모였다. 이와 함께, 진주의료원 재개원 투쟁은 서부경남지역 공공병원 설립운동으로 전환되었다. 박석용 지부장과 조합원들은 민주노총 진주지부 사무실에 둥지를 틀고, 도민들과 함께 호흡하며 투쟁의 맨 앞에 섰다.

이러는 사이, 홍준표는 대통령후보가 되어 변방에서 다시 중앙으로 '금의환향' 했다. 그가 이긴 것일까. 원하던 자리를 손에 넣었으니, 아마도 그렇게 생각할 거다. 그러나 이기고 있는 쪽은 진주의료원지부와 보건의료노조다. 진주의료원은 문을 닫았지만, 조합원과 도민들이 끝까지 지킨 공공의료 강화의 불씨는 마침내 횃불이 되어 활활 타오르고 있다.

지방자치단체장이 공공병원을 마음대로 폐업하지 못하도록 규정한

진주의료원 조합원들의 투쟁은 끝나지 않았다. 보건의료노조 진주의료원지부와 도민대책위의 문재인 대통령 공약 이행 촉구 기자회견.

'홍준표방지법(지방의료원의 설립 및 운영에 관한 법률)'이 국회에서 통과되었다(2013.7.2), 지방의료원의 "착한 적자"에 대한 국민들의 인식도 달라졌다. 2013년 감사원 감사결과 보고서는, 2012년 지방의료원의 전체 적자 863억원 중 공익적 역할 수행에 따른 불가피한 적자가 19%인 164억원에 달한다고 평가했다. 공공병원의 "착한 적자"를 보전하기 위한 '착한 적자 지원법(공공보건의료에 관한 법률 개정안)'이 국회를 통과해 2015년부터 시행에 들어갔다. 그리고, 성남의료원이 개원을 눈앞에 두고 있다(14장 성남의료원 착공 ; 2013 참조).

아직 공공병원의 "착한 적자'를 보전해주는 실질적 예산 지원은 이루어지지 않고 있다. 보건의료노조는 "정부와 지방자치단체는 서로 책임을 미루지 말고 지방의료원의 공익적 적자를 보전하기 위한 비용조사와 지원방안, 분담원칙에 대한 구체적 협의에 착수할 것"을 요청하고 있다. 예산 지원이 '매칭 펀드' 방식으로 투입되기 때문이다. 또한 시설 및 장비 인프라 구축에 소요되는 비용을 지방의료원이 갚아야 할 부채로 떠넘기는 것도 문제다. 중앙정부와 지방정부의 강력한 실행의지가 필요하다.

2017년 2월 24일, 보건의료노조는 진주의료원 폐업 4주년을 맞아 성명을 발표했다. 노조는 "진주의료원 폐업 반대 투쟁이 노동조합뿐만 아니라 시민사회단체, 정당, 국회, 정부, 경남도민, 각계각층을 포함해 그야말로 전 국민적으로 진행" 되었고, 진주의료원 강제폐업 반대투쟁은 "공공의료 강화를 위한 국회 국정조사와 의료민영화 저지투쟁, 메르스 사태를 거치면서 우리나라 공공의료가 얼마나 열악한지 적나라하게 보여" 주었으며, "공공의료가 얼마나 중요한지도 깨닫게 한 투쟁"이었다고 자평했다.

"돈보다 생명이 소중하고 돈보다 국민 건강이 중요하다는 사회적 공감", 이에 힘입은 공공의료 강화를 위한 논의와 계획, 실천의 진행은 조합원과 도민들의 운동이 이루어낸 소중한 성과였다. 투쟁은 헛되지 않았다. "서부경남에 혁신형 공공병원을 설립하겠다"는 것은 문재인 대통령의 대선 공약이었고, 정부가 발표한 국정운영 5개년 계획에도 "2022년까지 의료취약지에 300병상 이상의 거점종합병원 확충" 방안이 올라 있다. 2017년 11월 1일, 서부경남 거점공공병원 선정을 위한 민관협의체의 첫 회의가 경상남도 주관으로 열렸다 이 회의에 참석한 "서부경남공공병원 설립 도민운동본부"의 강수동 공동대표는 이렇게 말했다.

> "참 격세지감이에요. 얼마 전까지만 해도 홍준표의 진주의료원 폐업 결정을 충실히 집행했던 분들이 서부경남공공병원 설립의 필요성을 역설하고…. 이제는 진주의료원을 대체할 공공병원 설립을 성사시키기 위해 민관협의체까지 만들어 철탑농성을 하던 그 자리에서 대책회의까지 했습니다."

"비틀거렸지만, 어떻게 쓰러지지 않고 여기까지 왔을까?" 〈공공의료의 희망〉의 편집을 마치며, 진주의료원지부 조합원들은 자문했다. 그들이 389쪽 분량의 이 책에 꾹꾹 눌러 쓴 대로, "전국의 보건의료노조 조합원 동지들", "진주시민대책위", "경남도민대책위", "범국민대책위", "민주노총과 경남본부 동지들", 그리고 경상남도 도민들의 덕분이었다. 조합원들은 이제 내일을 이야기한다.

> "버려진 섬에도 꽃은 피듯이 진주의료원 무덤 위에 공공병원의 꽃을 피우고 공공의료의 향기가 퍼지게 할 것이라고. 그 희망이 있는 한 우리는 끝까지 포기하지 않고 나아갈 것이라고 약속드립니다."
>
> 〈공공의료의 희망〉, 보건의료노조 진주의료원지부, 2016, p388

가진 자들은 질 싸움은 피한다. 그러나 억압받는 이들은 질 것을 뻔히 알면서도 그 싸움을 피할 수가 없다. 피하는 순간, 더 무거운 족쇄가 그들의 가족을 억누르리란 사실을 알고 있기 때문이다. 인류는 질 싸움을 피하지 않고 산화한 이들의 숭고한 희생으로 진보해 왔다. 5월의 영령들이 이 저주받은 땅을 유린한 군사정권의 어두운 역사를 끝장내었듯이, 진주의료원지부와 보건의료노조 조합원들은 공공의료의 이상을 훼손하고 공동체를 파괴하려는 하이에나들의 습격을 막아냈다. 공공의료의 새 지평이 열리고 있다. 우리 사회는 잊어서는 안 된다. 진주의료원지부 조합원들의 투쟁을.

13

결코 놓을 수 없는 공공의료의 희망 II

성남시의료원 착공 | 2013

분당에 중앙공원 유지비가 1년에 100억 원이 들어간다. 그러면 공원 유지비도 적자인데, 공원을 폐쇄해야 하나? 오페라하우스가 있는 성남 아트센터에도 1년에 170억 원이 들어간다. 이 비용도 시민들의 문화생활을 위해서 시에서 충당하는데, 아픈 사람들 위해 투자하는 것은 왜 적자인지 이해가 안 된다. 공원 유지, 운동장 관리, 청소, 시내버스 지원 모두 공공 비용이다. 각 보건소도 다 지자체에서 예산을 지원한다. 공공병원은 당연히 적자가 나야 한다. 병원비가 10만 원 나왔는데 5만 원만 내게 하면 시가 주민 건강에 투자하는 것이다.

오영선 성남시립병원 설립운동본부 집행위원장 인터뷰,
김윤나영, "말기 암 할아버지가 죽어서도 하겠다던 그것은…",
〈프레시안〉, 2013.4.15

생각해보면, 맹랑한 일이다. 50만이 사는 분당구의 공원은 해마다 100억을 삼켜도 아무 군소리를 안 하면서, 60만(진주 35만, 사천 12만, 하동·산청·함양 각 약 4만)이 이용하는 공공병원에 10억 보태주는 것 갖고 시비를 걸어 온 국민을 들쑤셔놓았다. 홍준표야 원래 인간의 바탕이 그런 위인이니 그렇다 치고, 그 수작을 감싸고 돈 정치인이나 관료, 기자들은 대체 무슨 마음이었을까. 남이 괴로워하는 모습을 보며 즐거워할 때가 인간의 얼굴이 가장 추악해지는 순간이다. 인간성의 맨 밑바닥에 도사리고 있던 비열함이 고스란히 드러나는 것이다.

이해 못할 일도 아니다. 공원이 있어야 집값이 오르는데, 이 나라 땅 부자들이 공원 만들어 기부하는 것 봤나? 집값이 올라야 그걸 볼모삼아 표 내놓으라고 할 것 아닌가. 이럴 때 쓰라고 예산이 있는 거다. 병원? 거긴 돈이 생기는 곳이다. 재벌들이 앞 다퉈 짓는다. 공짜로 다닐 수 있는 병원을 세워? 노조가? 어림없는 소리다. 병원은 돈 내고 다니는 곳이다. 그게 세상의 법이다. 돈 없으면 죽어야지, 어디 감히 나랏돈을 노려! 이 나라에서 행세한다는 자들의 사고방식이 대개 이렇다.

> "근래에 듣자하니, 홍진이 성행하고 또 치료의 방법에 어둡고 제때에 치료하지 못하다 보니 간혹 죽는 우환이 없지 않다고 한다. 저 의식(衣食)이 조금 여유 있는 사람은 자연히 제때에 간호할 수 있지만, 가난한 선비, 궁한 백성들 중 고할 데도 없는 사람에 있어서는 그 누가 구제해 준단 말인가? 저들의 광경을 생각하면 눈으로 본 것 같다. 사람마다 병을 진찰해 주고 집집마다 약을 지급하는 것은 물론 의논하기 어렵지만, 가장 가난한 무리를 들은 대로 구제한다면 조금이나마 실효가 있을 것이다."
>
> 정조실록 21권, 정조 10년 4월 20일, 1786

조선시대 공공의료를 책임지던 기관은 혜민서(惠民署)였다. 〈조선왕조실록〉에 따르면, 인조 6년(1628년) 혜민서는 미곡으로 환산해 대략 2천 5백석을 조정으로부터 지급받았다. 인조 1년, 호조가 예상 집계한 대동미 총계는 60만석(제임스 팔레, 김범 역, 〈유교적 경세론과 조선의 제도들2〉, 2008, 산처럼, p268)이었다. 당시 대동미가 국가세수의 약 60%를 책임졌다는 학자들의 주장(이정철, 〈대동법, 조선 최고의 개혁〉, 2010, 역사비평사)을 감안하면, 혜민서가 사용한 비용은 국가 전체 세입의 0.25%에 해당한다.

0.25%라는 숫자를 2018년 국가예산 428조에 대입하면 약 1조원. 물론, 지금 시대를 조선과 비교할 수는 없다. 그때는 공공의료기관이 혜민서(惠民署) 하나뿐이었지만, 지금은 지방공사의료원, 산재의료원, 보훈병원, 보건소가 있고, 건강보험과 의료급여도 있다. 조선에는 예산 개념도 없었고, 왕실경비가 예산에서 분리되지도 않았다. 그렇다고 쳐도, 0.25%는 상당히 놀라운 수치다. 2012년 지방의료원의 적자 총액 863억원은 그해 정부예산 325조원의 0.026%였고, 홍준표가 진주의료원에 못 주겠다던 12억원은 경남도 예산 6조6천억원의 0.018%였다.

노동조합과 시민운동이 만나던 날

1992년 분당신도시 입주가 본격적으로 진행되면서, 성남 지역경제에 지각변동이 일어났다. 병원들도 덩달아 들썩거렸다. 성남의 원도심에는 종합병원이 3개 있었다. 2003년, 그 중 하나인 성남병원은 분당으로 옮겨갔고, 가장 컸던 인하병원은 폐업했다. 인하병원 측은 폐업에 대해서는 일언반구도 없다가, 어느 날 갑자기 문을 닫아버렸다. 진주의료원 사태와 패턴이 똑같았다. 그때 오영선 집행위원장은 보건의료노조 인하병원지부 사무국장이었다.

이대엽 시장은 오락가락했다. 2002년 지방선거에서, 그가 내건 공약은 시립병원 건설. 공공의료 강화의 전도사도 아닌 그가 종합병원이 3개나 있는 동네에 시립병원을 세운다? 성남병원 부지에 아파트사업을 승인해줄 때까지만 해도, 시민들은 이 시장을 믿었다. 그러나 인하병원 폐업신고를 수리하지 않겠다던 성남시가 태도를 바꾸자, 시민들은 성이 났다. 시립병원이 생기기는커녕 멀쩡히 있던 병원 2개만 사라진 것이다. 남은 1개의 병원에는 응급실도 없었다.

7월 10일, 인하병원폐업범시민대책위가 구성됐다. 25일, 폐업철회를 호소하는 성남시민 10만명의 서명이 담긴 서명부가 정부에 전달됐다. 시민들은 성남시가 인하병원을 인수해 시립병원으로 탈바꿈시켜 달라고, 이 시장에게 요구했다. 인하병원의 모기업인 한진그룹은 성남시가 인수할 경우 장비를 기부하겠다는 의사를 밝혔지만, 무슨 까닭인지 이 시장은 인하병원 인수를 거부했다. 시민들은 자신의 손으로 시립병원을 만들겠다고 나섰다.

'민주화'가 되면서 시민운동의 공간이 열렸다. 시민운동은 전통적인 변혁운동이 놓쳤던 생활상의 담론들을 포착해 정책과 제도 쪽으로 파고들었고, 이 흐름이 지역의 노동조합 및 민주 일꾼들과 결합해 지역운동을 풍성하게 만들었다. 2000년대에 들어서면, 주민의 손으로 공공병원을 세워보자는 운동이 곳곳에서 벌어진다. 울산시립병원 설립운동(2001)이 있었고, 병원 폐업을 계기로 노동조합과 시민운동이 손을 잡고 추진한 공공병원 전환운동의 사례로는 △음성성모병원 △서울 방지거병원 △목포가톨릭병원 △전주 늘빛정신병원 등이 있었다.

보건의료노조는 부도가 나거나 폐업한 민간중소병원의 "공공병원화운동"을 주요사업으로 결정하고, 본조 차원에서 대책위원회를 구성해 2002년 6월 2~3일 조합원 집중 상경투쟁을 조직했다. 그해 겨울 노무현 대통령이 당선되었고, 2003년 1월 보건복지부는 "자금난을 겪고 있는 민간병원 45곳을 인수해 공공의료기관으로 바꾸겠다"는 계획을 대통령직인

2013년 11월 14일, 공공의료기관의 '롤 모델'이 될 성남시의료원이 첫 삽을 떴다. 가운데 여성이 유지현 위원장이다.

수위원회에 보고했다. 하지만, 정부와 자치단체의 의지는 아직 검증된 바 없었고, 뚜렷한 성과는 나타나지 않았다. (전동환 보건의료노조 정책국장, '시립 성남의료원, 바람직한 운영 모델' p1~2 참조)

시민대책위는 "폐업 철회 및 시민건강권 확보를 위한 시민걷기대회(2003.8.31, 7천여명 참여)", "성남시 의료공백 사태 해결 방안 모색을 위한 주민공청회(2003.9.26.)" 등을 진행하며, 지역사회에 시립병원 설립운동의 나아갈 길을 제시했다. 그게 주민발의 조례안이었다. 11월 7일, 성남시립병원설립범시민추진위가 구성되었다. 시민들의 호응은 뜨거웠다. 12월 13일, 추진위가 개최한 시립병원 설립을 촉구하는 성남시민한마당에는 1천여명의 시민이 모였다.

20일만에 성남시 유권자 18,595명이 서명했고, 12월 29일 주민발의 조례안이 시의회에 접수되었다. 그러나 시의회는 조례안을 본회의에 상정조차 하지 않았다. 시의회 의장이 추진위에 들어와 있었는데도 그랬다. 다른 누구도 아닌 시의원들이 시민의 뜻을 깔아뭉갠 것이다. 지방자치가 실시된 지 12년, 지방의원들의 수준이 이랬다. 주민들 볼 면목이 없었던지, 시의원들은 자기들이 발의를 하겠다고 했다. 성남시 의원 41명 중 21명이 조례안을 발의했다. 그런데….

> "2004년 3월28일 오후 5시를 잊지 못한다. 성남시는 공공의료가 부족했다. 2002년부터 시립의료원 설립 운동을 했다. 경로당 찾아다니며 어렵게 시립의료원 설립조례 주민 발의를 했다. 일년 이상 걸린 일이었는데 시의회 의원들이 47초 만에 부결시켜버리더라. 당시 방청하던 사람들이 울고 시의회 책상으로 뛰어올라가고 도망가는 의원들 잡으러 쫓아다녔다. 나는 특수공무집행방해·재물손괴·치상 등의 이유로 수배됐다. 2004년 3월 28일 수배 중에 성남 주민교회 지하실에 숨었는데, 그때 보건의료노조 간부였던 선배와 밥을 먹었다. 서럽더라. 울면서 '그냥 내가 시장이 되어 직접 시립의료원을 만들겠다'고 결심했다."
>
> 이재명 성남시장 인터뷰, 허재현, 〈한겨레〉 2015.5.29.

피신하고 있던 이재명 당시 성남참여자치시민연대 대표에게 도시락을 사들고 찾아간 "선배"가 바로 정해선 보건의료노조 수석부위원장이었다. 정 수석부위원장은 인하병원지부장 출신으로, 성남시 시민단체 활동가들과 오래전부터 동지적 관계를 맺고 있었다. 정해선과 이재명의 만남. 그것은 노동조합과 지역시민운동의 운명적 결합이었다.

훼방꾼들

분당의 스카이라인이 치솟을수록 성남 원 도심 주민들의 박탈감은 더해 갔다. 그 중에서도 '의료공백(성남시 관계자들도 이 표현을 썼다)'이 가장 컸다. 저쪽은 인구 45만에 병상이 2,500개인데, 이쪽은 인구 50만에 병상이 280개다. 응급의료체계가 부재하다는 것은 말 그대로 생명이 걸린 문제였다. 노동조합과 시민단체가 연대한 성남시립병원 설립운동본부는 시립의료원 설립만이 해답이라는 사실을 잘 알고 있었다. 적자 핑계로 야반도주하지 않는 공공병원, 서민들의 호주머니를 해치지 않는 공공의료. 이것이 주민들이 진짜 바라는 것이었다.

성남은 "광주대단지"의 후예들이 사는 고장이다. 생활력이 강하고, 가진 자에게 주눅 안 들고, 이웃과 뭉치기를 마다하지 않는 사람들이 많이 산다. 제조업 공단 밀집지역인 울산과 창원을 빼면, 민주노동당 표가 가장 많이 나오는 곳이었다. 이들이 성남의료원 설립운동의 주역이었다. 운동의 성격과 목적 그리고 주체가 이렇게 완벽한 삼위일체를 이루는 경우란 흔치 않다. 성남은 공공의료 강화를 위한 안성맞춤의 무대였다.

2004년 3월 조례안이 표결에 붙여졌을 때, 찬성한 의원은 13명이었다. 발의한 21명 중에 8명이나 배신을 한 거다. 주민발의 외에는 방법이 없었다. 주민발의의 기세로 토호들의 기득권을 무너뜨려야 했다. 2차 서명운동이 닻을 올렸다. 시립의료원 설립 절차는 조례안 작성 → 조례제정청구인 대표 및 서명위임인 신고 → 3개월 이내 유권자 11,000명 이상의 서명부 제출 → 시장이 시의회에 조례안 상정 → 시의회 표결 → 예산 배정 및 착공으로 이어진다.

"지방공기업으로 성남의료원을 설치한다. 설치자본금은 전액 성남시가 출자한다." 1만8천여명의 시민들이 이 두 문장을 골자로 한 주민발의 조례안에 한 번 더 서명을 했다. 똑같은 사안을 놓고 주민발의가 두 번이나 성공했다는 사실은 성남의료원에 대한 시민들의 염원이 얼마나 절실했는지를 보여준다. 2006년 지방선거가 6개월도 안 남았던 시점이었다. 운동본부는 서명운동과 함께 "시립병원 설립 반대 5적"을 겨냥해 1인시위 등의 방식으로 압박을 가했다. 2006년 3월 25일, 시의회는 찬반토론도 없이 만장일치로 조례안을 통과시켰다. 그러나….

기득권세력은 성남시의료원의 탄생을 끊임없이 방해했다. 2004년 3월 주민조례 부결에 항의해, 시민대책위가 시의회 앞에서 기자회견을 열었다.

> "제가 아는 또 한 분은 50대 주부입니다. 한 번 항암치료를 받는데 40만원이 든다고 합니다. 그 40만원이 없어서 삶을 포기하겠다고 말씀하십니다. 이것이 남의 동네 얘기가 아니라 우리 지역, 우리 성남에 중원, 수정구에 있는 주민들의 아픔이고 고통인 것입니다. (그런데 이 고통을) 느끼지 못하는 분들이 아직도 있다는 사실을 저는 느꼈습니다. 얼마나 더 울고 고통 받아야 합니까? 이제 시립병원 조례안 3년 걸려서 만들었습니다. 그래서 더 늦어질 거라고 많은 분들은 생각합니다. 이런 생각을 빨리 없애고 부지를 선정하고 그리고 추진위원단을 빨리 꾸려서 하루빨리 우리 주민들의 이 어려움과 고통을 해결했으면 좋겠습니다."
>
> 김기명 성남시의원, 2006년 4월 12일, 134회 성남시의회(임시회) 본회의 속기록

김기명 시의원(민주노동당)의 호소가 나왔던 것은 조례안이 통과되

고 20일도 안 됐을 때였다. 과연 지방선거가 끝나고 시의회가 새로 구성되자, 성남의료원 설립을 훼방 놓는 사보타아지가 다시 고개를 들었다. 성남시는 예산 편성을 미뤘고, 시의회는 민원이 발생한다는 이유로 시립 병원 부지에 관한 건을 심의 보류했다. 2년이 넘도록 성남의료원 설립은 제 자리를 맴돌았다.

자치단체가 미온적이면 중앙정부라도 발 빠르게 움직여줬으면 좋으련만, 참여정부는 "공공의료 30% 확보" 정책을 발표해놓고서도 딴청을 피웠다. 2004년에는 공공의료 확충예산이 전액 삭감되었다. 운동본부는 정부에 "말로만 공공의료 30% 확대 정책을 외치지 말고 이제 구체적인 예산 배정과 계획을 마련해야 한다"고 촉구했다.

성남시는 난데없이 대학병원을 유치하겠다고 나서는가 하면, 적자가 누적돼 정상운영에 곤란을 겪고 있던 특정 민간중소병원을 기채승인까지 해주며 지원하는 등, 역주행을 거듭했다. '의료공백'에 대한 진단은 같았지만, 처방은 전혀 달랐다. 2008년, 우여곡절 끝에 시립의료원 설립 추진 예산 84억원이 시의회를 통과했다. 하지만, 시는 이 예산을 방치했고, 2년 뒤 '불용예산'으로 반납되었다.

버티던 성남시 입에서 "시립의료원을 설립할 경우 민간경제가 위축될 수도 있다"는 말이 터져 나왔다. 민간경제 위축? 그럼, 시립의료원을 이용하게 될 성남시의 서민들은 민간경제의 구성원이 아니란 말인가? 운동본부는 성남시의 주장을 "민간병원이 적자로 문을 닫아서 생긴 문제를 시립병원 건립으로 해결하자는 것이므로 시립병원 설립이 민간경제를 위축시킨다는 것은 사실이 아니며, 아울러 헌법과 응급의료법상의 의료공공성에 대한 기본적인 이해가 없는 발상"이라고 강력하게 비판했다.

시장부터 바꾸는 수밖에 없었다. 이재명 운동본부 1기 집행위원장은 2006년 시장선거에 열린우리당 후보로 출마한 바 있었다. 이재명 후보의 제1공약은 성남의료원이었다. 운동본부는 화력을 선거운동에 집중시켰다.

이번에도 한나라당 후보가 당선되면 설립은 물 건너간다. 아마도 주민발의에 서명했던 유권자 모두가 한마음으로 뛰었을 것이다. 야권연대도 성사됐다. 기득권의 성채 하나는 함락시킨 셈이었다.

방해가 불가능해지니까 등골을 빼먹겠다고?

시장은 바꿨는데, 시의회는 여전히 한나라당이 장악했다. 수정구와 중원구에서는 각각 4석 대 4석으로 팽팽했는데, 분당구에서 8석 대 4석으로 과반이 갈렸다. 성남 원 도심 주민들은 2003년 이후 종합병원급 진료를 받으려면 분당으로 가야 하는 불편함을 감수하고 있었다. 성남시민사회포럼이 이들을 상대로 실시한 여론조사에서 응답자의 74.5%가 시립의료원 조기건립에 찬성하는 것으로 나타났다.

보건의료노조는 그동안 운동본부에 정책 중심의 지원활동을 펴고 있었다. 시립의료원 설립운동의 성격 상 보건의료노조가 전면에 나설 이유가 없었기 때문이다. 이재명 시장이 당선된 뒤 1년이 다 되어가도록 한나라당 시의원들의 반대로 진전이 없자, 보건의료노조는 좀 더 적극적으로 힘을 보탤 필요를 느꼈다. 2011년 4월 30일, 보건의료노조는 시립의료원 조기 건립을 촉구하는 시민걷기대회를 성남시민들과 함께 진행했다.

한나라당 시의원들은 더 이상 시간을 끌었다가는 자신들이 다칠 수도 있다는 것을 깨닫고 있었다. 되지도 않을 이유를 대어 주민들의 화를 돋우느니 정면 돌파가 낫다. 그들은 수세에서 공세로 돌아섰다. 2011년 7월, 한나라당(한나라당이 새누리당으로 당명을 바꾼 건 2012년 2월의 일이다) 소속 시의원들은 조례안을 "(성남의료원을) 대학병원 등에 위탁해야 한다"로 바꿔치기한 개정안을 통과시켰다.

당시 지방의료원법은 "지방자치단체의 장은 경영상의 상당한 이유가 있다고 판단하는 경우 보건복지부장관의 승인을 얻어 조례로 정하는 바에 따라 지방의료원 운영의 전부 또는 일부를 대학병원 등에 위탁운영 할 수 있다(제26조 ③)"고 규정하고 있었으므로, 개정안은 기초의회가 현행 법을 무시한 거나 다름없었다. 왜 이런 억지를 부렸을까? 누가 코치한 것인지는 모르겠지만, 개정안 통과는 성남의료원의 정체성과 미래를 송두리째 뒤바꿀 수도 있는, 실로 중대한 의미를 담고 있었다.

우연이라고 하기는 너무나 속이 보이는, 오비이락 격의 사건이 두 달 뒤 국회에서 벌어졌다. 한나라당 의원들이 주동이 되어 "지방자치단체의 장은 지방의료원의 대학병원 등에 위탁운영 여부에 관해 지방자치단체의 조례에 따른다(개정안 제26조 ③)"고 지방의료원법을 바꿔버린 것이다. 성남의료원은 이제 꼼짝없이 대학병원에 위탁운영 되게 생겼다. 이 개정안을 대표발의한 신상진 의원은 성남 중원구 출신 지역구의원으로, 2000년 '의료대란' 당시 의사협회 '의권쟁취투쟁위원장'이었다.

운동본부는 펄쩍 뛰었다. 오영선 집행위원장이 뭐라고 했는지 들어보자. "대학병원이나 민간병원에 위탁하면 이익을 남겨야 한다. 과잉진료도 더하고 진료비도 올라갈 것이다. 공공의료로서 기능을 못한다. 우리는 의료의 질은 대학병원에 버금가지만 비용은 저렴한 병원을 만들려고 했다. 대학병원 진료비가 24만원이라면, 공공병원 진료비는 10만 원 정도다(김윤나영, 앞의 기사)." 무늬만 시립의료원이 된다는 뜻이다.

그런데 혹시 시가 직영하면 진료의 질이 떨어지는 것은 아닐까? 병원협회의 자장(磁場) 안에 있는 전문가들은 실제로 이런 우려를 표명해 왔고, 많은 이들이 그런가보다 하고 있는 게 현실이다. 이 질문에 대해서는 박찬병 전 삼척의료원장이 명쾌하게 답을 내리고 있다.

> "진료의 질 문제는 이미 판명이 났다. 복지부가 두 번 정도 지방의료원 단위까지 평가했는데 동급 규모의 민간병원하고 차이가 확 났다. 서울의료원은 서울에 있는 이름 없는 대학병원하고 맞먹을 정도로 수준이 높다. '퀄리티(질)'를 얘

기하는 사람은 잘 알지도 못하고 막 주장하는 것이다."

송윤경, "진주의료원 폐업하겠다는 건 돈 없는 환자들은 죽으라는 것", 〈경향신문〉, 2013.4.8

개정안이 밝힌 제안이유는 이랬다. "전국 34개 지방의료원 중 단 2개 의료원만 대학병원에 위탁하고 있을 뿐 위탁병원에 대한 뚜렷한 인센티브가 없어 제도적 실익이 없음." 인센티브? 제도적 실익? 그게 누구에게 필요한 건가? 그걸 누구에게 주자는 것인가? 공공병원이 잘 되면 배가 아픈 정도가 아니라, 막대한 이윤을 뽑아내던 황금의 탑이 무너질 지경이다. "시립의료원을 설립할 경우 민간경제가 위축될 수도 있다"고 주장하던 성남시의 반대 논리 이면에는 바로 이러한 맥락이 숨어 있었다.

개정안은 한 술 더 떴다. "국가는 제26조 제3항의 규정에 따라 대학병원 등에 위탁한 지방의료원의 경우 다음과 같이 비급여 진료비와 본인부담금을 감면한다(개정안 17조의2 신설)." "대학병원 등에 위탁한 지방의료원의 경우"에는 적자가 나도 괜찮다는 소리다. 이런 생각을 하는 사람들이 진주의료원의 "착한 적자"에 대해 그토록 쌍심지를 돋우었나?

세상 나쁜 짓은 그 혼자 다 한 것처럼 욕을 먹은 록펠러도 병원 지어 돈 벌 생각은 하지 않았다. 록펠러가 세운 시카고대학의 의학대학원은 세계 최고의 메디컬스쿨 가운데 하나다. 록펠러재단이나 반독점법에 걸려 해체된 스탠더드오일의 후신인 엑슨(Exxon)이 시카고대학병원에서 돈 빼먹었다는 기사는 인터넷 어디를 뒤져도 안 나온다. 미국은 '영리병원'의 천국인데도 말이다.

헌데, 이 나라는 착한 의료진들이 약한 이웃을 돌보며 오순도순 살아가는 공공병원 하나 못 잡아먹어 안달이다. 그게 불가능해지니까, 모처럼 만에 태어나는 공공병원의 등골 빼먹을 작전 짜는 데 여념이 없다. 돈이 더 필요하면 부자들 지갑 열 생각을 해야지, 서민들 호주머니 털 생각을 하나? 부자들 지갑 노릴 명품을 만들 실력이 없는 거다. 비싼 병원비 아까워하지 않고 척척 낼 부자들 숫자가 부족한 거다. 이게 자기들 탓이지, 국민 탓인가.

공공의료의 새 지평이 열리다

바람직한 보건의료 서비스는 △접근성 △적정성 △포괄성 △연속성 △효율성이라는 다섯 가지 조건을 충족시켜야 한다. 이원영 중앙대의대 교수와 보건의료노조의 전동환(정책국장), 임서영(정책부장), 오영선(인하의료원지부장) 등 4인이 공동연구·집필한 "주민참여에 의한 공공병원 설립과 운영 연구" 보고서의 해당 내용을 소개한다.

> **첫째,** 바람직한 보건의료의 가장 기본적인 조건은 서비스에 대한 높은 접근성이다. 재정적, 지리적, 사회문화적 이유로 필요한 보건의료서비스를 이용하는데 장애가 있어서는 안 된다. 모든 국민이 보건의료를 평등하게 이용할 수 있어야 하는 것이다.
>
> **둘째,** 바람직한 보건의료의 기본조건은 또한 질적인 면에서 적정 수준의 의료서비스를 유지하는 것이다. 이를 위해서는 의학적 최적성(optimal care in medicine)과 보건의료의 사회적 최적성(optimal care in society)이 동시에 달성되어야 한다.
>
> **셋째,** 바람직한 의료의 기본조건은 건강증진, 예방, 치료, 재활 등 서비스가 포괄적으로 제공되는 것이다. 정부의 보건의료예산 비율을 살펴보면 선진국은 이미 90년대 중반을 전후하여 15% 이상을 차지하고 있으나, 우리나라는 2002년 4.5% 정도에 그치고 있다. OECD 보고서는 "한국의 역대 정부들은 보건의료(health) 부문에 대한 예산배정에 매우 인색하다"라고 지적하고 있다.

넷째, 각 개인에 제공되는 보건의료는 시간적, 지리적으로 상관성을 갖고 적절히 연결되어야 한다. 즉 서비스 제공의 연속성이 이루어져야 한다. 예를 들어 한 종합병원 응급실로 간 환자가 각종 검사 결과 상태가 위중해 해당 병원에서 치료를 받지 못해 다른 병원으로 후송되면, 그 병원에서 동일한 검사가 반복되는 경우가 많다.

또한 대형종합병원에서 퇴원한 후 단순히 약을 처방받기 위해 동네 병·의원을 놔두고 먼 여행을 해야 하는 경우도 있다. 그뿐 아니라 믿고 신뢰할 만한 주치의가 없어 때로는 경미한 질병으로 하루에 수군데 병·의원을 방문하는 환자들을 자주 목격하게 된다.

이러한 서비스 제공의 단절성은 환자로 하여금 경제적 부담을 가중시킬 뿐 아니라 질병치료 효과도 그만큼 반감된다. 세계적으로 우리나라만큼 의사 선택이 자유로운 나라도 없다. 미국이나 유럽은 제도적으로 주치의 등록제를 실시하거나 관행적으로 주치의를 두고 있다. 결국 이러한 서비스의 연속성 부재는 전체적으로 환자의 질병치유나 경제적 부담에 매우 악영향을 끼치게 되며, 이것 또한 보건의료의 공공성을 훼손하는 기전으로 작용한다.

다섯째, 투입되는 자원의 양을 최소화하거나 일정한 자원의 투입으로 최대의 목적을 달성함으로서 효율성을 제고해야 한다. 조직 혹은 집단이 효율성 제고를 통해 남은 이익이 개인 또는 일부 집단의 호주머니에 들어가지 않고 다수의 시민 또는 사회에 재투자한다면, 이는 공공성과 효율성을 동시에 만족시키는 게 된다. 예컨대 투입대비 효과가 큰 보건의료체계와 보건의료조직이 있다면 여기에 발생된 수익이 국민 혹은 집단구성원 전체의 건강수준 향상에 쓰인다는 것을 의미한다.

불행히도 우리나라 보건의료체계와 보건의료조직은 대단히 낭비적이고 비효율적이다. WHO(국제보건기구)가 2000년도 연차보고서에서 보건의료체계의 효율성을 국민의료비/GDP와 건강수명(Quality-Adujusted Life Years)에 의해 측정한 결과 우리나라는 저비용-저산출 구조를 가진 나라로 평가되었다.

2011년 12월, 성남시는 수정구에 있던 옛 시청사를 헐었다. 성남의료원이 들어설 부지로 쓰기 위해서였다. 발파식 날 이재명 시장은 정해선 "선배"를 부둥켜안고 감격의 눈물을 흘렸다. 다음해 2월에는 시의회를 설득해 조례를 다시 개정하고, 명실상부한 공공병원으로서의 정체성을 지킬 제도적 기반도 확보했다. 조승연 성남시의료원장(2016년 5월 취임)은 성남시의료원의 입지조건의 의미를 이렇게 설명한다.

> "새로 지어진 공공병원들이 가지지 못한 '좋은' 위치에 들어선다는 점이다. 투자비용을 줄이고자 공공병원은 외곽으로, 산중턱으로, 공단 한가운데로 밀려나왔던 현실에 비추어 성남시의료원은 성남시 절반을 차지하는 구도심 50만 인구밀집지의 중심 옛 시청 부지에 들어선다. 중심가 비싼 땅에 수익성이 떨어지는 공공병원을 세운다는 것은 그간 어느 지자체에서도 상상하지도 못했던 일이다. 좋은 입지는 이용자 접근을 쉽게 하여 고객만족도와 이용률을 높이는 가장 중요한 요소이다. 이를 통해 그간 끊임없이 지적되어온 경영수지를 정상화 할 기본이 마련되었음은 물론이다."
>
> 조승연, "십수년만에 틔워낸 공공의료의 싹을 꺾으려 하는가", 〈청년의사〉, 2016.6.20

2013년 11월 14일, 성남시의료원 기공식이 주민들의 환호와 박수 속에 열렸다. 언론들은 이 소식에 "전국 최초 주민발의에 의한 공공의료원", "공공의료의 새로운 역사를 쓰는 획기적인 사건"이라는 제목을 달아 보도했다. 이재명 시장은 "이제 당당하게, 의료는 돈벌이 수단이 아니고 치료받고 건강하게 사는 것은 국민들의 가장 기본적인 권리로 이를 보장하는 것은 국가의 의무이자 우리가 세금을 내는 이유라고 말해야 한다"고 선언했다.

폐업철회투쟁에서 출발해 주민발의, 기공식에 이르기까지, 설립운동의 "판잡이"를 자임하며 10년이라는 시간을 쉬지 않고 달려온 인하의료원지부 조합원들의 감회는 남다를 수밖에 없었다. 정해선 수석부위원장은 흐르는 눈물을 감추지 못했고, 오영선 지부장은 "보건의료노조라는 산별노조가 있었기에 오늘이 가능했다"면서, 함께 노력해준 보건의료노조 조합원들에게 공을 돌렸다. 진주의료원지부 조합원들에게 전하는 연대와 희망의 메시지도 잊지 않았다. 보건의료노조는 "성남시의료원이 취약한 공공의료를 확충하고 활성화하는 촉발제가 되고 획기적 전환점이 되기를 희망한다"는 성명을 발표했다.

기공식 이후의 과정 역시 순탄치는 않았다. 정부는 2016년 4월 22일, 국가재정전략회의에서 시·군조정교부금 배분 방식과 법인지방소득세 개편 계획을 공개했다. 이 계획이 실행되면, 성남시의 가용 예산은 1년에 최소 1천5백억원이 줄어든다. 성남시의 공공의료 실험을 직접 겨냥한 조치였다. 엎친 데 덮친 격으로 시공사가 법정관리에 들어가는 바람에 공사가 중단되기도 했다. 이 난관들을 극복하고 성남시의료원은 올해 개원을 눈앞에 두고 있다.

연면적 85,901평방미터, 지하 4층·지상 9층 규모에 23개 진료과, 47개 진료실, 517병상이 들어설 성남시의료원은 현재 주민들을 맞을 채비에 분주하다. 기준 병상은 4인실이며, 호스피스병실도 운영한다. 성남시의료원은 또한 "특진 없는 공공병원의 롤모델"을 자신의 또 다른 역할로 제시했다. 성남시의료원은 공공의료의 새 지평을 열고, 무상의료로 나아가는 징검다리가 될 것이다.

14

일자리와 국민건강권을 사수하라!

의료민영화 반대 3차례 연속 총파업 | 2014

"2014년 한 해 동안 박근혜 정부의 의료민영화 정책에 맞서 치열하게 의료민영화 저지투쟁을 전개한 결과 '의료민영화는 안 된다'는 국민적 공감대가 광범하게 확산되었다. 의료민영화 저지 100만 서명운동은 목표치를 훌쩍 뛰어넘어 200만을 넘어섬으로써 역사상 유례를 찾기 힘든 대기록이 만들어졌고, 부대사업 범위 확대를 위한 의료법 시행령 개정에 반대하는 이견서 제출 또한 10만 건을 넘어섬으로써 폭발적인 범국민투쟁의 모범사례가 창출되었다. 이와 함께 언제나 의료민영화 저지투쟁의 선두에 선 보건의료노조의 사회적 위상도 높아졌다."

〈그래! 우리가 꿈꾸는 바로 그 산별노조!〉, 보건의료노조, 2015, p202

언제부터인가, 한국 경제가 '새로운 성장엔진'을 찾아야 한다는 주장이 신문 지면을 장식하기 시작했다. 노동자 딸이 물었다. 제가 하는 일은 이제 가치가 없어진 건가요? 그래서 제가 비정규직이 되어 월급도 많이 못 받고 늦게까지 일해야 하는 건가요? 노동자였던 아버지가 대답했다. 가치가 없어졌다면 그 사람들이 비정규직이나마 시켜주겠니? 내가 네 나이 때는 우리를 산업역군이라고 부르면서도 대접은 더 형편없었단다. 그럼 아빠더러

2014년 1월, "박근혜 퇴진, 의료민영화 저지, 노동탄압 분쇄를 위한 보건의료노조 투쟁본부" 출범식 현장.

는 왜 나가라고 그래요? 월급 주기가 아까운 게지.

아버지가 젊었을 적, '메이드 인 코리아'가 내세울 건 가격 하나뿐이었다. 한국 기업의 경쟁력이 저임금이라는 건 주지의 사실이었고, 그것은 결코 자랑이 아니었다. 그뿐인가. 국가보증에, 재정투융자에, 협조융자에, 정부조달시장에, 노동3권에, 하다못해 전기료까지, 우리 사회는 자본이 달라는 건 다 줬다. 핑계 대는 게 장기인 관료나 기업주들도 차마 딴 소리는 못했다. 그 시절, 한국 경제의 성장엔진은 사회 그 자체였다.

애벌레는 떡잎이고 새순이고 가리지 않은 채 걸신들린 듯 갉아먹었다. 날아오를 시간이 되어도, 애벌레는 나무에게 호통만 쳤다. 잎사귀를 더 틔워! 수액을 더 줘! 꽃가루를 날라줘야 수정을 하고 열매를 맺을 수 있건만, 애벌레는 딱 달라붙어 떨어지려 하지 않았다. 나비가 되어야 할 애벌레는 거대한 기생충이 되었고, 꽃들은 시들어갔다.

적어도 30년 전에는 '선진국으로 함께 간다'는 묵시적 합의가 있었다. 아버지들이 참았던 것도 그 때문이었다. 그런데 30년이 지나고 나서 돌아온 답은 어이없게도 또 '경쟁력'이었다. 뭘 더 내놓으라는 것인가. 이리하여

정규직 아버지는 일터를 잃고, 딸은 비정규직이 되었다. 자기들도 더는 달랄 게 없다고 느낀 것일까? 엔진이 낡았으니 바꿔 끼워야 한다는 소리가 나온 게 그 무렵이었다.

전면투쟁 선언

2013년 12월 13일, 박근혜 정부가 △영리 자회사 허용 △부대사업 확대 △의료법인 인수합병 허용 △영리법인약국 허용 등의 조치가 포함된 제4차 투자활성화대책을 발표했다. 대책이 실행되면, 병원은 자회사를 설립해 은행업, 숙박업, 화장품·건강기능식품 제조판매, 온천, 체육시설 운영까지 할 수 있게 되고, 공공재인 병원은 아무나 사고 팔 수 있는 물건이 된다. 병원을 장사꾼들에게 넘겨 정글에 내던지겠다는 소리였다.

이 도발은 사실 예견된 것이기도 했다. 보건의료노조는 이명박 정부 5년 내내 의료민영화 시도에 맞서 의료공공성을 지키기 위해 싸워왔다. 박근혜와 이명박은 한 뿌리. 정부가 의료민영화 정책을 다시 꺼내드는 것은 시간문제였다. 보건의료노조는 이번 대책을 영리병원 도입과 국민건강보험 고사로 가는 전 단계로 규정했고, 이 싸움은 시작부터 정치투쟁이 될 수밖에 없었다.

23일, 보건의료노조는 청와대 입구 청운동주민센터 앞에서 기자회견을 열고, "의료민영화정책 폐기 요구가 받아들여지지 않을 경우 정권퇴진 운동에 나서겠다"고 박근혜 대통령에게 직접 경고했다. 유지현 위원장은 언론 인터뷰를 통해, "(정부는 의료민영화를 추진하는 게 아니라고 밝혔지만) 투자활성화라는 명목으로 의료를 민영화하겠다는 종합대책"이라고 강하게 비판하고, "연내까지 투자활성화 대책을 폐기하지 않을 경우, 2014년을 국민들과 함께 의료민영화 저지의 해로 만들겠다"고 선언했다.

박근혜가 당선된 순간부터, 민주진보세력에게 정권과 정면승부는 피할 수 없는 숙명이었다. 일터와 캠퍼스, 온라인과 오프라인에서 박근혜 정부에게 반대하는 목소리들이 다양한 방식으로 표출되었다. 고려대에서 출발한 "안녕들 하십니까?" 대자보 붙이기 운동도 그 중 하나였다. 조합원들은 자신이 일하는 병원 곳곳에 대자보를 붙이고, 인증샷을 찍어 공유했다. 많은 환자들이 고개를 끄덕였고, 일부는 동참하기도 했다. 보건의료노조가 기획한 현장홍보 계획의 일환이었다.

보건의료노조가 박근혜 정부에게 준 시한은 연말까지였다. 민주노총, 시민단체, 종교계, 야당까지 나서 민영화정책의 폐기를 요구했지만, 해가 바뀌어도 청와대는 들은 척도 하지 않았다. 2014년 1월 16일, 보건의료노조는 전국 중앙집행위-지부장-전임간부 수련대회를 열어 전면투쟁을 결의하고, "박근혜 퇴진, 민영화 저지, 노동탄압 분쇄를 위한 보건의료노조투쟁본부"를 출범시켰다.

박근혜 정부의 4차 투자활성화대책은 내용뿐만 아니라 절차에 있어서도 심각한 문제를 안고 있었다. 현행법상 불가능한 영리 자회사 설립, 의료법인 인수합병 등을 대통령령으로 허용하겠다는 정부의 방침은 대통령 스스로 법을 위반하겠다는 거나 다름없었다. 제 아무리 '불통' 정권이라도 법을 손질하고 새로 만들 수밖에 없는데, 6월 지방선거 전에 강행하기는 쉽지 않다. 이에 따라, 6월 임시국회에서 개정안 통과를 둘러싼 대충돌이 예고되었다.

이미 1월 9일부터 산하 11개 지역본부와 143개 지부가 "의료민영화 저지 100만 국민 서명운동"에 돌입한 상태였다. 유지현 위원장과 집행부는 의료민영화를 막기 위해서라면 2014년 한 해 "연중무휴 투쟁"도 불사하겠다는 방침을 천명했고, 2월 18일부터 1박2일로 열릴 정기대의원대회에서 산별총파업을 결의할 예정이었다. 보건의료노조는 6월 임시국회가 의료민영화를 저지할 1차 고비가 될 것이라는 정세판단 아래, 다음과 같이 투쟁 일정을 배치했다.

2014년 1월 27일, "의료 영리화 저지"를 위해 보건의료노조는 대한의사협회, 대한치과의사협회, 대한한의사협회, 대한약사회, 대한간호협회 등과 함께 공동 캠페인을 벌였다.

△2월 18~19일 ; 정기대의원대회, 6월 산별총파업 결의 △2월 25일 ; 국민파업일, 조합원 2천명 상경투쟁 △"의료민영화 저지 범국민대책위원회" 결성 △4월 ; 조합원 교육 및 범국민 캠페인 전개, 임시국회 일정에 따라 총력투쟁 배치 △4월 7일 ; 보건의 날, 의료민영화 저지 범국민투쟁 △5월 1일 ; 노동절, 전국노동자대회 총집결 △5월 ; 지방선거운동기간, 정책협약 및 개혁후보 지원

조합원들은 "100만 서명운동"에 보여준 국민들의 반응을 보고 승리를 확신했다. 환자와 보호자들은 병원 문을 열고 나서다가 병원 로비에 설치된 서명대를 보고는 다시 들어와 서명에 동참했다. 유지현 위원장은 정기대의원대회장을 찾은 취재기자들에게 이렇게 말했다. "6월이든 4월이든 정부가 의료민영화를 강행하려 한다면, 당장 총파업에 들어갑니다. 의

2014년 보건의료노조의 세 차례 연속 총파업은 외환위기 이래 진행되어 온 의료민영화 및 영리화 저지투쟁의 정점이었다.

료민영화 저지투쟁은 권력과 국민의 싸움입니다. 국민은 우리 편이고, 필수인력을 유지하면서 파업하는 데 한계가 있지만, 몸으로라도 의료민영화를 막겠습니다."

아! 세월호…

"투쟁본부로의 전환, 조합원 하루교육과 거리집회, 대국민선전전과 캠페인, 전국순회간담회, 지부별 결의대회, 철도-의료 민영화 저지 공동투쟁, 5차례에 걸친 생명과 안전의 물결, 범국민대회, 6·4 지방선거 후보와 정책협약식, 7·30 재보궐선거 출마자에게 정책질의, 청와대 앞 단식농성, 세종시 정부청사 앞 집회, 가을문화제와 인왕산 등반대회, 송도국제마라톤대회, 의료영리화 방지법안 국회 발의, 토론회, 기자회견, 세월호 참사 진상규명과 특별법 제정을 위한 촛불집회 등 모든 계기와 모든 방법을 총동원하여 그야말로 의료민영화 저지 총력전을 펼쳤다."

〈그래! 우리가 꿈꾸는 바로 그 산별노조!〉, 보건의료노조, 2015, p202

박근혜 정부의 4차 투자활성화대책은 의사와 약사들의 반발도 불러왔다. 의사협회는 대책이 철회되지 않으면 파업에 나서겠다고 별렀다. '의약대란' 이후 14년만의 '의사파업'이었다. 병원협회를 제외하고는 보건의료산업계의 모든 당사자들이 정부에 반대하는 듯했다. 하지만, 공동전선은 기대하기 힘들었다. 의사협회는 수가 조정에 사활을 걸고 있었고, 이는 의료공공성 강화라는 보건의료노조의 목적과는 결이 다른 것이었다.

2월 25일, 이 날은 박근혜 대통령의 취임 1주년이 되는 날이자, 민주노총과 "의료민영화 저지 범국민대책위원회"가 정한 "국민파업일"이었다. 민주노총 집계에 따르면, 철도노조를 비롯한 867개 사업장이 동시 파업을 벌였다. 보건의료노조는 오후 1시부터 여의도 산업은행 앞에서 "의료대재앙! 의료민영화 저지를 위한 보건의료노조 총력투쟁 결의대회"를 개최하고, 첫 실력행사에 들어갔다.

합동대의원대회 형식을 빌려 진행된 결의대회에서, 유지현 위원장 등 집행부 16인이 전국에서 올라온 2천여명의 지역본부·지부 간부 및 조합원 앞에서 삭발식을 단행했다. 2012년 취임한 유지현 위원장에게는, 이번이 벌써 세 번째 삭발이었다(유 위원장은 6대, 7대 위원장을 연임하며 6년 임기 동안 모두 여섯 차례 삭발을 했다). 결의대회를 마친 조합원들은 오후 4시부터 서울시청 앞 광장에서 열리는 "국민파업대회" 현장으로 이동했다. 광장을 가득 메운 5만여명의 시민에게, 유지현 위원장은 이렇게 외쳤다.

> "의료민영화는 대규모 실업과 비정규직을 양산하는 일자리 파괴정책입니다. 의료민영화 정책은 국민들의 행복한 삶을 위한 경제 정책이 아니라 국민의 불편과 건강 악화를 촉진시키는 정책입니다. 우리 국민들에게 의료비 폭등을 가져오는 재앙이고 절망입니다. 치료비가 없어서 자식이 부모 산소호흡기를 자르고, 일가족이 동반자살 하는 일이 벌어지고 있습니다. 5천만 국민과 함께 하는 범국민투쟁으로 의료민영화를 막아내겠습니다!"

보건의료노조의 의료민영화 저지투쟁은 3월부터 산별중앙교섭과 결합해 조합원의 동력을 끌어올리면서, 3월 22일의 양대노총 공공기관노조들의 공동투쟁, 4월 7일 범국민대회, 5월 1일 노동절 투쟁으로 이어질 예정이었다. 그런데 4월 16일 아침, 전 국민을 충격과 비탄에 빠트린 비극이 일어났다.

세월호 참사는 '생명보다 돈을' 좇으면 어떤 일이 벌어지는 지를 꽃다운 젊은 넋들의 희생으로 우리에게 일깨워주었다. 그것은 압축성장 이래 누적되어 온 대한민국의 모순이 낳은 인재(人災)였다. 이 사실을 누구보다 잘 아는 보건의료 노동자들은, 단원고 학생들의 마지막 메시지가 뉴스에 소개될 때마다 안타까움으로 몸을 떨었다. 아래에 소개하는 인터뷰에서 의사협회 회장이 고발했듯이, 병원은 이미 이윤의 포로가 된 지 오래다. 이를 숫제 제도로써 허용한다? 의료민영화는 무슨 일이 있어도 막아야 했다.

> "세월호 참사도 해운업계의 구조적 비리가 고스란히 누적돼 발생한 것 아닌가. 의료계 상황도 그에 못잖게 심각하다. 의료 현장에선 지금도 고질적 폐해가 이어진다. 일례로 병·의원급에선 '박리다매'가 다반사다. 소아과가 특히 심한데, 환자를 매일 오게도 한다. 불필요하고 불성실한 외래진료 횟수를 늘리는 건 대학병원도 마찬가지다. 한 명의 교수가 중증환자를 하루 100~200명 본다. 그게 올바르고 안전한 진료인가. 그건 편법이다."
>
> 노환규 의협 회장 인터뷰, 김진수, 〈신동아〉 2014년 4월호

"구명조끼를 입었다는데 그렇게 찾기가 힘듭니까?" 사건이 일어나고 7시간이나 지나서, 중앙재난안전대책본부에 모습을 드러낸 박근혜의 이 말을 들은 국민들은 자신의 귀를 의심했다. 이 말 한 마디로 박근혜 정권의 말로는 결정이 났다. 6월 28일, 공광규 시인의 표현대로 "전국의 세월호

의료민영화 저지투쟁에는 국민들도 동참했다. 전국 곳곳의 병원과 가두에서 국민 서명운동이 대대적으로 전개되었다.

들이 모였다.” 민주노총 주최로 국민총궐기집회가 열린 날, “세월호 진상 규명과 책임자 처벌 그리고 의료민영화 철회”를 요구하는 보건의료노조 조합원들에게, 박근혜 정부는 2014년 첫 물대포를 쏘았다.

세상에서 가장 “착한 파업”

지난 겨울 정부가 ‘보건의료서비스산업 투자활성화대책’이란 것을 발표했다. 대략 보건의료계의 규제를 완화해 병원이 돈 벌 수 있는 길을 많이 터준다는 내용이다. 나는 전국보건의료산업노동조합(보건의료노조)에서 일하고 있다. 본능적으로 느꼈다. ‘이것은 필시 큰 싸움을 부를 징조다!’ 아니나 다를까, 그 발표 이후 그나마 1년 중 가장 한가하다는 12월도 의료민영화 반대 투쟁 준비로 정신없었고, 심지어 2014년 1월 시무식을 하던 날조차도 대국민 홍보지를 만드느라 바빴다. 노조 사무실엔 비장한 전운마저 감돌았다.

의료민영화는 이미 해묵은 주제였다. '지겹다'고 말하는 사람들도 있었다. 참여정부 때부터 논란이 됐으니 그럴 만도 하다. 사람들이 병원에 갖는 불신도 깊었다. 이미 병원비는 비싸고, 건강보험은 무능하다는 인식, 보장성 높은 민간보험 하나 안 들어놓고 병원에 가는 것은 손해라는 인식. 그래서 의료민영화랍시고 해봤자, 더 나빠져봤자 거기서 거기라는 게 여론이었다. 심지어 보건복지부가 누리집에, 정부가 추진하는 정책은 '의료민영화가 아니'라고 대문짝만 하게 걸어놓았으니, 참으로 쉽지 않을 싸움이 시작된 것이다.

정부에선 '투자활성화'라 부르고, 우리는 '의료민영화'라 부르는 것. 이것은 상법상 자회사 설립을 통해 병원에서 건물임대업까지 할 수 있도록 부대사업의 범위를 대폭 허용해주는 정책으로, 의료법으로 규제하고 있는 병원의 영리행위를 가능하게 해주는 것이다. 이렇게 되어 병원이 '합법적으로' 돈벌이에 나서게 되면 의료 공공성이 약화될 것은 불 보듯 뻔하다. 결국 국가가 책임져야 할 국민의 건강권을 자본에 맡기겠다는 정부의 이 '어마무시한' 정책을 어떻게 쉽게 설명할 것이냐, 어떻게 쉽게 알리느냐 하는 게 최대 난제였다.

큰 숙제를 받은 나는 자신이 없었고, '의료민영화 저지, 의료공공성 강화, 국민건강권 사수'라는 이 엄청난 사명을 뒷받침할 홍보물을 잘 만들 엄두조차 나지 않았다. 시간은 없었고 마음은 바빴다. 주말을 꼬박 바쳐 만든 첫 번째 홍보지는 지부에 도착하자마자 '글자가 작다', '내용이 어렵다', '유니세프 팸플릿 같다', '노인들이 이걸 다 어떻게 보냐'는 원성이 빗발쳤다. 그런 얘기를 듣고 있자니 한숨과 눈물이 동시에 터져 나왔다. 확 도망쳐버릴까 생각도 했지만 나는 도망치지 못했다.

그래도 계속 포기하지 않고 이것저것 만들다 보니 '내용이 어렵다'고 말하는 사람들도 처음보다 줄어들었고, 서명운동에도 탄력이 붙었다. 다른 시민단체에서도 홍보물을 좀 보내달라고 요청해왔다. 나는 날마다 반 나절 정도를 홍보물이며 배지를 택배로 보내는 일 때문에 바빴지만 싫지 않았다.

서명운동을 시작한 지 한 6개월 만에 50만 명 가까운 사람들이 오프라인 서명에 참여함으로써 이 정부의 의료민영화 정책에 반대한다는 입장을 밝혔다. 특히 10대 청소년들이 서명운동의 주력부대로(?) 참여했고, 그 다음에는 아이가 있는 엄마들의 참여가 빗발쳤다. 동네마다 있는 인터넷 육아카페에서 서명운동 조직(!)에 나서기도 하고, 어떤 사람들은 직접 만든 의료민영화 반대 현수막을 집 베란다에 걸어 사진을 찍어 올리기도 했다. 내가 만든 이미지를 SNS 프로필 이미지로 사용하는 사람들을 보면 생면부지의 관계지만 괜히 반가웠다.

의료민영화 반대 국민서명운동에는, 모두 2백만이 넘는 국민이 참여했다. 청와대 전달 직전, 본조 간부들이 서명용지가 든 박스를 세고 있다.

노조가 움직이고, 국민들이 움직이고 있었지만 정부는 가만히 있었다. 지난 6월 11일 의료법을 위반하면서까지 의료법인이 상법상 자회사를 세울 수 있도록 가이드라인을 발표했고, 병원 내 부대사업 확대 시행규칙 개정안을 입법예고했다. 지금 의료법상 의료법인은 영리행위가 금지돼 있다. 그리고 병원에서 발생한 수익은 무조건 병원으로 재투자돼야 한다. 그런데 정부가 입법예고한 개정안은 의료법을 무시하고 병원이 무한한 돈벌이를 할 수 있도록 하겠다는 내용이다. 무한한 돈벌이는 결국 환자 주머니에서 나오고.

소식이 발표되자마자 유지현 보건의료노조 위원장이 청와대 앞에서 단식농성에 돌입했고 20여명의 노조 사무처 간부들은 매일같이 농성장을 함께 지켰다. 노조 지도부는 밥을 굶고 머리를 깎고, 함께 일하는 우리들은 집에 들어가는 것을 포기하며 싸워야 하는 상황이 힘들었다.

“이렇게 해서 뭐가 바뀌냐”는 말은 비수였다. 나는 태생적으로 ‘멘탈’이며 체력이 약한지라, 비슷한 비관을 품고 살았다. 정부는 어떤 여론도 눈치 보지 않고 일방통행 했고, 워낙 거침없었다. 의료법 위반, 국회 의결권 무시, 국민여론 무시로 밀어붙이는, 홍길동도 아니면서 의료민영화를 의료민영화라 말하지 않는 정부의 추진력이 새삼 놀라울 정도였다.

2014년 8월 28일. 의료민영화 저지 3차 총파업 현장.

하지만 7월 22일은 '뭐가 될까'라는 의심이 사라지는 순간이었다. 이미 6월 24일 1차 경고파업으로 3,500명이나 되는 보건의료노조 조합원이 거리로 나온 터였다. 임금인상이나 근로조건 개선을 요구하는 게 아닌, 보건의료정책 폐기를 요구하는 파업이었기 때문에 조합원들이 참여하는 데 부담이 클 것이라 예상했다. 하지만 그 예상은 완벽히 깨졌다. 그리고 7월 22일 2차 파업 출정식이 열린 동대문역사문화공원을 6,000명의 조합원들이 가득 채웠다.

유병언 전 세모그룹 회장의 시신이 발견됐다는 뉴스가 범람하던 때인 7월 22일부터 23일까지, 인터넷 포털사이트 인기검색어 순위에 '의료민영화'가 '유병언'을 제치고 1위에 내내 올라 있었다. 7월 22일은 부대사업 확대 시행규칙 개정안 입법예고 마지막 날이었다. 사람들은 "유병언은 이미 죽었지만, 의료민영화가 되면 우리가 죽을지도 모른다"며 의료민영화 반대 서명운동에 참여하고, 부대사업 확대 시행규칙 개정 반대 의견서를 제출했다.

그날 하루에만 60만 명이 넘는 국민들이 온·오프라인 서명운동에 참여했고, 전체 서명 참여자 수는 150만 명을 넘었다. 그리고 10만 명 가까운 사람들이 보건복지부에 이 정책을 반대한다는 의견서를 제출했다. 덕분에 7월 22일 보건복지부 홈페이지가 다운되는 일도 있었다. 여기서 끝이 아니다. 애플리케이션 업체 '어워드베스트'에서 성인남녀 1,180명을 대상으로 현 정부의 의료민영화 정책 찬반여부를 물었고, 무려 88%가 반대한다고 응답했다.

지난 6월 우리 노조와 참여연대, 김용익·이목희 의원실이 공동으로 한 설문조사 결과보다 18%나 반대여론이 높아진 것이다. 고작 홍보물 반응이 안 좋다고 기죽어서 도망갈 생각이나 하던 나는 내가 미처 눈치 채지 못한 사명감이 사람들의 가슴에서 조용히 빛나고 있다는 생각을 처음으로 했다. 이 큰 투쟁의 일원으로 함께하고 있다는 것도 참 고마웠다.

2차 파업은 7월 26일 일단락됐지만 우리 노조는 다시 3차 파업을 준비하고 있다. 정부가 아직 의료민영화 정책을 폐기하지 않았기 때문이다. 또 진주의료원 재개원투쟁으로 대표되는 공공의료 강화 투쟁도 끝나지 않았다. 속초의료원 노동자들도 최저임금 위반, 노조 탄압 등에 맞서 싸우고 있다.

우리는 국민 누구나 가족에게 미안한 마음 없이 잘 치료받고 건강해지길 바란다는 진심, 국민의 생명과 안전을 지켜온 '착한 규제'를 강화해 병원에서 세월호 참사 재현을 막아야 한다는 책임감, 돈보다 생명의 가치를 지킨다는 사명감으로 싸웠다. 그리고 그 진심의 깊이가 국민들에게 큰 울림을 줬다고 믿는다.

전아름 보건의료노조 선전부장,
"세상에서 가장 '착한 파업', 또 할 겁니다", 〈오마이뉴스〉, 2014.8.5

약탈을 막아내다

"2014년 의료민영화 저지투쟁의 선두에는 항상 보건의료노조의 자랑스러운 깃발이 나부꼈다. 보건의료노조는 의료민영화 저지를 위한 3차례의 총파업투쟁(1차 6월 24일, 2차 7월 22~24일, 3차 8월 28일~30일)을 전개하였고, 의료민영화 영리화 저지와 의료공공성 강화를 위한 범국민운동본부를 결성하여 범국민투쟁을 전개하였다. 아울러 노동시민사회단체와 보건의료계, 정당이 의료민영화 저지투쟁에 함께 할 수 있는 가교 역할도 충실하게 수행하였다."

〈그래! 우리가 꿈꾸는 바로 그 산별노조!〉, 보건의료노조, 2015, p202

의료민영화를 둘러싼 사회적 논란의 중심에 있던 게 이른바 '서비스산업발전기본법'이었다. 정부입법안으로 제출된 이 법안은, 서비스산업을 "농림어업이나 제조업 등 재화를 생산하는 산업을 제외한 경제활동에 관계되는 산업으로서 대통령령으로 정하는 산업"이라고 명시했다. 이 법안이 통과되면, 국무회의 의결(대통령령은 국무회의에서 의결한다) 절차 하나로 의료도, 교육도, 수도도, 아니 이 사회의 모든 공공재가 '돈벌이' 수단으로 전락하게 된다.

옳고 그름을 떠나, 국회의 입법권을 부정하는, 삼권분립의 원칙에 대한 도전이었다(미국이나 영국에는 정부입법제도도 없다). 한마디로, 코에 걸면 코걸이 귀에 걸면 귀걸이 식의, 국가보안법만큼이나 황당무계한 법안이었다. 국책연구기관인 한국개발연구원(KDI)은 이 '서비스산업발전기본법'이 통과되면, GDP가 약 500억 달러 늘어날 것으로 전망했다. 500억 달러? 큰돈이다. 이 돈은 어디에서 나오는 것일까?

'서비스산업발전기본법'이 처음으로 국회에 제출된 2011년 12월 30일, 그 1년 전인 2010년 한국의 무역수지를 살펴보자. 수출 4,663억 달러, 수입 4,252억 달러로, 411억 달러 흑자였다. 겉보기는 좋은데, 속을 들여다보면 그게 아니다. 무역에서 선진국이 차지하는 비중은 수출 28.2%(1,317억 달러), 수입 40.8%(1,738억 달러)였다. 선진국과 무역에서 전체 무역흑자 411억 달러보다 10억 달러 많은 421억 달러의 적자가 난 것이다(무역협회 통계).

일본 한 나라와 교역에서만 360억 달러 적자가 났다(참고로, 1965년부터 2015년까지 대일 누적무역적자는 5,164억 달러로, 같은 기간 대한민국이 거둔 무역흑자 총액 5,053억 달러보다 100억 달러 이상 많다). 대독일 무역적자 약 40억 달러를 합치면, 두 나라에서 잃은 돈이 선진국 무역적자 총액과 비슷하다. 후진국에서 832억 달러를 벌어서 선진국에 421억 달러를 바치고, 411억 달러를 남겼다.

제조업의 경쟁력이 가격인 국가에서 전형적으로 나타나는 패턴이다. 만일 중국시장(2010년 대중국 무역수지 452억 달러 흑자)이 열리지 않고, 세계 최대의 중저가시장을 보유한 미국(2010년 약 90억 달러 흑자)이 없

2014년 7월 22일, 의료민영화 저지 2차 총파업 당시 동대문운동장에 집결한 조합원들이 가두시위에 나서고 있다.

었다면, 무역수지는 100억 달러 이상 적자를 면치 못했을 것이다. 이는 한국 제조업의 경쟁력이 압축성장 시대와 별반 나아진 게 없다는 사실을 의미한다.

한편, 한국의 주요 수출품목은 △반도체 △자동차 △선박(해양구조물 포함) △무선통신기기 △석유제품 △철강 △기계류에 특화되어 있다. 2015년의 경우, △반도체(629억 달러, 11.9%) △자동차(457억 달러, 8.7%) △선박(401억 달러, 7.6%) △무선통신기기(325억 달러, 6.2%) △석유제품(320억 달러, 6.1%)의 5대 품목이 전체 수출의 약 40%를 차지했다. 주요 수입품목 역시 고정되어 있다. △원유(551억 달러, 12.6%) △반도체(382억 달러, 8.8%) △천연가스(187억 달러, 4.3%) △석유제품(153억 달러, 3.5%) △무선통신기기(123억 달러, 2.8%)

주요 수출입품목의 리스트는 외환위기 이후 20년째 변동이 없다. 선진국에서 비싼 값 주고 자본재를 들여와 상품을 생산한 다음, 후진국 시장에서 가격경쟁으로 무역수지 적자를 보전하는 방식 또한 똑같다. 대한민국이 쌓은 막대한 무역수지 흑자는 대외교역에서 등가교환으로 벌어들인 게 아니라, '비정규직'과 '갑질'로 착취하고 수탈한 돈을 달러로 교환한 것일 뿐이다. 이게 '고용 없는 성장'의 프로세스다.

'구조조정'과 '경쟁력'이라는 이데올로기는 한국 경제의 경쟁력을 높이는 데 아무런 긍정적인 효과를 낳지 못했다. 과거에는 저임금으로 번 돈으로 빚을 갚고, 공장을 세웠다. 지금은 재벌 곳간에서 나오지 않는다(2015년 10대 재벌 사내유보금 700조). 이게 다 '민주화' 이후 자율화 바람에 힘입어 재벌이 국가의 통제에서 벗어나면서 생긴 일이다.

그러는 사이, 브릭스(Brics)와 아세안이 자본재시장에서 한국의 중저가제품을 밀어낸다. 조선업은 이미 중국에 추월당했다. 이렇게 되면, 남는 것은 반도체와 완성차 밖에 없는데, 이 업종에 자본의 신규 진입은 사실상 불가능하다. 다른 업종에서 '비정규직'과 '하청'을 쥐어짜는 것도 한계에 달했다. 요컨대 한국의 자본에게는, 부동산을 제외하면, 자력으로 이윤을 확보할 수 있는 투사처가 없는 것이다.

'새로운 성장엔진'이란 게 호들갑을 떤다고 찾아지는 게 아니다. 4차 산업혁명이 어디서 거저 생기는 것인가. 기술격차를 줄이기 위해 사람에 투자하고, 산업구조를 개선할 의지가 있어야만 가능하다. 하지만, 한국의 자본과 관료들에게는 이를 수행할 실력이 없다. 궁리 끝에 찾아낸 '새로운 성장엔진', 그것이 바로 공공서비스의 민영화와 영리화였다. 500억 달러라는 GDP 예상증가액은 의료, 주거, 교육에서 뽑아낼 국민의 고혈이다. 투자활성화대책은 '약탈활성화대책'이었던 것이다.

보건의료노조의 의료민영화 저지투쟁은 이 약탈의 제도화를 저지하기 위한 싸움이었다. 보건의료노조는 세 차례에 걸친 총파업으로 국민과 함께 맞섰다. 매월 마지막 토요일에는 전 조합원이 참여하는 "생명과 안전을 지키는 물결행진"을 전개했다. 정부의 의료민영화 정책 폐기를 요구하는 국민서명에 200만이 넘는 국민들이 서명했다. 이는 단일한 사안에 대한 국민서명으로는 역대 최고의 숫자였다.

보건의료노조를 비롯한 노동조합의 선도적인 투쟁, 국민의 동참, 야당의 협조로 '서비스산업발전기본법' 통과를 막아냈다. 하지만, 자본과 관료들은 포기하지 않고 기회를 노리고 있다. 이 법안은 2018년 1월 현재, 국회에 계류 중이다. 2014년 11월 1일 오후 4시, 청계광장. "생명과 안전을 위한 국민대회"가 열렸다. 유지현 위원장은 보건의료노조 5만 조합원을 대표해, 중단 없는 투쟁을 다짐했다.

•

"공공의료체계는 무너지기 일보직전입니다. 세월호특별법 제정, 생명과 안전에 무지했던 자들이 만들어낸 참사가 병원에서 일어나지 않도록 막기 위해 우리가 다시 힘을 모아야 할 때입니다. 우리는 이 자리에서 돈보다 생명의 가치를 다시 한 번 확인하며, 생명을 소중히 하는 사회, 안전한 사회를 위해 우리 스스로 먼저 나설 것을 선언합니다."

15

안전한 사회는 누가 만드는가

메르스 사태의 교훈 | 2015

그럼에도 이번 사태를 보면서 한 가지 명확해진 사실은 현 시점에서 메르스를 종식하는 일은 결국 우리 손에 달렸다는 것입니다. 우리는 손을 놓을 수 없습니다. 놓아서도 안 됩니다. 우리가 항상 지켜온 것이 무엇인지 우리 스스로가 더 잘 알고 있습니다. 환자나 환자의 가족은 우리를 보며 희망의 끈을 이어가고 있습니다. 이 일은 우리 모누가 혼연일체가 돼 서로 격려하고 솔선수범해야 가능한 일이라고 생각합니다."

"우리는 환자를 돌보는 일을 직업으로 하고 있습니다. 지금이 가장 힘들지만, 가장 중요한 시기라고 생각합니다. 우리는 서로 격려하고 사랑하며 극복해야 합니다. 몸도 마음도 힘든 지금이지만 우리의 땀방울이 모여 반드시 결실을 보리라 생각합니다. 우리를 바라보는 희망의 눈빛을 꼭 현실로 만들어냅시다.

조혜숙 단국대의료원지부장, '후배들에게 보내는 편지', 2015.6.17

대한민국이 메르스 공포로 떨고 있던 2015년 6월 17일, 조혜숙 단국대의료원지부장은 후배 간호사들에게 편지를 썼다. 조 지부장은 당시 23년차

간호사로, 전임간부를 맡은 지 6개월도 안 되었을 때였다. 메르스 환자의 심폐소생술에 투입되었다가 감염된 간호사의 사례가 나오자, 후배들이 두려움을 호소했다. 누구라고 안 떨리겠나. 그러나 우리가 여기서 환자의 손을 놓아서는 안 된다. 조 지부장은 후배들에게, 그리고 메르스와 싸우는 모든 보건의료 노동자에게 용기를 잃지 말라며, 펜을 들었다.

2015년 메르스 사태 때, 확진환자 165명 중 의료진을 비롯한 병원노동자는 모두 30명으로 전체의 18.6%나 됐다(6월 19일 기준). 메르스 같은 치명적인 감염병의 공격을 받을 경우, 가장 먼저 위험에 노출되는 사람은 의료진과 병원 노동자들이다. 전선을 사수하는 병사들처럼, 병원 노동자들은 메르스의 공격을 막아내기 위해 헌신을 다했다. 우리 사회는 이들을 그 이름도 자랑스러운 "메르스 전사"라고 불렀다.

> "조 간호사는 환자에게 거친 말을 들어가면서도 아픈 환자를 위해 헌신하겠다고 다짐한 나날들, '엄마 회사 가지 말라'며 붙잡는 어린 아이가 눈에 밟혀도 '간호사 하길 참 잘했다'고 서로를 다독였던 시간들을 떠올렸다. 그는 아직도 20여년 전 대학 강당에서 낭독했던 '나는 일생을 의롭게 살며 전문 간호직에 최선을 다할 것을 하느님과 여러분 앞에 선서합니다'는 나이팅게일 선서의 문장을 기억한다."
>
> 조혜숙 단국대의료원지부장 인터뷰, 김민순, "환자의 손 놓을 수도 놓아서도 안 돼…", 〈세계일보〉, 2015.6.17

병원이 뚫렸다

메르스는 '중동호흡기증후군(MERS)'의 약자로, 코로나바이러스에 의한 급성호흡기감염증이다. 첫 감염자는 2012년 9월 사우디아라비아에서 보고되었으며, 2016년 3월까지 전 세계에서 1,499명의 환자가 발생했다. 세계

메르스의 공격이 시작되자, 제일 먼저 움직인 쪽은 정부가 아니라 "메르스 전사들"의 조직, 보건의료노조였다.

보건기구(WHO)는 2013년 7월부터 메르스 관련 비상회의를 수차례 개최하고, 회원국에게 △메르스 연구 △감염 방지 대책 마련 등을 권고했다. 이때만 해도, 일반 국민은 물론 보건복지부 정책 담당자나 병원 경영진들에게도 메르스는 사막의 풍토병쯤으로 여겨졌다.

2009년, '신종인플루엔자A(H1N1, 일명 '신종플루')'가 휩쓸고 간 뒤, 보건복지부는 질병관리본부에 공중보건위기대응과를 신설했다. 2014년 6월에는 '중동호흡기증후군 예방 및 관리지침'을 만들었고, 같은 달 "중동호흡기증후군(MERS)의 국내 유입 대비와 대응"을 주제로 전문가들과 질병관리본부 관계자들이 참여한 포럼을 개최했다. 보건복지부는 〈2015 메르스 백서 : 메르스로부터 교훈을 얻다!〉(2016.7)에서 이 무렵 메르스 대비 태세와 관련, "다행인 것은 2009년 신종인플루엔자 대유행 이후 감염병 환자 진료에 필요한 음압격리병상을 일정 수준 구축" 했다고 평가했다.

메르스 사태 당시, 보건의료단체와 시민단체 회원들이 삼성병원 앞에서 항의집회를 개최하고 있다.

실상은 그렇지 않았다. 메르스가 공격을 시작한 5월 20일, 전국에 음압시설을 갖춘 격리병상의 수는 총 105병상, 하지만, 이 숫자에는 다인실이 포함되어 있어 감염 위험 때문에 병상 수만큼 메르스 환자를 수용할 능력이 없었다. 전담인력도 부족했다. 메르스 사태가 발생하고 나서, 5명의 확진환자가 입원해 있던 국립중앙의료원의 경우, 중환자실과 병동 2개를 폐쇄하고 투입된 협진 의사 17명과 30여명의 간호사들은 교체인력의 지원도 받지 못한 채 환자를 돌봐야 했다.

시설, 장비, 매뉴얼, 어느 것 하나 제대로 준비되어 있지 않았다. 음압병실이 일반병동에 설치되어 있어 일반 환자들을 다 내보내야 했는가 하면, 음압병실에 환자치료를 위한 시설과 장비가 거의 준비되지 않아 부랴부랴 구입하는 일이 벌어지기도 했다. 메르스 환자 입원에 대비한 인력운영계획도 전혀 없었다. 보건복지부로부터 메르스 환자 격리치료 준비 지침을 받았던 어느 지방의료원에서 실제로 있었던 일로, 6월 1일 보건의료노조 기자회견에서 밝혀진 내용들이다.

4월말, 68세 남성이 중동을 2주 방문하고 귀국했다. 1주일 뒤 이 남성은 몸살과 발열 증상으로 평택성모병원에 3일간 입원 후 퇴원했다가, 다시 고열과 호흡곤란 증세가 나타나 다른 의원을 경유해 5월 18일 삼성서울병원 1인실에 입원했다. 이 남성이 중동을 다녀왔다는 사실을 그제야 파악한 의료진이 질병관리본부에 메르스 검사를 의뢰한 게 19일, 국립보건연구원이 메르스 코로나바이러스 유전자 검출을 보고한 게 20일이었다.

이 남성은 증상이 나타나고 약 열흘 동안 수 곳 이상의 병원을 다니면서, 가족, 병원 내 다른 환자, 의료진을 무차별적으로 접촉하며 다수의 2차 감염자를 발생시켰다. 최초 진단을 담당했던 병원 측이 이 남성의 여행경력만 물어보았어도, 이런 일은 벌어지지 않았을 것이다. 보건의료노조가 "보건의료인력지원특별법"을 발의하면서, 입이 닳도록 경고했던 '30분 대기, 3분 진료'의 폐해가 최악의 상황을 몰고 온 것이다.

보건복지부가 준비했던 '중동호흡기증후군 예방 및 관리지침'에 따르면, 초기 역학조사에서 감염가능성이 높은 밀접접촉자를 판단하는 기준은 △확진 또는 의심환자와 신체접촉을 한 사람 △환자가 증상이 있는 동안 2미터 이내 공간에 1시간 이상 함께 머문 사람이었다. 질병관리본부는 이 기준을 적용해 밀접접촉자들을 격리조치 했다. 이 기준에 따라 평택성모병원도 첫 환자와 동일 병실에 입원한 환자 및 의료진만 격리했다. 그러나 〈메르스 백서〉가 인정하고 있듯이, 정부의 예상은 완전히 빗나갔다. 첫 환자와 동일 병실에 입원하지 않았던 환자가 5월 28일 메르스 확진 판정을 받았다. 여섯 번째 환자였다.

본격적인 2차 감염은 삼성서울병원에서 터졌다. 평택성모병원에 폐렴 증상으로 입원해 있다가 삼성서울병원 응급실에 들렀던 35세 남성이 14번째 메르스 환자로 확인되었다. 이 남성은 응급실에 있던 환자와 보호자,

의료진을 주대상으로 수십 명의 2차 감염자를 발생시켰다. 5월 31일 새벽, 삼성서울병원이 보건복지부로 바이러스 노출자들의 명단을 전달했지만, 이 명단에 빠진 사람들이 있었고, 이 중에서 메르스 확진환자가 또 나왔다. 심지어, 밀접접촉자가 중국으로 출국해 현지 보건당국에서 메르스 확진을 받는 한심한 일까지 벌어졌다.

허술하고 무책임하기 짝이 없는 정부의 방역대책, 배금주의에 찌든 병원들의 안전불감증, 만성적인 인력부족의 결과, 병원이 뚫린 것이다. 5월 29일, 유지현 위원장과 대표단이 국립의료원을 긴급 방문해, 현장 안전대책을 점검하고, 메르스 환자들을 담당하고 있는 조합원들을 격려했다. 6월 1일, 보건의료노조는 기자회견을 갖고 메르스 확산 방지와 국가방역체계 구축을 위한 특별대책을 정부에 촉구했다.

▷ 메르스 확진환자와 의심환자에 대한 관리는 이미 병원 안에서 해결할 수 있는 단계를 넘어섰다. 보건복지부를 뛰어넘어 국토부, 국방부, 외교부 등으로 관할영역이 확대되고 있어 범정부부처가 합동으로 대책을 세우지 않으면 안 되는 상황이다. 메르스 확산 방지와 국가방역체계 구축을 위해서는 범 정부기관이 참여하고 청와대가 직접 총괄 지휘하는 컨트롤타워를 구성하여, 체계적이고 종합적인 대응책을 마련해야 한다. 3차 감염까지 고려한 비상대책을 마련하고, 감염대응 수준을 주의단계에서 경계단계로 격상하라!

▷ 보건의료노조가 조사한 바에 따르면, 메르스 대응과 관련하여 메르스 환자를 치료하고 있는 의료기관의 현실은 너무나 열악하다는 사실이 드러났다. 5월 31일 현재 메르스 확진환자 18명 중 4명(22.2%)이 메르스 환자를 담당한 의사와 간호사이다. 메르스 환자 치료를 담당한 의료진조차 메르스 확진환자가 되고 있는 비극적인 현실은 신종전염병 방역시스템이 얼마나

허술한지를 여실히 드러내고 있다.

▷ 메르스 환자가 입원한 병원에서 근무하다 발열현상으로 자가관리 조치를 받은 직원의 경우 보건소에서 연락이 갈 거라고 했지만, 며칠이 지나도 아무 연락이 없어 질병관리본부에 전화했더니 보건소에 연락했다고만 할 뿐 아무런 지침도 없고 관리도 받지 못한 것으로 확인됐다. 보건복지부는 말로만 총력대응을 선언할 것이 아니라 매뉴얼과 지침, 환자관리가 실제 어떻게 이루어지고 있는지 실태부터 제대로 파악해야 한다.

▷ 사스, 신종플루, 에볼라 등 각종 신종전염병이 유행할 때마다 국가방역체계를 구축해야 한다는 제기가 봇물처럼 쏟아져 나왔지만, 신종전염병으로부터 국민의 안전과 생명을 지키기 위한 국가방역시스템은 여전히 제자리걸음이다. 우리는 박근혜정부가 메르스사태를 계기로 국가방역시스템을 최고 수준으로 갖추기 위한 종합대책을 마련하고, 인력 기준 강화와 공공의료 강화를 위한 획기적인 정책을 추진할 것을 촉구한다.

▷ 박근혜 정부는 감염병 대응과 질병관리의 총체적 난맥상을 근본적으로 개선할 대책은 마련하지 않은 채 국민에게 책임을 돌리고, 국민들을 협박하고 있다. 정부는 메르스 확산을 방지하고 국가방역체계를 근본적으로 개선하기 위한 총체적인 대책을 마련하는 것이야말로 '메르스괴담'을 차단하는 올바른 방안임을 명심하고, 국민협박행위를 중단하라!

보건의료노조는 △격리조치에 따른 생업 지원 △의료진 보상 △메르스 환자를 치료하고 있는 의료기관 보상과 지원 △정보 공개 등을 정부에 요구하고, 6월 3일부터 노조 홈페이지에 "메르스 상황판"을 운영해 매일 실시간으로 업데이트 하기로 했다. 조합원들로부터 취합된 현장 모니터링

결과를 토대로, 메르스 확산으로 인한 국민의 불안을 최소화하고 가장 정확한 정보를 제공해 혼란을 막기 위한 것이었다.

"메르스 전사들"

> "메르스 확진환자가 격리치료중인 음압병상에 투입되어 환자를 간호하려면 방호복을 입어야 한다. 입는 데만 20~30분이 걸리고, 한번 입으면 1시간 이상 투입되기 어려울 정도로 더운 날씨에 숨쉬기가 어렵고 땀이 비 오듯 흐른다. 메르스 확진환자 간호에 투입될 때 내장배터리가 방전되거나 공기필터기능이 제대로 작동하지 않거나 방호복이 찢어지거나 틈새가 생겨 혹시 메르스 바이러스에 감염되지나 않을까 솔직히 불안하다."
>
> "메르스 환자와 가족들의 희망을 현실로 만들어내자", 보건의료노조, 2015.6.17

> "극도의 긴장감으로 환자를 돌보고 음압병상을 나오면 땀범벅이다. 혹시나 감염되지는 않았을까, 동료나 가족들을 만나는 것조차 꺼려지고 아이들을 마음 놓고 안아주지도 못해 영화 같은 현실을 실감한다. 부모가 병원에 다닌다는 이유로 아이들의 유치원·초등학교 등교가 거부된 일, 병원에서 일하는 간호사라는 이유로 일반인들로부터 격리당한 채 시험을 치러야 한 일, 택시를 타려고 행선지 병원이름을 댔다가 승차거부를 당하거나, 병원 안까지 들어가지 않고 병원 근처 횡단보도에서 반강제적으로 내려야 했던 일…. 점점 사회적으로 고립되고 있다는 느낌을 지울 수 없다. 그래도 메르스 환자들을 살려내고, 메르스 확산을 막아야 한다는 사명감으로 또다시 방호복을 입고 환자 곁으로 간다."
>
> "메르스 환자와 가족들의 희망을 현실로 만들어내자", 보건의료노조, 2015.6.17

병원 노동자들은 메르스와 싸우고 있었다. 장비는 부족하고, 인력은 딸리고. 이 당시 텔레비전 화면에 자주 등장했던 C등급 방호복(마치 우주

복처럼 생긴)은 환자를 치료하는 의료진을 지켜줄 필수적인 보호장구였다. 하지만 C등급 방호복은 일부 공공병원만 장비하고 있었다. 148번째 확진환자가 된 대전 모 병원의 간호사는 방수기능이 없는 D등급 방호복을 입고 환자들을 돌보다가 감염이 되었다.

C등급 방호복이 태부족인 이유는 보건복지부의 '중동호흡기증후군 예방 및 관리지침'이 D등급을 권고했기 때문이었다. 대만의 경우, 전담 의료진에게 C등급 방호복을 지급했다. 그럼에도, 보건복지부는 당분간 C등급 방호복을 공급할 계획이 없다는 입장을 고집하고 있었다. 보건의료노조는 6월 16일, 광화문 정부서울청사 앞에서 "병원 내 인력 부족과 비정규직 확산이 환자 안전을 위협하고 있다"고 지적하고, 의료진과 병원 노동자들의 안전 보호를 위해 책임 있는 조치를 다할 것을 정부에 요구했다.

국민들은 알고 있었다. 병원 노동자들이 얼마나 악전고투를 벌이고 있는지를. 보건의료노조 홈페이지는 병원 현장에서 보내온 조합원들의 결의와 이를 응원하는 댓글들로 넘

보건의료노조가 광화문 정부종합청사 앞에서, 메르스 사태 해결과 근본대책 마련을 요구하는 기자회견을 열고 있다.

쳐났다. 그것은 "메르스 전사들"에게 보내는 국민들의 무한한 신뢰와 애정의 표현이었다. 아래의 글은, 이 당시 중앙일간지에 실린 어느 간호사의 편지다.

> 저는 전국을 뒤흔들고 있는 메르스라는 질병의 첫 사망자가 나온 한림대 동탄성심병원 중환자실 간호사입니다. 제 옆에 있던 환자도, 돌보는 저 자신도 몰랐습니다. 좋아질 거라는 희망을 가지고 매일 가래를 뽑고 양치를 시키던 환자는 황망히 세상을 떠났고, 나중에야 그 환자와 저를 갈라놓은 게 생전 들어보지도 못한 이름의 병이라는 걸 알았습니다.
>
> 심폐소생술 중 검체가 채취됐고, 그녀는 사망 후에도 한동안 중환자실에 머물러야만 했습니다. 그녀를 격리실 창 너머로 바라보며 저는 한없이 사죄해야 했습니다. 의료인이면서도 미리 알지 못해 죄송합니다. 더 따스하게 돌보지 못해 죄송합니다. 낫게 해드리지 못해 죄송합니다.
>
> 20년간 중환자를 돌보며 처음으로 느낀 두려움, 그리고 그 두려움조차 미안하고 죄송스럽던 시간들. 같은 공간에 있었다는 이유로 저는 격리 대상자가 됐지만, 남은 중환자들을 돌봐야 했기에 '코호트 격리'라는 최후의 방법으로 매일 병원에 출근합니다. 누가 어느 부위에 욕창이 생기려 하는지, 누가 약물로도 혈압 조절이 되지 않는지, 누가 어떤 약에 예민한지 중환자실 간호사가 제일 잘 알고 있기 때문입니다.
>
> 애송이 간호사 시절, 심폐소생술 때문에 뛰어다니는 제게 어느 말기암 할머니는 '저승사자와 싸우는 아이'라는 표현을 해주셨습니다. 그 말처럼 지금까지의 시간은 정말 악착같이 저승사자에게 '내 환자 내놓으라'고 물고 늘어졌던 시간들이었습니다. 그랬던 제가 요즘은 무섭고 두렵습니다.
>
> 그 환자의 메르스 확진 판정과 동시에 전 메르스 격리 대상자가 됐습니다. 그리고 사람들의 시선이 바뀌었습니다. 아무와도 마주치지 않으려 숨어서 출근하고 숨어서 퇴근합니다. 퇴근 후에는 바로 집으로 돌아와 스스로를

격리합니다. 출근 때마다 따듯한 차가 담긴 보온병을 들려주시던 엄마는 제가 격리 판정을 받은 날 이모 집으로 가셨습니다.
숨조차 제대로 쉬기 힘든 N95 마스크를 눌러쓰고 손이 부르트도록 씻으며 가운을 하루에도 몇 번씩 갈아입고 나서야 남은 중환자들을 돌봅니다. 마스크에 눌린 얼굴 피부는 빨갛게 부어오릅니다. 비닐로 된 가운 속으로는 땀이 흐릅니다. 다행히 중환자실의 모든 환자와 의료진은 2차 검사까지 모두 음성 판정이 나왔습니다. 하지만 다른 병원에서 잠복기가 끝날 무렵에 증상이 발현된 환자가 나왔다는 점을 떠올리며 느슨해진 마음을 다시 조입니다.
며칠 전에는 한 환자의 보호자가 전화를 걸어왔습니다. 환자를 다른 병원으로 옮기겠다는 것이었습니다. 코호트 격리 때문에 잠복기가 끝나는 2주 동안에는 전원이 되지 않는다고 하자 욕설을 퍼부었습니다. 메르스 환자가 나왔으니 중환자실을, 더 나아가 병원을 폐쇄해야 하는 것 아니냐는 호통을 듣는 순간 참고 있던 서러움이 왈칵 밀려왔습니다. 온몸의 힘이 빠지며 무릎이 툭 꺾였습니다.
중환자실로 격리된 간호사들은 도시락 힘으로 버팁니다. 끼니마다 의료진 수만큼의 도시락이 자동문 사이로 전달됩니다. 직원 식당조차 갈 수 없는 신세가 서글프게 느껴지기도 합니다. 이모 집으로 간 엄마에게는 오늘도 용돈을 부치지 못했습니다.
스스로에게 묻습니다. 그래도 이 직업을 사랑하느냐고. 순간, 그동안 나를 바라보던 간절한 눈빛들이 지나갑니다. 어느 모임에선가 내 직업을 자랑스럽게 말하던 내 모습이 스쳐갑니다. 가겠습니다. 지금껏 그래왔듯 서 있는 제 자리를 지키겠습니다. 최선을 다해 메르스가 내 환자에게 다가오지 못하도록 맨 머리를 들이밀고 싸우겠습니다. 더 악착같이, 더 처절하게 저승사자를 물고 늘어지겠습니다.
저희들도 사람입니다. 다른 격리자들처럼 조용히 집에 있고 싶다는 생각도

듭니다. 병이 무섭기도 합니다. 하지만 저희들의 손길을 기다리는 환자들이 있기에 병원을 지키고 있습니다. 고생을 알아달라고 하는 것은 아닙니다. 병원에 갇힌 채 어쩔 수 없이 간호하고 있다고 생각하지 말아달라는 게 저희들의 바람입니다. 차가운 시선과 꺼리는 몸짓 대신 힘주고 서 있는 두 발이 두려움에 뒷걸음치는 일이 없도록 용기를 불어넣어 주세요.

동탄성심 중환자실에서 메르스와 싸우는 김현아 간호사,
"저승사자 물고 늘어지겠습니다 내 환자에게는 메르스 못 오게",
〈중앙일보〉, 2015.6.12

생명 보호장구는 안 사고, 생명 구조인력은 안 쓰고

메르스 사태 당시, 겉으로 드러난 문제는 컨트롤타워 부재와 국민들에게 정확하고 신속한 정보를 알리지 않은 '비밀주의'였다. 정부는 첫 확진환자가 나온 5월 20일, 질병관리본부장이 본부장을 맡는 메르스중앙대책본부를 설치했다. 국가재난에 버금가는 대형 위급상황에서 정부 부처의 일개 부서에게 컨트롤타워를 맡겼다는 사실 자체가 난센스였다. 본부장은 5월 29일 차관, 6월 1일 장관으로 격상되었지만, 병원은 이미 뚫린 뒤였고, 대통령은 현장에 나오지도 않았다.

'비밀주의'는 더 이해하기 힘든 처사였다. 정부는 6월 6일이 되어서야 국민들에게 환자들이 거쳐간 병원의 명단을 공개했다. 5월 20일부터 보름이 넘는 동안 환자들로 하여금 '오염된 병원'을 이용하도록 방치한 것이다. '비밀주의'는 특히 삼성서울병원에서 더 심했다. 국민을 메르스 감염위험에서 지키겠다는 게 아니라, 삼성의 브랜드를 지키겠다는 거나 다름없었다.

확진환자가 발생한 병원들이 병동을 폐쇄하는 '코호트 격리'나 병원 전체 폐쇄에 들어갔지만, 삼성서울병원은 예외였다. 삼성은 역학조사와 접촉자 파악도 자기들이 처리했다. '감염병 예방 및 관리에 관한 법률'은 방역 조치 권한을 보건복지부장관 및 자치단체장에 부여한다. 따라서 이는 명백한 법 위반이었다. 보건의료노조는 "삼성서울병원은 치외법권인가"라고 정부에 묻고, 보건복지부의 직무유기와 삼성서울병원의 위법 행위에 대한 진상조사와 책임자 처벌을 요구했다.

스스로 '초일류병원'을 지향한다는 삼성서울병원은 간호사들에게 보호장구조차 제대로 지급하지 않았다. 2,066병상에, 하루 외래환자만 8천명이 찾는다는 초대형 병원. 그곳에 메르스를 치료할 음압병실은 단 1개도 없었다. 돈 버는 의료장비를 들여놓는 데는 돈을 물 쓰듯 하면서, 환자와 우리 사회의 안전을 지키는 데는 자린고비가 울고 갈 정도로 인색했던 것이었다. 이게 메르스 사태의 진짜 원인이었다. 보건의료노조는 "대형병원, 일류병원이 안전할 것이라는 신화는 깨졌다"며, "삼성서울병원은 환자안전과 생명보호에서 최고 일류를 추구했는지 자성하라"고 비판했다.

> "인력부족 문제가 메르스 사태가 확산되는 지금 의료진의 위협을 증가시키고 있다고 이미 말씀드렸는데, 지금 정부는 오히려 부족한 인력을 더 줄이고, 비정규직을 더 늘리는 정책을 밀어붙이고 있습니다. 소위 '노동시장 구조개혁'과 '공공기관 정상화'라는 미명 아래 성과연봉제, 일반해고제, 2진아웃제(저성과자 퇴출제), 임금피크제, 공공기관 기능조정, 파견제 확대, 비정규직 사용기간 연장 숱한 노동정책을 추진하고 있는 겁니다. 그런데 이들 정책들이 하나같이 공공성을 후퇴시키고, 병원을 수익성 추구로 내모는 정책들이고 제2의 메르스 사태를 부르는 위험천만한 정책들이라는 점이 우려스럽습니다."
>
> 유지현 위원장 인터뷰, 〈위클리서울〉, 2015.6.24

병원에서 성과연봉제는 먼저 의사연봉제로 이어져, 과잉진료로 인한 병원비 폭등과 부실진료를 심화시켰다. 메르스 사태는, 성과연봉제가 병원 전 직원에게 적용되면 환자들이 어떤 위험한 상황에 놓이게 될지 적나라하게 보여주었다. 유지현 위원장은 일반해고제, 2진아웃제, 파견제 확대 등이 "공공성 후퇴와 환자 안전 위협, 의료서비스 질 저하를 불가피하게 만들 것"이라고 경고했다. 특히 임금피크제의 실시는, 숙련도가 생명 보호와 직결되어 있는 병원에서는 곧바로 대형사고를 초래하게 된다.

그렇지 않아도 보건의료 인력이 OECD 국가 평균의 1/2, 1/3도 되지 않는 상황에서, 구조조정과 비정규직 사용이 전면적으로 허용되면, 제2, 제3의 메르스 사태가 재발되리란 것은 불을 보듯 환한 사실이었다. 급할 때는 "메르스 전사"라고 치켜세우면서, 비가 그치면 언제 그랬냐는 듯이 간호사들에게 임신순번제와 사직순번제를 강요하는 나라가 대한민국이었다. 법무부는 조선왕조가 공노비에게도 출산휴가를 주었다면서 〈조선은 법치국가다!〉라는 만화책을 초등학생들에게 보급하고 있는데, 그럼 보건의료 노동자들은 조선시대 공노비만도 못한 존재라는 것인가?

6월 26일 연합뉴스TV가 전한, 179번째 확진환자가 된 간호사 A씨의 사연은 더 기가 막히다. 병원 측이 메르스 사태로 인한 경영난 때문에 다음 달부터 급여 전액을 지불하는 게 어렵다고 통보했다는 것이다. 목숨을 걸고 환자를 돌본 "메르스 전사"에게 이런 대접을 해도 되는 것인가? 더 어처구니가 없는 것은, 정부가 메르스를 핑계로 삼성서울병원에 원격진료를 허용하겠다는 방침을 밝힌 것이었다. 불난 집 털겠다는 이야기고, 인간 노릇 안 하겠다는 소리였다.

대한민국 의료 바로세우기

"메르스 사태는 한국의 의료체계의 문제점을 낱낱이 드러낸 거울과도 같습니다. 병원의 감염관리 시스템이 얼마나 허술한지도 다 공개되었습니다. 이런 현상이 가능한 것은 우리나라 의료가 민간주도로 이루어져 있다는 근본적 약점에서 출발하는 겁니다. 병원이 돈을 벌기 위해서는 두 가지가 필요합니다. 하나는 과잉진료를 통해 환자들의 호주머니를 더 노려야 하거나, 아니면 비용을 줄여야 하는데 병원의 비용에 절반을 차지하는 것이 인건비다 보니 결국 비용을 줄이기 위한 선택은 인력 구조조정과 비정규직 양산이었습니다. 인력이 부족하면 부족할수록 안전시스템은 작동하지 않게 됩니다. 당장 소홀하게 되는 것들이 언제 있을지 모르는 재난대비인 거죠. 의료민영화는 단언컨대 이런 현상을 가속화시킵니다. 의료기관이 돈벌이로 내몰리면 내몰릴수록 할 수 있는 선택지가 뻔하거든요. 세월호 때 이미 겪어보지 않았습니까?"

유지현 위원장 인터뷰, 〈위클리서울〉, 2015.6.24

국회는 메르스 사태가 일어나자 '중동호흡기증후군 대책 특별위원회'를 구성해 활동에 들어갔다. 그리고 메르스가 한풀 꺾인 7월 28일, 전체회의를 열고 활동결과 보고서를 채택했다. 보고서는 메르스 사태의 원인으로 △방역당국의 초동대응 부실 △

메르스 방어벽에 구멍을 낸 주범 중 하나는 최고병원이라던 삼성병원이었다. 재벌의 '안전불감증'이 국민을 죽음의 공포로 몰아넣고 있다.

2015년 7월, 메르스 사태가 종결된 이후, 보건의료산업 노사는 "메르스 사태의 교훈"을 주제로 토론회를 공동개최하고, 의료기관 안전시스템 구축에 대한 논의를 시작했다.

정보공개 지연 △통제기관(컨트롤타워) 혼선 △중앙정부-지방자치단체-민간의료기관 협력체계 구축 미흡 등을 꼽고, 감염병 관리대책으로 △질병관리본부 조직 문제 개선 △방역 매뉴얼 개선 △방역공무원의 유연한 대처에 필요한 권한 부여 △전문인력 및 시설·장비 확충과 국제적 공조 △의료전달체계 및 이용문화 개선 △메르스로 인한 사회적 비용에 대한 국가 보상(환자, 보건의료종사자, 격리자 및 의료기관) 등을 제시했다.

하나같이 좋은 이야기들이었지만, 구체적으로 무엇을 어떻게 하자는 결론이 없었다. 이보다 한 달 전인 6월 25일, 보건의료노조는 국회에서 정진후 의원(정의당)과 함께 기자회견을 열어, "메르스 사태의 조속한 해결을 촉구하며 국가방역체계 강화 및 의료체계 전면 개혁을 위한 사회적 대화기구 구성"을 제안했다.

이 제안에는 △'메르스 사태 피해보상 및 의료대란 재발방지를 위한 특별법(가칭)' 제정 △국가방역체계 실행기관으로서 국립중앙의료원 주도의 공공의료기관 체계 정비 △환자 안전을 위한 의료기관평가인증제 전체 의료기관 의무 시행 △국가 주도의 보건의료 인력수급 제도화 : "보건의료인력지원특별법" 제정 △병원의 안전시스템 강화, 의료인력 비정규직의 정규직화 등 5대 의제가 포함되었다. 아울러, 보건의료노조는 대한민국 의료공급체계 재구성을 위한 "4대 방향, 11대 개선과제"를 내놓았다.

▷ 허술한 국가방역체계 전면 재편 및 강화

– 질병관리본부 위상 및 기능 강화

- 유사시 위기관리를 위한 컨트롤타워 격상 제도화
- 재난발생시 지자체 연계방안 구축 매뉴얼 수립
- 유사시 시설, 장비, 인력자원 동원 및 확보방안 등 제도화

▷ 국가방역체계 완성을 위한 공공의료 기능 강화 및 확대

- 국가방역체계 실행기관으로서의 국립중앙의료원 기능 강화
- 국가방역체계 완성을 위한 공공의료기관 기능 강화
- 국가방역체계 강화를 위한 공공의료 확대

▷ 의료기관 안전시스템 개선·보건의료노동자 안전대책 마련

- 의료기관내 안전시스템 개선
- 보건의료노동자 안전대책 마련

▷ 의료전달체계 확립 의료민영화·영리화 반대

- 의료전달체계 확립을 위한 제도개신
- 의료영리화·상업화·민영화 정책 중단

2004년 노동조건 저하 없는 주5일제 쟁취를 위한 총파업 때, 기획예산처 관료들은 "정부와 병원이 먼저 해야 할 일을 보건의료노조가 먼저 한다"면서, 보건의료예산 증액 방침을 밝힌 바 있다(5장 노동조건 저하 없는 주5일제 쟁취 ; 2004 참조). 7월 1일, 보건의료노조는 "메르스 대응계획 특별결의" 및 "2015년 산별 임단협 투쟁계획, 산별교섭 요구안 확정"을 위한 임시대의원대회를 개최하고, "대한민국 의료 바로세우기 투쟁"을 결의했다. 그때도 지금도, 보건의료노조는 정부보다 언제나 한 발 앞서가고 있다.

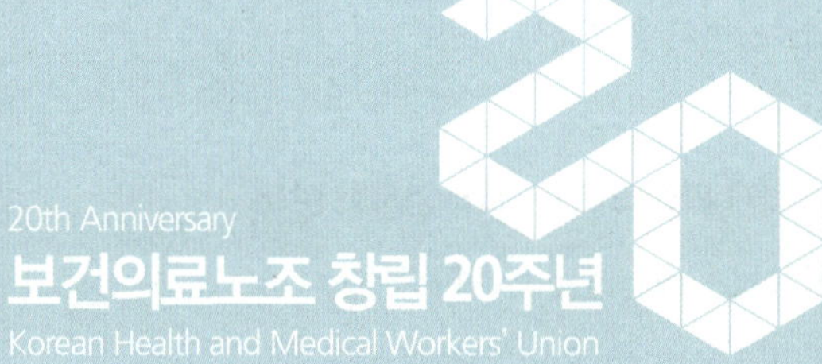
20th Anniversary
보건의료노조 창립 20주년
Korean Health and Medical Workers' Union

환자와 노동자 모두가 행복한 병원

환자존중·직원존중·노동존중 병원 만들기 3대 캠페인 | 2015~

우리에게는 소박하지만 소중한 꿈이 있습니다. 살림살이가 어떻든 어디에 살건 얼마나 아프든 모든 국민이 병원비 걱정 없이 치료받을 수 있는 나라, 영리자본의 투기대상이 아니라 국민의 건강을 책임지는 의료, 환자를 돌보는 노동자들이 최상의 의료서비스를 제공할 수 있도록 충분한 인력과 안정적인 근무조건을 보장하는 일터, 모든 의료기관이 경쟁하지 않고 국민건강을 위해 상호 협력하면서 발전할 수 있는 보건의료체계, 이것이 우리의 꿈이자 미래입니다. 2015년! 국민 모두가 건강한 사회를 만들기 위해 4만5천 보건의료노조가 힘차게 달려가겠습니다.

유지현 위원장 2015년 신년사

2014년, 보건의료노조는 세 차례의 총파업으로 박근혜 정권이 밀어붙인 의료민영화 정책을 막아냈다. 물론, 이 세 번의 싸움으로 정부의 의료민영화 및 영리화 기도가 완전히 꺾인 것은 아니었다. 앞에서 살펴보았듯이, 대한민국의 자본은 약탈을 공공영역으로 확대하는 방법 외에는 자신의 덩치를 유지할 길이 없고, 노동운동은 외환위기 이후 좀처럼 공세로 전환하지 못하고 있다.

"환자존중·직원존중·노동존중 병원 만들기 3대 캠페인" 현장 선전전. 보건의료노조 경기지역본부 아주대의료원지부.

따라서 2014년 "의료민영화 저지투쟁" 승리는 "국민과 함께 하는 노동운동"이 드디어 뿌리를 내렸다는 의미였다. 수년째 교착 상태에 빠져 있는 산별교섭 또한 이 힘으로 돌파할 때에만 정상화가 가능하다. 모처럼만에 잡은 이 승기를 어떻게 하면 이어갈 수 있을까. 보건의료노조는 그것이 보건의료 노동자와 환자 그리고 이 산업에 종사하는 당사자들 속에 얼마나 단단히 교두보를 구축하느냐에 달려 있다는 사실을 잘 알고 있었다.

2015년 3월 12일부터 13일, 천안 상록리조트에서 보건의료노조 정기대의원대회가 열렸다. 창립 17주년 기념식을 겸한 이 대회의 슬로건은 "현장에서 길을 찾고 미래를 준비하자"였다. 노조는 이날 "환자존중·직원존중·노동존중 병원 만들기 3대 캠페인"에 나설 것을 결의하고, 전 조합원이 참여하는 3대 실천운동으로 △환자안전과 의료서비스 질 향상을 위한 현장 신고운동 △전 조합원 교육선전 참가운동 △전 조합원 입법운동을 전개하기로 했다.

이와 함께, △전면적인 노동조건 실태조사를 바탕으로 전 조직적 노동조건 개선운동 △인력확충과 평가인증제 개선투쟁 △의료민영화 저지와 왜곡된 대한민국 의료 바로세우기 △건강보험 지키기와 건강보험 보장성 강화 △기본에 충실한 노조, 현장강화 산별강화 △전략조직화사업과 비정규직 조직화사업 본격 추진 △산별, 지역, 정치, 연대운동 미래전략 수립 등을 2015년 7대 핵심 사업으로 확정했다.

인력부족, 아무리 지적해도 지나치지 않다

원래 인력부족은 자본이 걱정해야 할 의제다. 그래서 질을 높이기 위해 교육에 투자를 하고, 양을 늘리기 위해 복지에 동의를 하는 거다. 양질과 적량의 노동력은 이윤의 원천일 뿐 아니라 적정규모의 산업예비군은 착취의 충분조건이기도 하다. 그런데 이 나라의 재벌은 양질과 적량의 노동력 확보든 적정규모의 산업예비군 유지든 관심이 없다. 그들에게 양질의 노동력이란 눈에 거슬리는 존재이고, 청년실업은 마음 편히 부려먹을 기회일 뿐이다.

생산을 하겠다면 자본의 사회적 책임이, 장사를 하겠다면 상도의가 있어야 하는 법인데, 곳간을 가득 채워놓고도 배가 고프다며 공동체를 협박한다. 예의와 염치라고는 도무지 찾아볼 수가 없다. 하기는 김매는 아낙네 데려와도 자동차 만들 수 있다고 자랑하는 수준이니, 이 나라에서 재벌의 사회적 책임이란 애당초 포기하는 게 차라리 마음이 편하다.

제조업이야 공장자동화시스템을 수입해서 그렇게 할 수 있다고 치자. 병원은? 병원을 자동화 할 수 있나? SF소설 같은 얘기이고, 설령 그게 가능해진다 한들 의사들이 가만히 있을 리 만무하다. 그런 일이 생기면, 십중팔구 의사들이 러다이트운동을 벌일 게다. 병원은 돌봄을 제공하는 곳이다. 양질과 적량의 노동력이 이곳만큼 더 필요한 곳이 없다. 그런데, 사용자가 아니라 노동자가 인력부족을 해결하자며 팔을 걷고 있는 것이다.

보건의료노조가 병원의 인력부족 문제를 제기한 지 십수년이 넘는다. "보건의료인력지원특별법"만 해도 국회에서 벌써 두 번이나 재발의 되었다. 이 문제는 노동자와 국민이 손을 더 굳게 잡아야 해결이 된다. 2015년 8월 11일, 보건의료노조는 민주당, 정의당 의원들의 협조를 얻어 "병원 실태조사 결과 3대 존중 병원 만들기 추진계획 발표회"를 국회에서 개최했다.

4월부터 5월까지 83개 의료기관에서 일하는 병원 노동자 18,629명이 참여한 설문조사 결과, 1일 평균노동시간은 10.6시간, 주당 평균노동시간은 49.8시간이었다. 보건의료노조에 따르면, 이 수치는 한국 노동자의 주당 평균노동시간 41.9시간보다 7.9시간 더 길다. 주40시간제를 기준으로 한 연간 노동시간 2,080시간보다 무려 509시간을 더 일하고 있는 게 대한민국 병원의 현실이다.

병원 노동자들의 노동시간은 "노동조건 저하 없는 주5일제 쟁취" 직후 잠깐 줄어들었으나, 사용자들의 일방적 거부로 산별교섭이 교착에 빠진 2009년 이후, △45.8시간(2008) △46.2시간(2009) △46.4시간(2010) △46.6시간(2011) △46.6시간(2012) △46.9시간(2013) △48.9시간(2014) △49.8시간(2015)으로, 오히려 늘어나고 있는 추세다.

야간근무자의 노동시간은 더 길었다. 주간근무자의 1일 평균노동시간은 9.7시간, 저녁근무자는 9.1시간인데, 야간근무자는 13.1시간으로 법정노동시간 8시간을 5.1시간이나 초과했다. 근로감독이 엄격히 집행되면 있을 수 없는 일이다. 게다가, 시간외수당 등 법이 정한 보상을 받았다고 응답한 비율은 18.1%에 불과했다.

2015년 7월 23일, "3대 캠페인" 전 지부 동시다발 중식선전전. 일산백병원에 부착된 캠페인 벽보.

실태조사 결과에 따르면, 장시간노동의 원인을 묻는 질문에 80.5%가 "인력부족"을 들었으며, 인력부족 정도를 묻는 질문에는 부서별로 평균 2.5명의 인원이 더 필요하다고 답했다. 만성적인 인력부족, 이를 해결할 의지가 없는 병원 사용자와 정부의 수수방관이 장시간노동을 낳은 주범이었다.

병원의 인력부족은 보건의료노동자에게 열악한 노동조건을 감수하도록 강요할 뿐만 아니라 △건강악화(65.7%) △업무스트레스(54.2%) △질병위험 노출(67.6%) 등으로 이어지고, 최종적으로는 △의료서비스 질

하락(81.1%) △친절서비스 미흡(80.6%) △의료서비스 미제공(74.1%) △의료사고 노출 경험(47.4%) 등 환자의 안전을 위협하고, 공공재로서 의료서비스의 존립근거마저 흔들게 된다.

병원 노동자들을 괴롭히는 것은 장시간노동만이 아니다. 병원 노동자 10명 중 5명(49.8%, 8,694명)이 폭언을 경험했고, △폭행(7.8%, 1,270명) △성희롱(9.6%, 1,556명) △성폭력(0.4%, 62명) 등을 겪은 것으로 드러났다. 폭언은 환자(33.4%)와 보호자(29.4%)로부터 가해진 사례가 가장 많았고, 폭행(5.4%, 990명)이나 성희롱(5.3%, 994명)도 심각했다. 의사(16%)와 상급자(14%)로부터의 폭언도 빈번했다. 그럼에도, 노동조합 및 고충처리위원회(폭언폭행 14.1%, 성희롱 24.6%)나 법적인 대응(폭언폭행 10.9%, 성희롱 20.9%) 등 공식적인 절차를 밟아 해결하는 경우는 20%에 그쳤다.

감정노동(emotional labour) 수행정도도 아주 높았다. "감정노동 수행정도가 80% 이상"이 28%, "업무 소진 80% 이상 증상"이 13.1%나 됐다. 병원 노동자들은 환자 및 보호자를 대할 때 "솔직한 감정을 숨기고 일하거나"(71.5%), "자신의 기분과 상관없이 웃거나 즐거운 표정을 짓고"(67.2%), "환자 및 보호자를 응대할 때 실제 기분이 되도록 노력"(54.8%)하고 있는 것으로 나타났다. 이 때문에, 현재 본인의 업무가 "매우 힘든 상황"(40.4%)이고, "좌절감"(25.1%)과 "지겨움"(24.3%)을 느낀다는 답이 많았다.

"우리나라의 경우 간호사 1명이 돌보는 환자가 평균 17.7명이다. 미국(5.3명)보다 3.3배나 많다. 지방으로 내려가면 상황이 더 심각하다. 간호사 1명이 입원환자 40~50명을 돌본다. 용인정신병원 간호사는 환자를 100명까지 맡았다. 간호사 1명이 담당하는 국민도 한국이 세계 최고다. 일본은 127명, 프랑스는 136명인 데 반해 한국 간호사 1명은 무려 358.7명이다. 이로 인해 직무에 만족하지 못하는 간호사 비율도 세계에서 가장 높다. 직업에 불만족한다고 응답한 간호사 비율은 68.5%로 독일(17.4%)보다 훨씬 높았다."

박민숙 보건의료노조 부위원장 인터뷰, 양영유, 〈중앙일보〉, 2017.11.17

언론 인터뷰에 응한 보건의료노조 간부들은, 예외 없이, 개선이 가장 시급한 사안으로 인력부족을 꼽고 있다. 보건의료노조는 "환자존중 직원존중 노동존중 병원 만들기 3대 캠페인"에 돌입하면서, 조합원들과 함께 △안전한 병원 만들기 △폭언·폭행·성희롱·성폭력 없는 따뜻한 병원 만들기 △충분한 인력 확충으로 근무시간 지키기에 나섰다.

"병원의 손은 직원의 안전띠, 직원의 손은 환자의 안전띠"

4월, "환자존중 직원존중 노동존중 병원 만들기 3대 캠페인"의 세부 내용과 실행 지침이 확정되었다. 보건의료노조 교육선전실은 "3대 캠페인" 리플렛 시안을 공개하고, 전 조직에 배포했다.

01

안전한 병원 만들기 ; 환자존중

환자와 직원 모두가 안전한 병원이 좋은 병원입니다.

환자를 속이는 평가인증제 NO!

환자안전을 위한 평가인증제 YES!

안전한 병원 만들기는 가장 따뜻한 환자 사랑입니다.

☑ 병원 내 안전 위협, 위험요소 찾아내 개선하기

☑ 산업안전보건법 준수

☑ 산업안전보건위원회 활성화

☑ 야간근무자 특수건강검진

☑ 감염 예방

☑ 발암물질, 석면 없는 병원

☑ 인력 충원 없이 직원들 쥐어짜는 의료기관 평가인증제 개선

02

폭언·폭행 없는 따뜻한 직장문화 만들기 ; 직원존중

폭언·폭행은 범죄입니다.

폭력 없는 병원 만들기, 의료인의 사명입니다.

따뜻한 직장문화! 환자치료의 첫걸음입니다.

인격존중 병원, 사람중심의 직장문화 함께 만듭시다.

☑ 폭언, 폭행, 성희롱, 성폭력 근절/예방 및 사후대책 가이드라인 제정

☑ 직무 스트레스 근절

☑ 병원업무 힘들게 하는 조직문화 혁신

☑ 태우기 없는 병원 문화

☑ 상호 존중하는 병원 문화

☑ 감정노동 존중하는 감정노동법 제정

03

근무시간 지키기 ; 노동존중

밥 좀 먹고 일합시다!

적정한 인력으로 양질의 서비스를!

건강한 노동이 환자안전을 보장합니다.

병원인력이 늘어나는 만큼 환자에게 더 질 높은 의료서비스를 제공할 수 있습니다.

☑ 식사시간, 휴게시간 지키기

☑ 오버타임 없애기

☑ 근무시간 체크 운동

☑ 업무량 줄이기

☑ 탄력근무제 확대 저지

☑ 인력확충

☑ 보건의료인력특별법 제정

보건의료노조는 조합원들의 참여를 높이기 위해 4행시 짓기와 표어 만들기 공모전을 실시했다. 공모 주제는 △안전한 병원 ; "환자안전" 4행시, 표어 만들기 △폭언·폭행 없는 따뜻한 직장 ; "직원존중" 4행시, 표어 만들기 △근무시간 지키기 ; "근무시간", "인력확충" 4행시, 표어 만들기였고, 주제별로 최우수상 1편 상금 20만원, 우수상 2편 10만원, 입상 10편 3만원 등 총 420만의 상금이 부상으로 수여되었다.

2015년 7월 23일, "3대 캠페인" 전 지부 동시다발 중식선전전. 보건의료노조 SRC지부.

본조 교육선전실로 총 1,680개의 응모작이 접수되었다. 경쟁률이 21.5대1에 달해, "3대 캠페인"에 대한 현장 조합원들의 뜨거운 반응을 실감케 했다. 보건의료노조는 7월 1일 열린 임시대의원대회에서 "환자존중, 직원존중, 노동존중 병원 만들기, 조합원과 함께하는 4행시 짓기, 표어공모전"의 시상식을 가졌다. 각 주제별 최우수상은 다음과 같다.

▷ 안전한 병원

환하게 웃으며 우리아이들이

자유롭게 뛰어놀 수 있도록
안전과 생명 소중한 가치 지켜주세요
전국민이 안전한 사회, 그리고 행복한 병원 우리가 만들어 갑시다.

신천연합병원지부 이은경 조합원, "환자안전" 4행시

병원의 손은 직원의 안전띠,
직원의 손은 환자의 안전띠

건대충주병원지부 신규원 조합원, 표어

▷ 폭언·폭행 없는 따뜻한 직장

직접적인 폭언폭행, 간접적인 폭언폭행
원하지 않는 회식자리의 성추행
존재해서는 안됩니다.
중요한 것은 즐거운 나의 집 같은 따뜻한 직장환경

부산백병원지부 김기옥 조합원, "직원존중" 4행시

질책 대신 격려, 폭행 대신 포옹,
커져가는 신뢰, 따뜻한 병원

보훈대전지회 홍지언 조합원, 표어

▷ 근무시간 지키기

근무는 언제 끝나요?
무슨 역에서 만날까요?
시간아 빨리 가~~, 오늘은 소개팅 하는 날

간만에 풀 메이크업 했건만 오늘도 오버타임으로 끝나버린 나의 사랑 이야기

국립의료원지부 석명주 조합원, "근무시간" 4행시

우리가 지킨 8시간 근무,
환자안전은 24시간 지속

고신대병원지부 정귀례 조합원, 표어

보건의료노조가 시상식에서 밝혔던 대로, 응모작 전체가 "노동현장의 절절한 애환이 묻어나오는 작품"이었다. 수상작으로 뽑힌 4행시와 표어들은 병원 현장에서 "3대 캠페인"의 취지를 알리는 강력한 선전 무기로 활용되었다. 보건의료노조는 조합원들에게 병원 위험상황을 노동조합에 신고하기, "3대 캠페인" 뱃지 달기 등을 독려하면서, "3대 캠페인"을 조합 일상활동의 전면에 밀어붙였다.

보건의료노조가 나서면?

병원균은 눈에 보이지 않는다. 메르스 사태 때 드러났듯이, 초현대식 건물과 그 안에 탑재된 첨단장비가 환자와 의료진의 안전을 보장해주는 게 아니다. 가장 중요한 것은 병원에서 일하는 사람들의 문화다. 만일 병원이 전근대적인 위계질서에 의해 지배되고 있다면, 그것은 병원균이 병실에서 활개를 치고 돌아다니는 것만큼이나 위험하다. 수직적이고 폐쇄적인 직장문화로는 위기에 대처할 수도, 위기를 관리할 수도 없기 때문이다.

문화는 혼자서는 절대 못 바꾼다. 이 문화에 포섭된 나머지 집단 전체의 반작용을 이겨낼 수가 없는 것이다. 그동안 보건의료노조는 노동조건과 법제도 부문에서 많은 변화들을 이끌어내었지만, 병원만의 수직적이

고 폐쇄적인 문화는 아직도 근절되지 않고 있었다. 무엇보다 조합원 한 명 한 명을 이 문화에 함몰될 위험으로부터 구해내는 게 시급했다. 왜 현장의 위험상황을 노동조합에게 보고해야 할까. 보건의료노조가 제작해 조합원에게 배포한 "3대 캠페인 위험사례 보고운동" 양식에 그 답이 나와 있다.

▷ 우리의 안전이 위협 받으면 환자 안전도 위험해집니다. ; 부족한 인력, 노동강도 증가, 감염노출, 충분한 휴식과 재충전이 되지 않아 쌓이는 만성피로와 스트레스가 우리의 안전을 위협하고 있습니다. 경직된 조직문화, 소통부재, 폭언 폭행, 성희롱 등 일그러진 일면으로 우리의 일터, 병원이 위험해지고 있습니다. 병원노동자 우리의 안전이 위협받으면 환자안전도 위험해집니다.

▷ 병원에서 위험상황이 발생하는 것은 개인의 잘못이 아닙니다. ; 지금까지 현장에서 발생하는 크고 작은 위험상황들은 모두 개인의 부주의로 치부되었습니다. 병원 현장은 이직률 증가, 비정규직 증가로 숙련된 인력은 매우 부족합니다. 넘치는 업무에 쫓기듯 일해도 매일 발생하는 오버타임. 이런 병원 현장에서 위험 상황이 발생하는 것은 개인의 잘못이 아닙니다. 병원은 근접오류 사건에서 적신호 사건까지 환자와 나의 안전을 위협하는 사건이 발생할 수밖에 없는 구조적인 문제를 가지고 있습니다. 근본적인 문제를 해결하지 않고, 개인이 책임지는 방식은 이제 바뀌어야 합니다.

▷ 위험사항을 자세히 보고해주세요. 올바른 해결의 출발입니다. ; 환자안전과 나의 안전을 위협하는 사고가 발생할 가능성이 느껴지거나 이런 상황으로 인해 업무를 제대로 할 수 없을 때 이미 위험상황은 존재합니다. 이런 상황에 대해 자세히 보고해 주세요. 위험 상황이 더 지속되면 큰 사고가 발생할 수 있습니다. 위험상황을 있는 그대로 생생하게 보고하고 알리는 것

이 개인에게 책임을 묻지 않고 제도적으로 정책적으로 문제를 해결해 나가는 출발점입니다. 당신의 '작은 보고'가 현장의 위험문제를 줄이면서 환자와 나의 안전을 지킬 수 있습니다.

보건의료노조의 "환자존중 직원존중 노동존중 병원 만들기 3대 캠페인"은 2016년부터 본격적인 성과를 내기 시작했다. "3대 캠페인"의 목표를 구현하는 세 축 가운데 하나인 "안전한 병원 만들기"와 관련해서는, 환자안전법 시행(2016년 7월 29일)을 계기로 산별중앙교섭에서 △병원별(지부별)로 노동조합이 참여하는 환자안전위원회 설치 △연2회 환자안전 위협요인 조사 및 해결대책 마련 △병원별 환자안전을 위한 전담인력 배치 등에 합의했고, 지부교섭에서는 노조 참여를 관철시켰다.

두 번째 축인 "폭언·폭행 없는 따뜻한 병원 만들기"에서는 "의료기관 내 폭력을 근절하기 위한 종합매뉴얼"을 산별합의로 확보했다. 이 매뉴얼에는 △의료기관 내 폭력의 개념과 유형에 대한 규정 △의료기관 내 폭력 문제 해결 원칙 △의료기관 내 폭력 예방을 위한 사용자 의무 △의료기관 내 폭력 예방 조치 △의료기관 내 폭력 대응 조치 △의료기관 내 폭력 발생 시 사후 조치 △직원 간 상호존중을 위한 약속 등이 명시되었다. 노사합의로 폭력 근절을 위한 종합매뉴얼을 만든 것은 보건의료노조가 처음이었다.

마지막 세 번째 축인 "근무시간 지키기"는 인력확충을 유도하는 사전 정지작업으로서의 의미도 갖고 있었다. 병원별 특성을 고려해 △출퇴근시간 기록 앱(스마트폰 어플리케이션) 보급 △펀칭기기 설치 △설문조사 등 다양한 방식으로 시간외근무 실태조사를 실시했고, 그 결과를 종합해 △시간외근무 절감 △시간외근무수당 지급 △교대근무제 개선 △인력확충 등 공동요구안을 마련했다.

노동계는 보건의료노조의 "3대 캠페인"을 조합원들이 현장에서 겪는

2016년 7월, 보건의료노조 부산대학교병원지부 간부들이 조합원들과 임단협 주요 요구사항을 놓고 소통하며, 함께 "3대 캠페인"을 진행했다.

고통의 유형과 원인을 정식화해 사회적 쟁점으로 부각시키고, 이를 기반으로 산별노조의 동력을 강화한 "현장밀착형 산별활동의 새로운 전형"이라고 평가했다. "3대 캠페인"은 병원산업 인력부족 이슈에 다시금 불을 댕겼고, "보건의료인력지원특별법" 제정에 대한 사회적 합의 분위기를 성숙시켰다. "3대 캠페인"은 "2017년 일자리혁명"으로 가는 도약의 발판이었다.

"보호자 없는 병원", 시동을 걸다

"'간호간병통합서비스'란 보호자가 필요 없는 병원을 위해 전문간호인력이 간호와 간병서비스를 함께 제공하는 세도로, 2016년부터 공공병원 뿐만 아니라 3등급 이상인 상급종합병원 및 서울지역 종합병원, 병원급 의료기관으로 확대 시행됩니다. 이 제도는 환자당 간호인력 증가와 인력충원에 필요한 비용을 건강보험으로 해결하는 등 간병비 부담 해결, 노동조건 개선, 일자리 확충이 가능한 획기적인 정책입니다."

"간호간병통합서비스로 '보호자 없는 병원' 실현을!", 보건의료노조 홈페이지, 2016.6.25

2015년 12월 9일, 국회에서 "간호간병통합서비스법(의료법 개정안)"이 통과되었다. 개정 의료법에 신설된 4조의2항의 내용은 다음과 같다.

제4조의2(간호·간병통합서비스 제공 등)

①간호·간병통합서비스란 보건복지부령으로 정하는 입원 환자를 대상으

로 보호자 등이 상주하지 아니하고 간호사, 제80조에 따른 간호조무사 및 그밖에 간병지원인력(이하 이 조에서 "간호·간병통합서비스 제공인력"이라 한다)에 의하여 포괄적으로 제공되는 입원서비스를 말한다.

②보건복지부령으로 정하는 병원급 의료기관은 간호·간병통합서비스를 제공할 수 있도록 노력하여야 한다.

③제2항에 따라 간호·간병통합서비스를 제공하는 병원급 의료기관(이하 이 조에서 "간호·간병통합서비스 제공기관"이라 한다)은 보건복지부령으로 정하는 인력, 시설, 운영 등의 기준을 준수하여야 한다.

④"공공보건의료에 관한 법률" 제2조 제3호에 따른 공공보건의료기관 중 보건복지부령으로 정하는 병원급 의료기관은 간호·간병통합서비스를 제공하여야 한다. 이 경우 국가 및 지방자치단체는 필요한 비용의 전부 또는 일부를 지원할 수 있다.

⑤간호·간병통합서비스 제공기관은 보호자 등의 입원실 내 상주를 제한하고 환자 병문안에 관한 기준을 마련하는 등 안전관리를 위하여 노력하여야 한다.

⑥간호·간병통합서비스 제공기관은 간호·간병통합서비스 제공인력의 근무환경 및 처우 개선을 위하여 필요한 지원을 하여야 한다.

⑦국가 및 지방자치단체는 간호·간병통합서비스의 제공·확대, 간호·간병통합서비스 제공인력의 원활한 수급 및 근무환경 개선을 위하여 필요한 시책을 수립하고 그에 따른 지원을 하여야 한다.

보건의료노조는 나순자 5대 위원장이 취임한 2009년부터 "보호자 없는 병원"을 의료공공성 강화와 인력확충의 대안으로 제시하고, 법제도 개선을 촉구한 바 있다. 2012년에는, 민주통합당 문재인 후보, 통합진보당 이정희 후보와 "보호자 없는 병원" 실현을 위한 정책협약을 체결했고, 이런 과정을 거쳐 2013년부터 서울시를 비롯한 보건의료노조와 정책협약을 맺은 일부 광역자치단체에서 "보호자 없는 병원" 시범사업이 진행되었다.

이 시기 "보호자 없는 병원"은, 정부가 이 해 7월부터 시행한 '포괄간호서비스' 제도와 맞닿아 있었다. '포괄간호서비스'는 가족과 간병인에 의한 간병서비스 대신 간호사와 간호조무사를 추가 투입해 이른바 '팀간호'를 제공하는 것을 가리킨다. '포괄간호서비스'는 초기에는 27개 기관(49개 병동)에서 시범적으로 운영되었고, 2015년 1월 건강보험체계 안으로 들어온다. 하지만, 이 사업에 참여한 민간 요양기관이 9개에 불과했던 것에서 알 수 있듯이, 사업에 대한 인지도나 민간 의료기관의 호응도는 낮았다.

2016년, 일산백병원지부 조합원들이 "3대 캠페인"의 일환으로 감정노동 문제 해결을 요구하는 피케팅을 벌이고 있다.

보건의료노조가 "보호자 없는 병원"을 국가 책임으로 수행할 것을 끈질기게 요구하고, 특히 메르스 사태로 병원 내 감염 문제가 보건의료 분야의 현안으로 떠오르면서, "간호간병통합서비스법"이 국회에서 통과되기에 이르렀다. 간호간병통합서비스를 병원급 이상 공공의료기관에 의무적으로 도입하는 것을 골자로 하는 "간호간병통합서비스법"이 시행되자, 건강보험공단은 이 사업을 중점추진사업으로 선정했고, 참여 의료기관 또한 2016년에는 112개 기관으로 늘어났다.

2017년 4월 현재, 간호간병통합서비스 사업에는 민간병원 266개 17,172병상, 공공병원 63개 4,508병상 등 329개 의료기관(21,680병상)이 참여하고 있다. 환자 및 보호자들의 만족도도 높다. 보건사회연구원의 조사 결과에 따르면, 이 서비스 이용자들의 84%가 재이용하겠다고 답했다. 정부는 2018년까지 전국 모든 병원의 1개 병동 이상에 "간호간병통합서비스"를 추진한다는 목표를 세웠다. 문제는 인력수급이다. 2017년 국정감사보고서는 "간호간병통합서비스"를 전체 병원급 의료기관으로 확대하려면 65,476명의 간호인력과 29,849명의 간호보조인력이 추가로 투입되어야 할 것이라고 예상했다. 정부는 사업 추진이 늦어지자 간호인력 수급이 어려운 탓으로 돌렸다. 그러나 부족한 것은 간호사의 숫자가 아니라 현업에 종사하는 활동 간호사의 숫자다.

이 점은 간호협회도 지적하고 있다. 2014년을 예로 들면, 인구 10만명당 간호대학 졸업자 수는 97.2명으로 OECD 국가 최고 수준이고, 면허 소지자도 OECD 평균 12.8명을 상회한다는 것이다. "간호간병통합서비스"가 간호인력 수급 불균형이라는 암초에 걸린 이유는 열악한 노동조건 때문이고, 이는 의료기관 내 인력확충이 선행될 때에만 해결될 수 있다는 결론이 나온다.

나순자 위원장은 언론과 인터뷰에서 보건의료노조가 전개한 "보호자 없는 병원" 사업을 이렇게 평가했다.

> "아울러 2009년부터 '보호자 없는 병원'을 목표로 국회를 통해 시범사업 시행 등을 진행케 하는 등 상당히 노력을 기울였다. 현재는 간호간병통합서비스로 정착됐다. 문재인 정부에서는 2020년까지 10만 병상으로 확대·운영키로 했다. 이렇게 되면 국내 전체 병상의 절반은 보호자 없는 병상이 된다. 이렇듯 보건의료노조는 항상 국민들의 건강과 환자들의 편의를 위해서 노력해왔고, 실제 뚜렷한 성과도 내왔다."

나순자 위원장 인터뷰, 김양균, 〈쿠키뉴스〉, 2017.12.5

17

광장은 우리의 것

촛불시민혁명 | 2016~2017

굉장히 폐쇄적이고 닫혀서 살아요. 그런 사람이 정치를 한다는 게 이해가 안 가요. 정치를 한다면 억수로 뻔뻔하고 거짓말을 잘해야 할 것 같아요. 안 그래요? 우리는 1년이 넘도록 집 앞에 있는데도 안 만나고 전태일 만나러 간다고 하잖아요. 우리가 그랬어요. 너희 집 문턱 앞에서 1년 동안 해고자 싸움하고 있는 살아있는 전태일을 만나라고.

영남대의료원 해고자 박문진·송영숙 인터뷰, 이상원, 〈뉴스민〉, 2012.11.7

박문진 조합원은 병원노련 마지막 위원장으로서, 1998년 산별 전환을 이끈 주역이었다. 박문진 전 위원장은 1988년, 송영숙 부지부장은 1998년, 간호사로 입사했다. 2006년, 노조가 인력확충과 비정규직 정규직화 등 합의사항 이행을 요구하며 4일간 파업을 벌이자, 사용자 측은 지부 간부 10명을 해고했다. 중앙노동위는 해고가 부당하다는 판결(2008년 1월)을 내렸으나, 대법원은 두 사람과 곽순복 조합원 3명의 복직 소송을 기각했다.

영남대의료원 사측의 노사합의 사항 이행 거부 뒤에는 악명 높은 '노조파괴전문가' 창조컨설팅이 도사리고 있었다. 의심할 여지없는 '파업유도공작'이었다. 복직투쟁의 외로움은 해본 사람만이 안다. 노동조합 간부들에게 해고는 현대판 '위리안치'다. 현장 동료들의 그리운 얼굴이 떠오를 때마다 견디기 힘든 고립감이 엄습해온다. 언제 끝날지 기약 없는 복직투쟁. 2011년 6월, 두 사람은 짐을 싸서 서울로 올라왔다. 이건 박근혜 아니면 못 풀 문제였다.

영남대는 박근혜가 '상속'한 박정희의 '장물'이다. '공주'와 '장물'? 그로테스크한 조합이지만, 당사자는 전혀 그렇게 생각하지 않았을 게다. 박근혜에게는 대한민국 전부가 30년 전 빼앗긴 수정구슬 같은 것이었을 테니까. "나는 대한민국과 결혼했다"는 박근혜. 참 일방적이다. 결혼을 혼자 하나? 게다가 "했다"라니? 그럼 박근혜를 잊고 산 대한민국은 뭐가 되나? 〈미저리〉가 무색한 광기와 집착. 정치적 수사치고는 너무나 섬뜩했다.

박정희 필생의 목표는 중화학공업화였고, 이 임무를 맡은 김정렴과 오원철은 그가 가장 신뢰했던 부하들이다. 이들은 각각 비서실장 및 방위산업 담당 경제2수석으로, 청와대에서 70년대 내내 근무했다. 박근혜의 '퍼스트레이디 놀이' 기간과 일치한다. 두 사람은 박정희가 죽은 뒤 박근혜 근처에도 가지 않았다. 물론 박근혜도 부르지 않았다. 이상하지 않은가. 자신이 누군지 가장 잘 아는 아버지의 두 충신과 인연을 끊은 것이.

아버지와 딸

박근혜가 대한민국에게 버림받았다며 세상인심을 저주하고 있을 무렵, 영남대와 육영재단은 그의 유일한 안식처였다. 독재자 아버지가 물려준 게 하필이면 교육·의료·복지기관이었다는 사실도 얄궂지만, 딸은 그게 무슨 맥락인지 살필 만한 인성도 지성도 갖고 있지 못했다. '공주님'은 그걸 자기 손에 남은 마지막 왕국이라 여겼을 뿐이다. 거머리, 파리, 빈대들이 달라붙었다.

박문진 전 위원장과 송영숙 부지부장이 서울로 올라왔을 때, 박근혜는 '미래권력'이라고 불렀다. 두 사람은 박근혜 지지자들에게 갖은 봉변을 당하면서 '그림자투쟁'을 벌였다. 2012년 대선, 두 사람은 박근혜가 "국민이 행복한 나라"를 외치면 "해고자가 행복한 나라"를 외쳤고, 박근혜가 "내 꿈이 이루어지는 대한민국"을 외치면 "해고자 복직되는 대한민국"을 외쳤다(김규현, "박근혜 삼성동 자택 앞에서 3천배 하던 두 사람, 지금은…", 〈뉴스민〉, 2017.12.1).

10월 24일, 두 사람은 박근혜의 삼성동 집 앞에서 "원직 복직"과 "노동조합 재건"을 염원하는 3천배를 시작했다. 대통령선거 전날까지 57일 동안, 박근혜는 단 한 번도 눈길을 주지 않았다. 아니, '공주님'은 자기 두 발로 집에서 걸어 나오는 법이 없었다. 12월 19일 밤, 입이 귀에 걸린 얼굴로, 박근혜가 나왔다. 지지자들 뒤에서 그 모습을 지켜보며, 두 사람은 낙담했다. 이대로 5년을 더 기다려야 한단 말인가….

"대구지역만 보면 대학병원 중에 간호사 임금 수준이 꼴찌다. 연 100명이 그만두고 나간다." 송 부지부장은 노동소합이 무력화된 영남대의료원 현장을 긱징

영남의료원 해고자 박문진 보건의료노조 지도위원과 송영숙 영남의료원지부 부지부장이 유지현 위원장과 함께, 2012년 대선을 앞두고 박근혜의 삼성동 집 앞에서 해고 철회를 염원하는 3천배를 하고 있다.

하며, 한숨을 지었다. 박 전 위원장은 "저희가 원직 복직하는 것은 현장에 주눅 들었던 마음을 다시 세우고, 노동조합을 정상화하는 의미도 있다"고 말했다(김규현, 같은 기사).

딸은 아버지가 이루려 했던 게 무엇인지 도통 알려고 하지 않았다. '공주님'의 관심은 온통 '왕위계승'에만 쏠려 있었다. 1977년 무역진흥확대회의, 박정희가 현대의 성공 비결이 무엇이냐고 정주영에게 물었다. "현대가 잘한다는 것은 우리나라 근로자가 열심히 일한다는 뜻입니다." '각하 덕분입니다'이라는 대답을 기다리던 관료들의 얼굴이 노래졌다. 감히 대통령 앞에서 근로자에게 공을 돌리다니? 다들 숨죽이고 대통령의 입만 쳐다봤다. 좌중을 응시하던 박정희가 이윽고 입을 열었다. "정 회장 말이 맞아."

박정희가 '친노동적'이었다는 얘기를 하려는 게 아니다. 박정희가 추구했던 모델은 1930년대 군국주의 일본이나 19세기 후반 철혈정책이 지배하던 프러시아였다. 박정희에게 재벌이란 어디까지나 '부국강병'의 수단에 불과했다(자신이 키운 재벌이 훗날 자신이 만든 나라를 집어삼킬 것이라고는 꿈에도 생각 못했겠지만). 그만큼 돈 벌게 해주었으니 너희들에게는 고용의 의무가 있다. 이것이 박정희의 기업관이었다.

시대착오적이다 못해 고색창연한 '절대군주론'이다. 세상이 몇 번 뒤집어졌으므로, 박근혜는 선택을 해야 했다. 기어코 대통령이 되겠다면 아버지처럼 재벌 위에 설 생각은 포기해야 한다. 하지만, 딸에게는 목적과 수단을 구분할 안목도 시야도 없었다. 유권자들이 자신에게서 아버지의 향수를 찾은 게 무슨 의미인지도 모른 채, 딸은 부나방처럼 권좌로 달려갔다. 아버지는 재벌을 부렸는데, 딸은 재벌에게 손을 벌렸다. 아버지는 노동자들에게 피와 땀을 달라고 했는데, 딸은 지갑을 달라고 했다. 신화가 블랙코미디가 되는 순간이었다.

2014년, 보건의료노조가 의료민영화를 막아냈다. 국민이 뒤를 받쳐

촛불시민혁명에 불을 붙인 주역은 노동자였다. 보건의료노조는, 박근혜 정권 임기 내내 의료민영화 기도에 맞서 대정부 정치 투쟁을 수행하며, 촛불의 불씨를 키웠다.

준 덕분이다. 그래도 정신을 못 차린 박근혜는, 2015년에는 '성과연봉제'와 '저성과자 퇴출제'를 꺼내들고 공공부문 노동자들에게 칼을 겨눴다. 정녕 끝까지 가보겠다는 것인가. 9월 11일, 보건의료노조는 "공공의료기관지부 총력투쟁 결의대회"를 열고, "환자안전과 의료서비스의 질을 담보하기 위해 필요한 전문성과 숙련성, 책임성과 업무연속성을 파괴하는 노동시장 구조 개악을 저지하기 위한 총력투쟁"을 결의했다.

자본에게 박근혜는 정말 편리한 도구였다. 병원 사용자들에게 또 핑계거리가 생겼다. 교섭이 늘어졌다. 보건의료노조는 11월 13일 중노위와 지노위에 조정신청을 내고, 다음날 고대의료원 안암병원에서 "서울본부 총력투쟁 결의대회"을 열었다. 김숙영 서울본부장과 지부장 12명이 2천여 조합원 앞에서 집단삭발을 했다. 본부장과 지부장들의 맨머리를 보고 눈물을 흘리는 조합원들에게 김 본부장은 "오늘 잘려나간 머리는 1년이면 다시 자라겠지만 한번 잃은 일자리는 다시 되찾기 어렵다"고 각오를 밝힌 뒤, 29일 총파업을 승리로 이끌어 11월 14일 민주노총 총궐기에 집결하자고 호소했다.

성과연봉제 저지투쟁의 선봉에 서서

투쟁 열기는 해를 넘기면서 더욱 달아올랐다. 2015년 11월 25일, 보건의료노조는 공공운수노조와 함께 기자회견을 갖고, 12월 5일 2차 민중총궐기, 12월 8일 총파업으로 성과연봉제 저지투쟁의 선봉에 서서 투쟁하겠다고 다짐했으며, 2016년 2월 18일에는 공공운수노조·전교조·공무원노조와 손을 잡고 "공공성 파괴하는 성과연봉제, 저성과자 퇴출제 저지를 위한 민주노총 공공부문 노동자 공동투쟁"을 선언했다.

2월, 정부는 성과연봉제를 선도적으로 도입할 47개 기관의 명단을 발표했다. 여기에는, 보훈병원, 국립대병원, 적십자사병원, 근로복지공단 직영병원 등이 포함됐다. 정부는 보훈병원지부부터 공격해 들어왔다. 보훈병원은 독립유공자, 한국전쟁 및 베트남전쟁 참전군인과 직계 유가족에게 의료서비스를 제공하는 공공의료기관이다. 이런 곳에 성과연봉제를 적용하겠다는 것은 국가유공자들의 호주머니를 털라는 소리였다. 보훈병원은 국가보훈처 산하기관으로, 국가보훈처장은 광주민중항쟁 기념식에서 〈임을 위한 행진곡〉 제창을 불허한 박승춘이었다.

보훈병원지부(지부장 김석원)가 저지투쟁을 결의했고, 보건의료노조는 보훈병원 사용자에게 2016년 임금교섭 요청공문을 보냈다. 그러나 사측은 교섭에는 응하지 않고, 서울 중앙보훈병원에서 직원들 상대로 성과연봉제 설명회를 기습적으로 개최했다. 조합원들은 피케팅, 중식선전전으로 대항했으며, 본조와 보훈병원지부는 전국 5개 보훈병원지회에서 조합원 순회간담회를 열고, 4월 5일 보훈병원지부 총력투쟁결의대회에 조직역량을 총집중시켰다.

사측은 교섭에 계속 불참한 채 직원들에게 성과연봉제 동의서를 개별적으로 돌렸다. 조합원들의 항의로 동의서는 수거되었지만, 이는 명백한 부당노동행위다. 보훈병원지부 투쟁본부는 사측의 불법행위 증거를 모아 고발을 검토하는 한편, 비상투쟁기간을 선포하고 각 지회별로 철야농성에 들어갔다.

야당들도 협력했다. 양대노총 공공부문 대책위원회의 요청으로 민주당은 진상조사단을 구성했고, 공대위는 △신속한 진상조사와 책임자 처벌 △불법, 인권유린 행위금지와 노사합의 준수 보장 △성과연봉제 및 2대 지침 폐기를 위한 국회특위 설치 △공대위와 정부 간의 노정교섭의 장 마련 △정부의 폭압 중단을 촉구하는 야3당의 공동성명 발표 등을 약속했다. 5월 31일, 민주노총과 산별연맹 대표자들은 "공공기관에 불법으로 성과연봉제를 강제 도입하도록 지시해 헌법과 노동관계법을 위반한" 이기권 노동부장관을 서울지검에 고발했다.

보훈복지의료공단 등 8개 공공기관에 대한 민수

박근혜 정권의 성과연봉세를 노농사들은 '해고연봉제'라 불렀다. 민주노총은 성과연봉제 저지투쟁을 촛불시민혁명으로 나아가는 징검다리로 만들었다.

당 진상조사단의 조사 결과가 6월 9일 나왔다. 조사단은 "조사기관 모두 과반수 노조가 있음에도 '취업규칙 불이익 변경'에 따른 법적 절차인 과반수 노조의 동의를 받지 않고 직원 동의서를 근거로 이사회 의결을 강행해 근기법 제94조 1항 위반 등 불법, 위법 및 인권 침해 사례가 확인됐다"고 밝히고, "이사회 의결에 의한 성과연봉제 도입은 무효"라고 주장했다.

7월 17일, 보건의료노조 등 94개 노동조합과 시민사회단체가 참여한 "공공성 강화와 공공부문 성과연봉제·퇴출제 저지 시민사회 공동행동"이 출범했다. 이날 기자회견에서, 공공부문 노동조합 대표자들은 정부에게, "정책 변화가 없을 경우 하반기 전면파업과 대규모 범국민대회"로 맞서겠다고 경고했다. 숨 가쁜 공방전이 이어졌고, 9월 5일에는 양대노총 공공부문 노조 총파업, 9월 28일에는 보건의료노조 산하 공공병원지부 조합원 1만여명이 파업에 돌입했다.

외환위기는 양극화를 불러왔고, 양극화는 죽은 박정희를 불러왔다. 생각해보면 허탈하기 짝이 없는 상황 전개이지만, 전자와 후자의 프로세스는 다르다. 외환위기가 양극화로 치달을 때 대통령은 김대중과 노무현이었다. '국민의 정부'와 '참여정부'는 시민사회를 전략적 파트너로 삼는 대신 노동을 배제했다. 김대중과 노무현에게 양극화의 책임을 미루는 것은 부질없는 짓이나, 노동의 배제가 공동체를 신자유주의의 습격 앞에 '무방비도시'로 내몰았다는 것은 움직일 수 없는 사실이다.

양극화가 구조화되자 우리 사회는 급속도로 생기(生氣)를 잃어갔다. 그것은 '무한도전'이나 '1박2일'로 보충할 수 있는 게 아니었다. 사람들은 점차 초인(超人)의 재림을 꿈꾸기 시작했다. 우리 역사에서 초인의 캐릭터에 어울리는 존재는 셋이다. 광개토호태왕, 원효대사 그리고 이순신 장군. 그런데 이 세 존재는 지배세력이 집단최면의 아이콘으로 써먹기에는 적절치가 않다. 호태왕은 예속과는 상극이고(중국시장 눈치도 봐야 하고), 원효대사는 기독교가 들고 일어날 테고, 이순신 장군은 양날의 칼이 될 수도 있다.

버금까지는 못 되더라도 어떻게 꾸며볼 수는 있는 존재는? 김유신? 정조? 백범? 김유신은 '나당연합군', 정조는 '헬조선' 때문에 곤란하고, 백범은 "단정반대"와 "남북협상" 전력 때문에 안 된다. 이렇게 되면 남는 건 박정희 한 명이다. 외환위기 전까지, 박정희는 무덤 속에 봉인된 독재자였다. 민주화로 자유를 획득한 재벌과 관료들에게 그 이름은 다시는 떠올리기 싫은 '흑역사'의 상징이다. 그 봉인을 양극화가 해제했다.

2012년 대선은 박근혜가 아니었다면, 도저히 이길 수 없는 선거였다. 박정희의 딸이 노무현의 친구를 꺾었을 때, 기득권세력은 안도의 한숨을 내쉬었을 것이다. 적어도 그 시점에서, 박근혜는 완전무결한 '선거의 여왕'이었다. 재벌집 청지기의 행랑채는 집권 첫해부터 흔들렸지만, 돌아온 공주의 성채는 끄떡도 없었다. 시민사회세력이 민주주의의 위기를 부르짖었지만, 울림은 크지 않았다.

이 위기를 돌파한 송곳이 바로 민주화 10년 동안 배제되었던 노동이었다. 보건의료노조의 경우를 보자. 2013년 진주의료원, 2014년 의료민영화, 2015년 성과연봉제. 필수유지업무제도에 손발이 묶인 상황임에도, 한치도 물러서지 않았다. 의료공공성을 지키려는 투쟁을 응원하면서, 국민은 재벌의 품에 안겨 약탈의 요령을 흔드는 공주님의 민낯을 보게 되었고, 초인의 재림을 꿈꾼다는 건 결국 자기 발등을 찍는 일이라는 것을 서서히 깨닫게 되었다.

박근혜를 구속하라!

대한민국의 지배세력은 박근혜의 그릇을 일찌감치 알고 있었다. 그들이 최태민의 이름을 몰랐을까. 그들은 박근혜가 청와대로 다시 돌아가고 싶어 잠을 설친다는 것도 잘 알고 있었다. 그러나 아무도 도와주지 않았다. 권력은 나눌 수 없는 것이기도 하거니와, 워낙에 미덥지 않았기 때문이다. 박근혜에게 등을 돌린 것은 김정렴과 오원철만이 아니었다. 남덕우, 신현확, 박태준, 방우영, 사촌형부 김종필까지, 압축성장 1세대들은 모조리 고개를 돌렸다.

이들은 대부분 사망했거나 은퇴한 상태다. 반면, 2세대, 3세대들은 지금이 한창 식욕이 왕성할 때다. 노무현의 허점을 비집고 이명박을 내세워 '잃어버린 10년'을 끝내는 데까지는 가까스로 성공했는데, 눈을 씻고 찾아봐도 그 다음 주자가 없다. 압축성장을 '약탈성장'으로 대체했으니, 자업자득이었다. 보수할 게 따로 있지, 약탈을 보수하나? 이래서 한국의 보수 정치세력은 재생산이 안 되는 거고, 내각제를 주장할 수밖에 없는 거다.

박근혜 말고는 선택지가 없었다. 공주님이 무대 뒤에서 누구와 무슨 짓을 하던 간에 그걸 돌아볼 겨를이 없었다. 노무현 탄핵과 '차떼기' 때도 그랬다. 그만큼 다급했다. 그나

마침내 수백만 개의 촛불이 대한민국을 밝혔다. 노동과 시민의 연합군이 과거로 돌아가려는 대한민국을 바로 세우고, 민주주의를 지켜낸 것이다.

마 다행은 딸이 아버지처럼 재벌에게 호령할 불경스런 마음을 먹지 않고 있다는 것이었다. 세월호 참사가 일어나기 전까지, 자본과 공주의 동맹은 단단했다. 박근혜가 민영화와 영리화를 밀어붙인 게 그 반증이다.

그런데 그 동맹에 금이 가기 시작했다. 첫 번째 균열은 노동운동이 냈다. 박근혜가 민영화와 영리화를 밀어붙일수록 저항은 더 강해졌고, 이에 따라 박정희 향수는 거꾸로 민주주의의 위기에 대한 경각심을 불러일으켰다. 이것은 기득권세력이 미처 예상치 못했던 박근혜의 역설이었다. 지지자들은 박근혜가 재벌 손을 들어줄수록 박정희의 정체성에 혼란을 느끼게 되었고, 박근혜가 표독스럽게 굴수록 육영수의 진정성에 의구심을 품게 되었다. 자칫 하다가 대한민국이라는 이데올로기 자체가 무너질 위험에 처한 것이다.

두 번째 균열, 그것은 결코 일어나서는 안 될, 너무나 가슴 아픈 비극이었다. 세월호와 7시간. 진실은 여전히 덮여 있지만, 그것으로 박근혜는 대통령 자격을 사실상 잃었다. 마지막 균열은 기득권 내부에서 일어났다. '진박 감별'과 '옥새 파동'이라는 어처구니없는 실랑이가 유권자의 눈살을 찌푸리게 만들었고, '선거의 여왕'의 머리 위에서 빛나던 왕관은 땅에 떨어졌다.

이제 그가 '정신 나간 공주님' 취급을 받게 되는 건 시간문제였다. 하지만, 박근혜는 자신이 어떤 처지에 놓였는지 전혀 인식하지 못했다. 더 이상은 위험하다고 본 것일까. 〈TV조선〉이 먼저 미르재단 의혹을 꺼냈다. 한 달 뒤에는, 〈한겨레〉가 최순실이라는 이름 세 글자를 제목으로 뽑았다. 그리고 2016년 10월 24일, 〈JTBC〉의 최순실 태블릿PC 특종보도가 전파를 탔다.

민주노총이 주도하는 민중총궐기투쟁본부가 당초 계획했던 제6차 민중총궐기 날짜는 11월 12일이었으나, 〈JTBC〉의 특종보도로 정세는 급변했다. 10월 29일, 서울 청계광장에서 민중총궐기투쟁본부가 주최한 촛불집회가 열렸고, 같은 시각 민주노총 및 산별 지역본부가 주력이 된 촛불집회가 전국 주요 대도시에서 개최되었다. 민중총궐기투쟁본부는 11월 1일부터 12일까지 매일 촛불집회를 열겠다고 밝혔다.

이때만 해도 촛불이 박근혜를 끌어내리게 될 거라고 예상한 이들은 많지 않았다. 민주당은 "아직 장외로 나갈 시점이 아니다"는 입장이었다. 그러나 연이은 언론의 폭로는 완강히 버티는 박근혜를 시시각각 궁지에 몰아넣었고, 이른바 '의료게이트'가 터지면서 박근혜는 스스로 물러날 건지 아니면 탄핵심판을 받을 건지 양자택일해야 하는 상황에 몰렸다.

진주의료원에서 출발해 의료게이트까지, 보건의료노조는 박근혜가 취임하던 다음날부터 만 3년8개월 동안 박근혜의 대척점에서 퇴진투쟁을 전개해왔다. 11월 12일, 보건의료노조는 중앙집행위원-전국 지부장-전임간부 비상연석회의를 열어, "박근혜 정권 퇴진과 박근혜 정책 폐기로 새 시대를 열어가는 투쟁을 조직하자"고 선언하고, 다음과 같이 결의했다.

> ▷ 하나, 우리는 현장토론을 통해 4만8천 조합원들의 결의를 모아내고, 박근혜 정권 즉각 퇴진 및 구속 투쟁에 적극 나설 것을 결의한다.
>
> ▷ 하나, 우리는 성과연봉제, 쉬운 해고를 비롯한 노동개악, 의료민영화 정책 등 재벌 이익을 앞세우고 사리사욕을 챙기기 위해 진행된 박근혜의 반노동, 반빈주, 반민생, 반통일 가짜 정책을 백지화하는 투쟁에 적극 나설 것을 결의한다.
>
> ▷ 하나, 우리는 조합원들을 조직하여 현장교육, 지부별 시국선언, 뺏지달기, 지역 촛불집회 및 집회투쟁 등 다양한 실천 활동을 전개함으로써 조합원들의 정치의식을 높여 내고, 박근혜 정권 퇴진 투쟁을 광범위하게 확산시키기 위해 총력 투쟁할 것을 결의한다.
>
> ▷ 하나, 우리는 박근혜정권 퇴진과 국민에게 희망을 주는 사회를 건설하기 위해 민주노총의 총파업 총력투쟁과 민중총궐기 투쟁에 적극 참여할 것

을 결의한다.

촛불은 더 활활 타올랐다. 11월 30일, 박근혜 퇴진을 촉구하는 민주노총 총파업에 22만명의 조합원이 참여했다. 12월 3일, 12월 9일로 예정된 국회의 탄핵소추안 표결을 앞두고 열린 제6차 촛불집회에는 전국에서 232만명이 집결해, 현대사의 모든 시위기록을 갈아치웠다. 이날의 시위로 박근혜는 끝이 났다. 촛불의 바다, 성난 민심은 국회를 뒤덮고 헌법재판소까지 뒤덮었다. 촛불의 승리, 촛불시민혁명이었다.

박근혜가 구속된 지 8개월이 지난 2017년 11월 28일, 영남대의료원 로비에서 "노동조합 원상회복", "해고자 원직복직", "영남학원 정상화"를 요구하는 "영남대의료원 노동조합 정상화를 위한 범시민대책위원회"의 기자회견이 열렸다. 박문진 전 위원장, 송영숙 부지부장도 기자회견 뒷줄에 섰다. 원직복직도 아니고 병원 로비에 들어오는 데 4년이 걸렸다. 다음해 1월 23일, 영남대의료원지부는 영남대의료원 사측과 2017년 임단협 조인식을 가졌다.

그러나 두 사람의 원직복직은 미루어졌다. 병원 측은 해고자 복직 권한은 영남학원재단이 갖고 있다면서 도장 찍기를 막판까지 거부했다. 지부 역시 갈 길이 멀다. 2006년 파업 당시 950여명이었던 조합원 수가 70여명으로 줄어들었다. 두 사람은 매주 노동조합 소식지를 들고 조합원과 지금은 탈퇴해 비조합원이 된 동료들을 만난다. 박 전 위원장은 이렇게 말했다. "영남학원. 영남대학교와 영남대병원이 대구지역 마지막 적폐잖아요. 누군가 깃발을 들고 파열음을 내야 한다면, 우리가 그 출발이 됐으면 해요."(김규현, 앞의 기사)

"촛불혁명은 단순한 정권교체를 넘어 시대교체와 사회대개혁을 원하고 있다. 보건의료계도 그동안 신자유주의와 보수정부 10년 동안 만들어진 적폐를 청산하고 진정으로 돈보다 생명이 우선인 보건의료산업을 만들어 가기 위해 힘을 모아야 한다. 그러한 과정에서 핵심 키워드는 돈보다 생명, 의료 양극화와 불평등 해소, 좋은 일자리 창출, 산별교섭, 노사정이 참여하는 사회적 대화를 실현하는 것이다."

이주호 보건의료노조 정책연구원장 인터뷰,
김상기, "노동존중 없는 의료시스템, 이젠 바꿀 때가 됐다", 〈라 포르시안〉, 2017.3.10

촛불혁명 다음은 의료혁명

2015년 대한민국을 불안과 공포로 몰아넣었던 중동호흡기증후군(메르스) 사태는 취약한 보건의료의 민낯을 그대로 드러냈다. 국가방역체계는 엉망이었고, 공공의료는 취약했다. 의료재난 대응 컨트롤타워는 부재했고, 국민의 생명과 안전을 책임져야 할 정부는 무능했다. 국내 최고를 자랑하던 삼성서울병원이 메르스 확산의 진원지가 됐다. 의료기관 간 협력체계는 작동하지 않았다.

피해는 컸다. 메르스 사태 217일 동안 186명의 확진환자가 발생했고, 38명이 숨졌으며, 1만6천693명이 격리됐다. 메르스 사태로 인한 경제적 손실규모는 적게는 10조원, 많게는 20조원으로 추산됐다. 보건의료의 총체적 부실이 국민의 생명과 안전을 위협하고, 막대한 사회경제적 손실을 초래한다는 사실이 확인된 것이다.

건강하게 오래 살고 싶은 것은 모든 국민의 꿈이다. 다행히 기대수명은 높아지고 있다. 2011년에 태어난 아기의 평균 기대수명은 81.2세(여성 84.45세, 남성 77.65세)로 100세를 향해 가고 있다. 반면 건강수명은 70.74세(여성 72.48세, 남성 68.79세)에 머물러 있다. 질병을 앓으면서 살아가는 기간이 무려 10.46년이고, 비싼 병원비 때문에 제대로 치료받지 못하고 고통 받는 게 현실이다. 기대수명과 건강수명 사이의 간극을 줄이고 병원비 걱정 없는 100세 국민건강시대를 열기 위해서는 의료혁명이 필요하다.

의료혁명은 두 가지 측면에서 추진돼야 한다. 첫째는 의료이용체계를 혁신하는 것이다. 우리나라 의료기관들은 병상규모 경쟁, 화려한 시설 경쟁, 비싼 장비 경쟁, 환자유치 경쟁, 돈벌이 수익경쟁에 내몰려 있다. 1-2-3차 의료전달체계는 붕괴상태다. 대형병원으로 환자 쏠림현상이 심각하다. 지역 간 건강불평등이 크고 의료 사각지대가 발생한다.

중복투자·과잉투자에 의한 부작용도 심각하다. 2014년 현재 인구 1천명당 병상수는 경제협력개발기구(OECD) 국가 평균이 4.8병상인 반면, 한국은 10.3병상으로 공급과잉 상태다. CT(컴퓨터단층촬영)·MRI(자기공명영상)·PET(양전자방출단층촬영) 등 고가장비도 OECD 국가보다 1.5~2배 정도 많다. 과잉이다. 병상과잉과 장비과잉은 과잉진료로 이어지고, 국민은 비싼 의료비 부담을 강요당하게 된다.

'하얀 전쟁'이라 불리는 의료기관 간 경쟁체계를

촛불시민혁명 기간, 보건의료노조의 한결같은 요구는 "박근혜의 즉각 퇴진"과 "구속"이었다.

극복하고, 국민의 의료이용체계를 근본적으로 개선하지 않으면. 제2, 제3의 메르스 사태를 방지할 수 없다. 의료양극화와 건강불평등, 비싼 의료비, 건강보험 재정 낭비를 막을 수가 없다. 치료 중심 의료를 예방 중심 의료로 바꾸고, 1-2-3차 의료기관의 역할을 명확하게 정립하며, 적정진료와 양질의 진료가 가능하도록 병상·의료장비·의료인력 등 의료자원 인프라를 국가가 책임 있게 관리·통제해야 한다.

둘째는 비싼 병원비를 해결하는 것이다. 현재 건강보험 보장률은 63.2%로 낮다. 국민의 30%가 병원비가 없어서 치료를 포기하고 있고, 410만명의 국민이 의료 사각지대에 놓여 있다. 건강보험이 적용되지 않는 고가검사·고가수술·고가약값·상급병실료·특진비·간병비 등으로 인해 국민은 비싼 병원비를 부담하고 있고, 부족한 병원비를 해결하기 위해 생명보험·화재보험·암보험 등 민영의료보험에 대거 가입하고 있다.

국민 누구나 아프면 돈 걱정 없이 치료받을 수 있는 사회를 만들기 위해서는 건강보험이 적용되지 않는 비급여를 전면 급여화 하고, 어떤 의료서비스와 치료를 받더라도 연간 본인부담금이 100만원을 넘지 않도록 하는 '본인부담 100만원 상한제'를 실시해야 한다. 이를 위한 재원은 건강보험 국고지원 사후정산제와 국고지원 확대, 민영의료보험 규제, 20조원에 이르는 건강보험 흑자분 사용, 건강보험 부정수급 근절, 국가 총예산의 2.46%에 불과한 보건의료예산을 5% 수준으로 확대 등 획기적인 조치가 필요하다.

진주의료원 강제 폐업과 의료민영화, 박근혜-최순실-재벌이 결탁한 의료농단, 영리병원 도입 같은 의료적폐를 깨끗이 청산하고, 국가 보건의료체계를 튼튼히 구축해 병원비 걱정 없는 100세 국민건강시대를 만들기 위한 '대한민국 의료혁명'은 새 정부 최고 국정과제가 돼야 한다.

나영명 보건의료노조 정책기획실장, 〈매일노동뉴스〉, 2017.4.6

아름다운 합의 II

좋은 일자리 50만 개, 2017년 일자리 혁명 | 2017

> ‘환자의 건강과 생명을 돌보는 병원은 업무의 전문성, 숙련성, 책임성, 연속성, 협력성이 필요한 특수한 사업장으로서 비정규직 확대는 의료서비스의 질 저하와 환자 안전 위협, 의료사고 증가로 이어진다. 비정규직 확산을 막는 투쟁은 고용안정투쟁임과 동시에 의료공공성을 지키는 투쟁이고 환자 안전과 국민 생명을 지키는 투쟁이다.’ 이것이 보건의료노조의 기조였고 원칙이었다. 그리하여 정리해고 철폐, 불법파견 중단, 시간선택제 일자리 확대 저지, 비정규직법 개악 저지투쟁의 현장에는 늘 보건의료노조의 깃발이 함께 했다.
>
> 〈그래! 우리가 꿈꾸는 바로 그 산별노조!〉, 보건의료노조, 2015, p273

2004년, “노동조건 저하 없는 주5일제”를 쟁취한 산별교섭 때 노사가 합의한 산별협약은 총 10장이었는데, 이 협약의 구성과 순서에 보건의료노조가 추구하는 산별노동운동의 정체성과 방향이 다 들어 있었다. 제1장 “산별기본협약”은 총칙에 해당하므로 첫머리에 들어가는 게 당연하고, 제2장이 “의료공공성 강화”였다. 그것은 보건의료노조가 노동해방·인간해방으로 나아가는 도정에서 기필코 완수해야 할 현실적 목표였고, 산별노동운동을 살찌울 젖줄이었다. 제3장은 “주5일제 노동시간 단축”으로, 2004년 산별교섭의 기본 쟁점이다.

촛불시민혁명은 일자리혁명과 의료혁명으로 진화돼야 한다. 2017년 보건의료노조 총력투쟁 결의대회 포스터.

그 다음 제4장이 "비정규직 요구"였고, 제5장이 "간접고용 비정규직에 대한 병원의 사회적 노력"이었다. 사용자들은 산별교섭에 마지못해 응하면서도, 이 의제만큼은 협상테이블에 올려놓지 않으려 했다. 교섭은 병원 측 요구를 일부 수용해 비정규직 요구를 직접고용과 간접고용으로 나눠서 진행되었지만, 산별교섭 성사 자체가 마의 장벽이나 다름없는 우리의 노사관계에서, 조합원도 아닌 비정규직의 노동조건을 먼저 배려했다는 것은 일종의 경이였다(5장 "노동조건 저하 없는 주5일제 쟁취 ; 2005 참조).

임금인상은 제9장에 가서야 나온다. 제10장이 "협약의 효력"을 다루고 있다는 점을 감안하면, 임금인상은 맨 마지막 순서에 배치된 거나 마찬가지다. "노동자대투쟁" 2년 뒤인 1989년, 보건의료노조의 전신인 병원노련이 이끈 임금교섭에서 가맹 단위노조의 절반이 정액인상을 요구하고 또 관철시켰다(2장 병원노련 결성 ; 1988 참조). 나눔과 연대의 정신을 실천해온 전통이 없었다면 불가능한 일이었을 것이다. 보건의료노조가 네 번의 "전태일노동상"을 수상한 것은 우연이 아니었다.

2017년 3월 10일, 헌법재판소는 박근혜 대통령 탄핵을 결정했다. 이날, 보건의료노조는 성명을 발표, "오늘 헌재 판결은 99% 국민이 행복한 민주공화국을 만들기 위해 촛불을 들고 싸운 결과이며, 민주주의 역사에

길이 남을 위대한 시민혁명의 승리"라고 평가했다. 이어, "촛불항쟁으로 대한민국은 미래를 향해 전진할 출발점이 마련됐고, 비로소 대한민국에 희망의 봄이 왔다"고 전제한·뒤, "이제 나라다운 나라를 위한 대장정이 시작됐다"고 결기 넘치는 포부를 밝혔다. 어떤 대장정인가. 비정규직과 함께하는, 노동이 하나 되는 대장정이다.

비정규직과 함께 걸은 20년

> "보건의료노조의 미조직 조직화·비정규 사업은 초기 상담과 법제도 변화에 따른 현안 대응 수준에서 점차 조직정비를 통한 목적의식적 활동력을 높여왔다. 주요 비정규직 조직화 투쟁은 광주지역지부와 울산동강병원 투쟁을 손꼽을 수 있다. 광주지역지부는 2002년에는 광주 전남대병원 하청지부 건설과 함께 현안 투쟁을 이끌면서 그 성과로 광주지역지부로 전환해 조직확대사업을 지속적으로 전개하고 있다. 2011년 화순전남대병원 간호보조업무 불법파견투쟁 승리에 이어 2014년 광주고등법원의 직접고용 시 받아야 할 임금 지급 민사소송 승리는 타 사업장에도 많은 영향을 주고 있다. 또한 울산동강병원지부는 정규직이 직접 나서서 식당(2000년)과 미화부(2009년) 등 간접고용비정규직을 조직화했다."
>
> 〈그래! 우리가 꿈꾸는 바로 그 산별노조!〉, 보건의료노조, 2015, p216

2004년 산별교섭으로 병원산업 비정규직 문제 해결에 단초를 마련한 보건의료노조는 미조직·비정규 조직화사업에 박차를 가했다. 이 사업은 크게 세 축으로 나뉘어 진행되고 있다. 먼저, 산별 내부의 미조직·비정규 조직화사업이다. 보건의료노조는 2005년, 자체적으로 미조직기금을 조성, 강원, 광주·전남, 대구·경북, 인·부천본부에 미조직사업을 수행할 활동가들을 배치해 중소영세병원 노동자 조직화에 나섰다.

나순자 위원장이 취임한 2009년부터는 미조직조직화사업에 산별의 인력 및 예산을 과감하게 할애, 담당 간부들을 남아공, 미국 CNA(캘리포니아간호사노조) 등에 보내 해외사례를 연구하게 했다. 2010년에는 복수노조 시행에 따라, 지역본부 사무처 간부를 증원하고 조직화사업에 전담토록 했으며, 본조 미조직·비정규실을 조직2실로 확대개편 했다.

또한, 미조직·비정규사업을 △1지역본부 1전략병원(사업) △비정규직 조직화 △예비노동자(보건의료대학생) 조직 △간병·요양보호사 조직 △중소병·의원 조직사업으로 세분화해, 부문별 특성과 지역본부 실정을 고려한 더 정교한 조직화계획을 수립하고 실천했다. 그 결과, 2012년 국립대병원 가운데 유일한 무노조 사업장이었던 부산대학교병원에 노동조합이 세워졌고, 간병·요양보호사 조직사업도 경남지역지부, 인천지역지부, 경기북부지부, 안산시지부 등을 설립하는 성과를 냈다.

2014년 조합원 4만5천명을 돌파한 보건의료노조는, 2015년부터 미조직·비정규 조직화사업에 더 심혈을 기울였다. 5대 위원장을 지낸 나순자 위원장이 직

2017년 8월 30일, 문재인 정부가 비정규직 정규직화 가이드라인을 발표한 직후, 보건의료노조는 공공의료기관의 올바른 비정규직 정규직화를 촉구하는 기자회견을 청와대 인근에서 개최했다.

접 사령탑을 맡은 미조직위원회는, 〈보건의료노조 비정규 실태 및 조직화 방안 연구보고서(2014)〉의 내용을 바탕으로 '맞춤형' 조직사업을 펼친 끝에, 조합원 1만명 신규 가입이라는 쾌거를 올렸다.

> "우선 노조가 없는 대학병원에 집중했다. 을지대·건양대·동국대 등 대학병원과 작은 규모의 병원에 노조가 생겼다. 또한 조직된 병원 내 비정규직 노동자가 꽤 있는데 특히 청소부문에서 성과가 있었다. 아울러 2008년 장기요양보험제도에 따라 요양원에서 일하는 요양보호사 조직화에 힘썼다. 특히 지난해 12월 간호사에게 '선정적인 춤' 강요로 논란을 빚은 춘천성심병원 330명을 비롯해 강남·동탄·한강·한림(평촌)성심병원 등에서 2300여명이 가입했다."
>
> 나순자 위원장 인터뷰, 한남진, 〈내일신문〉, 2018.1.9

보건의료노조는 향후 과제를 중소병원 및 의원들로 노조 가입 범위를 확대하는 것을 꼽고 있다. 이미 인천지역에서 간호조무사 조직사업을 진행하고 있다. 이 일에는 대한간호조무사협회가 협력하고 있다. 간호조무사 보수교육에 노동법 강의나 노조 소개를 포함시켜 권리의식을 고취하고, 보건의료노조 인천지역지부에서 가입을 받는다. 보건의료노조는 이 사례를 모델로 삼아 의원급의 조직사업을 본격화 한다는 계획이다.

다음으로, 연대투쟁 및 사업이다. 보건의료노조는 2005년 민주노총 미조직·비정규조직화사업기금 50억 모금운동에 80.75%를 납부, 모범을 보인 바 있다. 2009년에는 기간제법 시행 2년차에 해고 위기를 맞은 산재의료원(현 근로복지공단의료지부), 보훈병원 비정규직 노동자들과 어깨를 걸고 대량해고 저지투쟁을 벌였다.

마지막으로, 산별교섭이다. 2007년, 보건의료노조는 "아름다운 합의"라는 기적을 이루어냈다. 정규직 임금인상분 4.0~5.5% 가운데 1.3~1.8%를 비정규직의 정규직 전환 재원으로 출연해, 노사가 공동으로 비정규직 문제 해결에 책임을 질 것을 산별협약에 명시하는 데 성공한 것이다. 이 합의로, 직접고용 비정규직 중 상시적인 업무를 수행하는 비정규직의 약 80%가 정규직으로 전환됐다(7장 보건의료사용자단체 구성 ; 2007 참조).

박근혜 탄핵 및 파면으로 7개월 앞당겨 치러지게 된 대통령선거에서, 보건의료노조는 "인력확충"을 핵심 정책협약 의제로 선정했다. 구체적인 수치를 들어 말하면, 정규직 중심 양질의 일자리 50만개를 만들어 병원 인력난을 해소하겠다는 방안이었다. 2017년 2월 23일, 보건의료노조는 대의원대회를 열어, "새로운 대한민국 건설을 위한 5대 프로젝트 50대 세부과제"를 확정하고, 언론에 공개했다. 다음에 이어지는 단락은 "5대 프로젝트 50대 세부과제"에서 주요내용을 발췌·요약한 것이다.

가동! 2017 대선 5대 프로젝트!

1. 일자리 혁명을 위한 보건의료분야 양질의 일자리 50만개 만들기 프로젝트

– 정부가 일자리 창출을 전략적 과제로 제기하고 있으나, 청년인턴제 시행, 유휴간호사 재취업, 유연근무제 시행 등 단기적·일회적 일자리이자 근로조건도 열악하고 비정규직 중심의 나쁜 일자리가 대부분임.

– 지속가능한 양질의 일자리이면서 일과 가정을 양립할 수 있는 최적의 일자리는 바로 보건의료서비스 일자리임.

– 우리나라 보건의료서비스 일자리는 OECD 국가 평균보다 1/2~1/3 수준밖에 되지 않아 환자안전이 위협받고 의료서비스 질이 형편없이 낮은 상황임.

– 또한 보호자 없는 병원이 전면 시행되지 않음으로 인해 간병인들은 24시간 주6일 근무라는 사각지대에 놓여 있고, 국민들의 간병비 부담이

2017년 4월 7일, 세계보건의 날 기념 "의료적폐 청산! 보건의료인력법 제정! 보건의료노동자 투표권 보장!" 기자회견을 마치고, 유지현 위원장이 모의투표함에 의료혁명을 선택한 투표용지를 넣는 퍼포먼스를 선보이고 있다.

매우 높은 상황임.

– 병원 인력 부족으로 인해 병원 노동자들의 노동 강도가 높아지고, 열악한 근무조건 때문에 이직률이 높음.

– 잦은 이직으로 인한 업무공백과 숙련도 저하 등으로 노동 강도는 더 높아지는 악순환이 발생하고 있고, 이로 인한 피해는 결국 환자들에게 돌아가고 있음.

(1) 100세 국민건강시대 보건의료분야 50만개 좋은 일자리 창출

(2) 2020년까지 모든 병동에 간호간병통합서비스 전면 실시로 보호자 없는 병원 완성

(3) 보건의료인력지원특별법 제정으로 보건복지부 인력심의위원회 구성과 보건의료인력원 설립

(4) 환자안전법 시행과 함께 모든 병원에 환자안전 전담인력 배치

(5) 양질의 의료서비스 제공 위해 병원의 불규칙한 교대근무제 개선

(6) 출산휴가, 육아휴직으로 인한 상시적 결원인력을 정원으로 충원하는 모성정원제 실시

2. 메르스 사태 재발 방지를 위한 대한민국 의료 바로세우기 프로젝트

– 메르스 환자의 첫 확진판정일인 2015년 5월 20일부터 종료일인 12월 23일까지 총 217에 걸쳐 메르스가 유행함.

– 메르스 사태에서 정부와 보건당국의 미흡한 초동대처와 부실한 방역체계, 공공의료 부족 및 인력 부족으로 대표되는 감염병과 관련된 우리나라 보건의료체계의 인프라 부족 등의 문제로 인해 국민의 생명과 안전, 재산이 얼마만큼이나 위협받을 수 있는지 확인하였고 또 국가적으로도 사회·경제적 손실이 막대하게 발생할 수 있다는 사실이 확인됨.

– 국가 감염병 대응 매뉴얼, 재난대비 대응태세, 컨트롤타워 혼란, 의료기관 감염 취약성, 전문인력 부족, 보건의료인력 부족 등 메르스 사태는 한국 의료의 취약성을 깡그리 보여주는 거울이었음.

– 메르스 사태 이후 감염관리협의체, 의료전달체계 개선협의체 논의 등이 이어지면서 한국의료개혁의 과제들이 다양하게 제출되었으나, 재난대비를 위한 공공인프라의 확충 및 안전업무의 외주화 금지 등 근본적인 해결과제가 여전히 남아있는 상황임.

(1) 대한민국 의료컨트롤타워 구축

① 보건의료발전계획 수립

② 보건의료정책심의위원회 구성

③ 범정부 차원에서 의료기관 관리체계 일원화

(2) 메르스 사태 재발 방지를 위한 국가방역체계 구축 : 전염, 감염으로부터 국민안전 지키기, 국립중앙의료원–국립대병원–지방의료원–보건소 간 공공의료전달체계 확립과 연계 강화

(3) 1-2-3차 의료전달체계 개선방안 확정·시행과 주치의제도 도입

(4) 무분별한 병상 증축을 막기 위한 지역 병상총량제 도입

(5) 민간중소병원 대책 및 지역의료 균형발전과 지역거점병원 육성·지원방안 마련

(6) 의료사각지대와 의료취약지 해소를 위한 시군구별 공공병원 설립, 경영 악화된 병원의 공공적 인수 등을 통한 공공병원 확충

(7) 사립대병원의 공공적 발전과 지원 대책 마련을 위한 사립대학병원법 제정

(8) 진주의료원 재개원과 함께 지역 공공의료 확대 강화, 착한 적자 보전

(9) 정신보건법 개정, 지역사회 친화적 정신보건의료체계 구축

(10) 한국원자력의학원 위탁운영 금지, 중입자가속기사업 국가 지원 확대

(11) 혈액공공성과 안전성 확보, 혈액수급의 안정성 확보

(12)국가 유공자병원 지원 확대와 산재 의료서비스 향상을 위한 인프라 구축

(13)노인장기요양보험제도 공공성 강화와 요양보호사 노동조건 개선

(14)정부의 역할 강화, 의무인증 확대, 인력기준 강화를 통한 의료기관 평가인증제 내실화

(15)OECD 평균 수준으로 정부 공공보건예산 확충

3. 국민건강 100세 시대를 위한 병원비 걱정없는 사회 만들기 프로젝트

- 국민들은 매달 꼬박꼬박 건강보험료를 부담하고 있지만 건강보험 보장률은 63.2% 밖에 되지 않음.

- 정부는 국민건강보험 보장률을 높이려고 비급여 진료를 줄이고 건강보험 적용 범위를 늘리려고 노력하고 있지만, 실손형 민간의료보험이 확산되면서 비급여 진료 비중이 좀처럼 줄지 않고 있음.

- 우리나라 건강보험 보장률은 2010년 62.7%, 2011년 63%, 2012년 62.5%, 2013년 62%, 2014년 63.2% 등으로 정체하고 있음.

– 이에 따라 국민들의 병원비 부담이 크고, 병원비 부담 때문에 제대로 치료받지 못하고 방치된 채 죽어가는 국민들, 병원비 때문에 병원 가기가 부담스러운 국민들이 많음. 건강보험 보장성이 낮기 때문에 전체 국민의 30%가 병원비가 없어서 치료를 포기하고 있고, 410만명의 국민이 의료사각지대에 놓여 있음.

– 건강보험이 적용되지 않는 고가 검사, 고가 수술, 고가 약값, 상급병실료, 특진비, 간병비 등으로 인해 여전히 국민들에게는 의료비 부담이 높음.

– 이로 인해 국민들은 생명보험, 화재보험, 암보험 등 민간의료보험에 대거 가입하고 있는 실정임.

(1) 건강보험 보장률 90%로 병원비 걱정없는 사회 만들기
(2) 어린이 병원비부터 무상의료 실현
(3) 건강보험에 대한 국가 책임 방기하는 건강보험 국고지원 일몰제 폐지
(4) 병원비 가계 부담 경감 위해 건강보험 국고지원 2배 확대
(5) 150만 생계형 건강보험 체납자 및 빈곤층의 건강불평등 해소
(6) 전국민 건강보험제도 붕괴시키는 실손형 민간의료보험 규제 강화

4. 참여형 초기업 노사관계 확립으로 노동존중 대한민국 만들기 프로젝트

– 한국에서는 근로조건 등 노사간 이해가 엇갈리는 문제에 대해 정기적 또는 수시로 의견을 교환하는 기구인 노사협의회와 근로자가 주식을 소유하는 우리사주제도 등은 시행 중이지만, 노동자대표나 노동조합이 기업 경영상의 의사 결정에 참여하게 하는 근로자이사제도는 사측의 반발로 이뤄지지 않고 있음.

– 저성장 국면이 장기화되고 실업률이 높은 경제 위기 상황에서 노사간

극한 대립과 갈등을 해소하고, 경제성장과 경제민주화를 이룩해야 함.

– 특히 병원사업장의 경우 70여개의 다양한 직종이 존재하고 있다는 점, 개별자본의 투자에 의한 운영이 아니라 공익적인 법인에 의해 운영되고 있다는 점, 수익창출이 목적이 아니라 국민의 건강과 생명을 다루는 공익서비스를 제공하는 기관이라는 점 등의 특성을 고려하여 참여형 노사관계가 확립되어야 함.

(1) 노동이사제, 노사공동결정제도 등 노동조합의 경영참여 확대
(2) 사용자측 산별교섭 참가 의무화, 교섭대상 확대로 초기업 노사관계 활성화
(3) 노사정위원회 전면 개편, 산업–업종별 노사정 협의체 중심으로 사회적 대화체제 구축
(4) 정부 각종 위원회에 노조 참여 보장, 민주적 거버넌스 운영
(5) 산별협약 효력확장제도로 산업내 노동시장 양극화·이중화 문제 해결
(6) 공공기관 운영에 관한 법률 전면 개정 및 돈벌이 병원 강요하는 경영평가 전면 개선
(7) 노사자율교섭 가로막고 쟁의권 무력화하는 필수공익사업장 필수유지업무제도 개선
(8) 복수노조 창구단일화 강제제도 폐기 및 자율교섭 보장
(9) 낙하산 인사 근절, 병원장(의료원장) 직선제 도입
(10) 노동권 보장으로 2022년까지 노조 조직률 30% 사회 만들기
(11) 노사합의 존중, 지방자치단체 출자출연법 개정
(12) 근로감독관 2배 확충, 노동관련법 위반 전면 조사, 단체협약 불이행 조사, 처벌 강화
(13) 최저임금법 개정과 최저임금 1만원 조기 실현
(14) 비정규직 철폐로 차별 없는 노동 실현

(15) 생명·안전업무의 외주화 금지

(16) 양질의 의료서비스 제공, 일자리 창출을 위한 노동시간 단축

(17) 보건의료산업을 노동시간 특례업종에서 제외, 노동시간 특례제도 개선

(18) 정당명부 비례대표제 전면 도입

(19) 대통령선거 결선투표제

(20) 선거연령 18세로 하향

(21) 교대근무 노동자에게 투표시간 보장: 투표시간 오후 9시까지 연장

5. 박근혜-최순실-재벌이 결탁한 적폐 청산 프로젝트

- 박근혜표 노동개악인 '쉬운 해고 지침', '취업규칙 변경 완화지침', '공공기관 성과연봉제 지침', '단체협약 시정지도 지침'은 모두 쉬운 해고와 노동조건 악화를 확산시키는 수단이자, 노동조건에 관한 기준은 법률로서 정하도록 규정한 헌법 제32조를 위반하고, 노사대등의 결정원칙을 규정한 근로기준법 제4조를 무력화하는 불법지침이었음.
- 또한 박근혜정권은 보건의료산업 활성화라는 이름 아래 대대적인 의료민영화정책을 추진해왔음. 의료법인이 영리를 목적으로 한 자회사를 설립할 수 있도록 허용하고, 환자를 대상으로 한 영리목적의 부대사업 범위를 대폭 확대했음.
- 또한 제주도 영리병원 설립을 승인했고, 의료법인을 사고 팔 수 있는 의료기관 인수합병을 허용, 바이오헬스산업 육성, 원격의료 도입, 의료해외진출법 제정, 서비스산업발전기본법 제정, 규제프리존법 제정 등 의료민영화정책을 강력히 추진해 왔음.

(1) 정권과 재벌의 뇌물-특혜 거래로 탄생한 공공병원의 성과연봉제 전면 폐기(보훈병원, 근로복지공단 직영병원)

(2) 의료비 폭등, 의료대재앙 부르는 의료민영화정책 전면 폐기

정책협약의 전통

"5대 프로젝트 50대 세부과제"를 확정·발표한 2월 23일 보건의료노조 대의원대회장에 귀한 손님이 세 사람 찾아왔다. 심상정 정의당 상임대표, 안희정 충남지사, 이재명 성남시장이 그들이었다. 언론의 물망에 오른 유력 대선후보가 세 명이나 찾아왔다. 그만큼 보건의료노조의 위상은 높아졌다. 다른 한편으로 그것은 의료공공성 강화가 더 이상 미룰 수 없는 우리 사회의 긴급한 과제라는 사실을 의미했다.

금속노조 사무처장으로 보건의료노조와 민주노총에서 한솥밥을 먹은 심상정 후보, "돈보다 생명을"을 위한 보건의료노조의 헌신적 활동을 존경한다는 안희정 후보, 그리고 성남시의료원을 만들기 위해 정치에 뛰어들었다며 정해선 전 수석부위원장을 선배라 부르는 이재명 후보. 세 후보 모두 보건의료노조와의 특별한 인연을 강조하며, 자신을 정책파트너로 삼아달라고 요청했다.

보건의료노조에게 정책협약은 미지의 사업영역이 아니었다. 정당뿐만 아니라 사안별로는 개별 후보들과도 정책협약을 맺고, 법제도 및 정책 개선을 도모해 온 바 있다(10장 노동자 정치세력화 ; 2012 참조). 2016년 20대 총선에서, 보건의료노조는 민주당, 국민의당, 정의당, 노동당, 민중연합당, 녹색당 등 야권 정당들에게 여덟 가지 법제도 및 정책 개선 요구사항을 전달하고, 이를 총선 공약에 공식적으로 포함시킬 것을 요청했다.

보건의료노조가 2016년 3월 16일, 언론에 공개한 여덟 가지 사항은 △보건의료인력지원특별법 △영리병원 방지법 △지역거점공공병원에 지역주민위원회 구성 의무화법 △건강보험 국고지원 확대법 △지역별 병상총량제법 등 5대 의료개혁 입법 요구와, △모성정원제 실시 △진주의료원 재개원을 비롯한 '공공의료 정상화를 위한 국정조사 결과 보고서' 이행 △국회 내 '의료공급체계 혁신 포럼' 구성 등 3대 정책요구로 구성되어 있었다.

2017년 12월 21일, 청와대에서 열린 '상생·연대를 실천하는 노사와의 만남' 행사에 참석한 유지현 위원장.

보건의료노조의 최대 관심은 "보건의료인력지원특별법" 제정에 집중되어 있었다. 노조는 19대 국회가 폐회되어 특별법이 자동폐기될 경우 20대 국회에서 다시 발의하고, 직종별·업무별·부서별 인력기준을 규정한 인력기준법 제정도 함께 추진한다는 방침이었다. "영리병원 방지법"은 경제자유구역법 및 제주도특별법에서 영리병원 허용 조항을 삭제해, 영리병원 설립의 법적 근거를 없애라는 것이었다.

"지역거점공공병원에 지역주민위원회 구성 의무화법"은 진주의료원 폐업 같은 사태의 재발을 막기 위해 공공의료를 이용하는 당사자인 지역주민의 공공병원 운영 참여를 보장하도록 하는 법안이었다. 이 법안은 지역거점공공병원이 성과 중심의 논리에 빠져 공공성을 약화시키거나, 인사비리나 예산낭비 등으로 인한 방만운영을 사전에 방지하는 제도적 장치의 의미도 지니고 있었다.

보건의료노조는 60% 남짓에 머무르고 있는 건강보험 보장성을 80% 대로 끌어 올려야 한다고 주장해 왔다. "건강보험 국고지원 확대법"은 보장성을 높이는 데 필수적인 국고지원의 지속성을 담보하기 위한 것이었다.

현행 국민건강보험법과 국민건강증진법은 "당해연도 보험료 예상수입액"의 각각 14%와 6%에 상당하는 액수를 건강보험에 지원하도록 되어 있다. 그런데 "예상수입액"은 과소추계로 조작할 수도 있다. 이 때문에, 실제 정부 지원은 항상 15% 안팎에 그치고 있다. 일몰제도 문제다. 보건의료노조의 요구는 일몰제를 폐지해 항구적 지원의 법적 근거를 마련하고, 지원규모를 현행 20%(16+4)를 25% 수준으로 상향 조정하라는 것이었다.

병상총량제법은 권역별로 병상의 수를 규제하는 법안이다. 의료기관의 90% 이상이 민간 수중에 들어 있는 상황에서, 의료기관끼리의 수익경쟁은 수도권 편중, 고가장비의 중복구매를 초래해 과잉진료의 원인이 되고 있다.

이상의 내용을 담은 2016년 20대 총선 8대 요구는 보건의료노조가 20년에 걸쳐 축적해온 의료공공성 강화투쟁의 정수였다. 어찌 보면, 이것은 무상의료로 나아가는 최소한의 전제이자 디딤돌이기도 했다. 따라서 박근혜의 의료 민영화, 영리화 기도에 맞서 촛불시민혁명의 내연(內燃) 단계부터 주도적인 역할을 수행했던 보건의료노조의 요구에, 야당의 대통령 후보들이 화답한 것은 지극히 합리적이고 자연스러운 귀결이었다.

문재인 후보가 민주당 후보로 결정됐다. 4월 21일, 보건의료노조는 민주당 문재인 후보와 "보건의료분야 일자리혁명과 대한민국 의료혁명"을 위한 정책협약을 맺었다. 이 정책협약에는 병원비 걱정 없는 사회 만들기, 노동존중 사회 만들기 등 보건의료노조가 그동안 일관되게 요구해 왔던 정책과제들이 담겼다. 정책협약의 골자는 5개 아젠다로, 노조의 "2017 대선 5대 프로젝트"의 방향과 거의 일치했다.

△ 보건의료산업 양질의 일자리 창출과 보건의료인력법 제정, 모성정원제 실시 등을 통한 보건의료분야 일자리 혁명 추진

△ 왜곡된 의료이용체계 개선과 국가의료재난 대응체계 구축, 지역의료 균형발전 추진 및 건강보험 국고 지원 확대 등 병원비 걱정 없는 사회 만들기

△ 산별교섭 제도화 추진 및 노동이사제 도입, 정책 거버넌스에 노조 참여 확대, 산업별 노사정협의체 활성화 등 노동자 경영참여를 확대함으로써 노동존중 사회 만들기

△ 박근혜정권 노동계 적폐 1호 성과연봉제 폐기하는 대신 경영평가제도 개선 및 공공기관운영법 개정, 권력형 낙하산 금지 등 공공기관 운영 민주화 추진

△ 의료민영화정책 폐기와 공공의료 확충과 의료공공성 강화

좋은 일자리는 꿈이 아닙니다

예상대로 문재인 후보가 대통령에 당선되었다. 문재인 대통령이 임기를 시작한 첫날인 5월 10일, 보건의료노조는 성명을 내, "이제는 보건의료분야에서 일자리혁명·의료혁명이 시작돼야 한다"며, "문 대통령은 공약대로 보건의료인력지원특별법 제정을 최우선적으로 추진해야 한다"고 촉구했다. "일자리 혁명을 위한 보건의료분야 양질의 일자리 50만개 만들기 프로젝트"를 곧바로 가동해달라는 주문이었다. 보건의료노조는 50만 개 일자리 계산을 다 마쳐놓았다.

△ "보호자 없는 병원(2020년까지 모든 병동에 간호간병통합서비스 실시)" = 115,300개

△ "보건의료인력지원특별법" 제정 = 118,400개

△ "공공보건의료인력 확충(보건소, 학교보건, 산업보건 등)" = 103,000개

△ "고령화시대 만성질환(고혈압, 당뇨 등) 관리" = 5만여 개

△ "모든 병원에 환자안전전담인력 배치" = 3,000여 개

△ "모성정원제(출산휴가와 육아휴직으로 인한 상시적 부족인력을 정원으로 충원) 실시" = 3만여 개

2017년 8월 23일, 새 정부 출범 후 첫 노사정 공동선언이 보건의료노조의 이니셔티브로 이루어졌다. 그것은 2007년 산별협약의 뒤를 이은 제2의 "아름다운 합의"였다.

△ "공공병원 확충(시군구별로 1개씩)" = 7만여 개

이러한 기조 하에, 보건의료노조는 5월 17일 임시대의원대회를 개최, △양질의 일자리 창출 △비정규직 문제 해결 △임금총액 7.4% 인상 등을 골자로 하는 2017년 산별교섭 요구안을 확정하고, "일자리혁명·의료혁명 100일 투쟁"을 결의했다. 특히, 보건의료분야에서 양질의 일자리 창출과 인력확충, 비정규직 문제 해결 등을 위해 노사정의 사회적 대타협을 추진한다는 방침을 정했다.

정권교체는 확실히 노사관계에도 긍정적인 영향을 미쳤다. 일자리는 새 정부의 1호 사업이었다. 가장 먼저 생긴 위원회가 일자리위원회였고, 위원장 역시 대통령이 맡았다. 5월 25일, 보건의료노조는 국립대·사립대병원, 지방의료원, 민간중소병원, 특수목적공공병원, 특수병원의 노사관계 실무자들과 회동 "노사 행정실무책임자회의"를 열고, 인력확충 해결 방안을 놓고 의견을 교환했다. 5월 31일 1차 노사공동토론회 및 정책협의, 6월 14일 2차 노사공동토론회 및 산별중앙교섭 상견례 일정에도 합의했다.

정책협약 이행을 위해 정부와 소통할 채널 확보에도 성공했다. 일자리위원회에 보건의료분과가 설치된 것이다. 6월 28일, 보건의료노조는 서울역광장에서 조합원 3천여명이 참가한 가운데 "보건의료분야 좋은 일자리 만들기 대행진"을 개최하고, "50만 개 일자리 만들기 운동을 대대적으로 전개하겠다"고 선언했다.

이날 대회에서 유지현 위원장은 "환자의 안전과 국민건강을 위해 보건의료 분야에 좋은 일자리를 많이 만들고 극심한 인력수급난을 시급하게 해소하는 것은 국가가 마땅히 해야 할 책무"라고 지적하고, 정치권에 "보건의료인력지원특별법을 좋은 일자리 만들기 1호 법안으로 제정해 달라"고 요청했다. 정권이 바뀌고, 정세가 바뀌었다. 의료민영화를 저지하는 수세에서 의료공공성 강화를 실현하는 공세로 드디어 전환한 것이었다.

6월부터, 보건의료분야 노사정TF가 구성돼, 회의에 들어갔다. 노동계, 병원 사용자측, 정부 각각 4인의 대표가 모인 노사정TF는 일곱 차례의 회의를 갖고, 노사 간에 근로시간 단축 및 근무환경 개선, 비정규직 정규직 전환, 일-가정 양립방안 등을 성실하게 논의하기로 합의했으며, 정부는 법-제도-

보건의료노조의 일자리혁명은 이제 시작이다. 정책협약은 인력확충과 비정규직 정규직 전환을 이끌어낼 사회적 합의에 지지대를 제공해주었다. 보건의료 노사가 이용섭 일자리위원회 부위원장을 초청, 간담회를 진행했다.

예산을 뒷받침하는 보건의료분야 특별위원회를 일자리위원회에 설치하기로 했다.

특별위원회가 다룰 10대 논의과제에는 △간호인력 수급 종합대책 수립 △간호간병통합서비스 확대를 위한 인력수급 지원 방안 △취약지 및 공공의료 인력 확충 방안 △보건의료인력 모성보호 및 일-가정 양립방안 △보건의료분야 비정규직 근로자의 정규직화 등 근로안정화 방안 △보건의료인력 관리체계 구축 △의료기관의 일자리 창출 환경 조성 △지역사회 보건인력 확충 등 지역보건 인프라 강화 방안 △인력자원 투입에 대한 보상 방안 △일자리 창출 미래형 신산업으로 보건산업 육성 등 보건의료노조의 요구안이 대부분 포함됐다.

8월 23일, 새 정부 출범 이후 최초로, 보건의료분야에서 노사정 공동선언이 이루어졌다. 이 날 공동선언식에는, 노동조합 측 대표로 유지현 위원장과 이수

2017년 일자리혁명은 보건의료노조가 집중해온 인력확충 의제의 중간결산이다. 조합원들은 "보건의료인력지원특별법" 제정이 시급한 과제라고 입을 모으고 있다. 기자회견장 뒤 벽에 "돈보다 생명을" 슬로건이 선명하다.

진 한국노총 전국의료산업노동조합연맹 위원장, 사용자 측 대표로 홍정용 대한병원협회장, 임영진 사립대의료원장 협의회장, 윤택림 국립대병원장 협의회장, 정부 측 대표로 박능후 보건복지부 장관, 박춘란 교육부 차관 등이 참석했다.

이 날 공동선언의 또 하나의 성과는 국립대 및 사립대 병원, 민간중소병원, 지방의료원, 특수목적 공공병원, 요양병원·정신병원 등 특수병원 등 136개 병원 사용자들이 참여했다는 사실이었다. 2009년 사용자단체가 해산하면서 근 10년째 교착 상태에 빠져 있는 산별교섭을 정상화시킬 수 있는 모멘텀이 확보된 것이다.

역사적인 보건의료분야 일자리혁명의 새날이 밝아오기 시작했다. 9월 5일 보건의료노조 산하 96개 지부가 산별 집단쟁의조정신청을 냈고, 조정기간 만료일인 21일, 62개 사업장에서 먼저 타결을 본 것이다. 보건의료노조의 집계에 따르면, 13개 병원에서만 인력확충이 1,300여명, 비정규직 정규직 전환이 520여명이었다. 이 숫자는 최종적으로 비정규직 정규직 전환을 포함해 1만3천여명에 달했다.

보건의료노조의 일자리혁명은 이제 시작이다. 정책협약은 인력확충과 비정규직 정규직 전환을 이끌어낼 사회적 합의에 지지대를 제공해주었고, 적폐 청산을 요구하는 시대적 분위기와 맞물려 의료공공성 강화 역시 광범위한 공감대를 얻고 있기 때문이다.

11월 6일, 전태일재단은 제25회 전태일노동상 수상자로 보건의료노조를 선정했다고 발표했다. 재단은 보건의료노조가 "1998년 출범한 뒤 비정규직 없는 병원을 만들고 의료공공성을 강화하기 위해 노력했다"고 선정 이유를 밝혔다. 2017 일자리혁명. 그것은 2007년 "아름다운 합의"의 시즌2를 연출한 것이자, 보건의료노조의 20년에 걸친 "아름다운 동행"의 중간결산이었다.

산별노조, 촛불 너머를 설계한다

2017년 산별학교 개교 | 2017

20년 전에 산별노조 하면 노조가 노동시장에 개입하고, 동일노동 동일임금이 되는 줄 알았다. 그 정도로 기대가 컸다. 노사관계가 대립적인 상황에서 쉽지 않더라. 정부와 사용자는 산별교섭을 하면 큰일이라도 날 것처럼 금기시했다. 법과 제도적으로 뒷받침이 됐다면 좋았을 텐데. 어떻게 하면 노조가 생각하는 정책들을 산업 의제로 만들 수 있을지 고민했다. 올해는 한국 상황에 맞는 한국형 산별노조운동을 만들 계획이다.

유지현 위원장, "촛불민심이 노조에 준 숙제는 산별교섭 영향력 키우라는 것", 구태우, 〈매일노동뉴스〉, 2017.3.2

2012년 1월, 보건의료노조는 "제2의 산별노조운동"을 선언했다. 산별노조운동을 둘러싼 상황은 녹록치 않았다. 산별 전환 7년째 되던 해인 2004년 처음 성사되어, 2007년에는 사용자단체 구성을 이끌어내는 데 성공한 산별교섭은, 2008년부터는 파행을 반복하며 답보 상태에 머무르고 있었다. 필수업무유지제도 시행으로 교섭력이 떨어진 탓이 컸다. 정치지형이 과거로 회귀했고, 특히 노동자 정치세력화가 실종된 게 뼈아팠다.

한편, 이명박·박근혜 양 정권의 노골적인 민영화·영리화 정책은 보건의료노조에게는 절체절명의 위기이자 반전의 계기이기도 했다. 공공재를 약탈하려는 기도에 맞선 보건의료 노동자들의 과감한 반정부 정치투쟁은, "보건의료인력지원특별법"과 같은 합리적인 대안과 결합되면서, "국민과 함께하는" 의료공공성 강화운동의 대오를 더 단단하게 만들어주었다. 산별이 없었다면 불가능했을 일이고, 이 자체가 산별노조운동의 본령이었다.

보건의료 분야는 민영병원과 공공병원, 일반병원과 특수병원, 대형병원과 중소병원, 병원과 의원 등으로 나뉘어져 있을 뿐 아니라, 개별 병원 안에도 직무영역에 따라 무수히 많은 고립된 점들이 존재한다. 산별노조운동에게는 불리한 조건이지만, 보건의료노조는 이 악조건조차도 조직확대의 기회로 탈바꿈시켰다. 비정규직 문제를 목적의식적으로 산별교섭 의제의 상위 순번에 배치했고, 법

"제2의 산별노조운동"의 실마리를 어디에서 찾아야 할까. 입교생들이 한마디라도 놓치지 않겠다는 듯 발제자의 입을 주시하고 있다.

제도 개선투쟁에서는 "인력충원"을 핵심 고리로 잡았다.

성과는 조금씩 나타났다. 제조업과 달리 산업 전체가 수직의 먹이사슬에 결박되어 있지 않기도 했거니와, 무엇보다 보건의료노조가 이 노선을 흔들림 없이 추진한 덕분이었다. 1998년, 보건의료노조가 출범했을 때 조합원 수는 약 3만5천명이었다. 이 숫자는 2004년 총파업 후유증으로 5천명 이상의 조합원이 이탈했음에도 불구하고 2015년 4만5천으로 늘어났으며, 2018년 현재 5만5천에 달한다.

조합원이 20년 사이 2만명, 60% 가까이 늘어났다. 외환위기 이후 조직사업에서 이만한 성과를 올린 산별노조로는, 보건의료노조가 유일하지 않을까. 2017년 제25회 전태일노동상을 수상했을 때, 산별노조의 정신이 무엇이냐는 기자의 질문에 유지현 위원장은 "연대와 평등"이라고 답했다(김상기, "그는 지금 '항암투쟁' 중이다", 〈라포르시안〉, 2017.11.14). 하지만, 10년째 교착 상태에 빠진 산별교섭은 보건의료노조에게 새로운 숙제를 던졌다.

의료민영화는 산별노조의 천적

산별노조운동의 알짜는 산별교섭이다. 사용자 측의 사보타지에 의한 교섭 중단(2008), 사용자단체 해산(2009)과 같은 장벽에 부딪히면서도, 보건의료노조는 산별교섭 정상화를 포기하지 않았다. 문제는 대형병원들이 교섭 테이블에 앉으려 하지 않는다는 것이다. 1998년 정리해고 사태로 민주노총 내부에 사회적 합의를 금기로 여기는 분위기가 굳어지면서 노사정위원회마저 장기간 공동화되자, 지불능력이 있는 사용자들은 개별 사업장 노사관계 밖으로 나올 생각을 하지 않게 되었다.

그래도 산별중앙교섭은 한 해도 거르지 않고, 꾸준히 진행되었다. 2016년 산별교섭이 7월 20일 타결됐다. "폭언·폭행 없는 따뜻한 병원 만들기"를 위해 "의료기관 내 폭력을 근절하기 위한 종합매뉴얼"을 산별합의로 확보한 게 이때였다. 주요 합의내용 또한 – 비록 추상적인 노력의 천명에 그친 한계는 있었다 하더라도 – 산별협약으로서 구색은 다 갖추고 있었다.

△ 간호간병통합서비스 제도화

△ 산전·산후휴가 및 육아휴직으로 인한 상시적 결원인력을 모성정원으로 책정해 인력충원

△ 임신 12주 이내 또는 36주 이후 여성근로자에게 1일 2시간 근로시간 단축

△ "보건의료인력지원특별법" 제정

△ 보건의료산업에 50만개 일자리 창출

△ 보건의료인력 문제 해결방안을 논의할 노사정TF 구성 추진

△ 정규직과 비정규직 간의 차별 및 격차 해소를 위한 단계적 방안 마련

△ "비정규직 없는 병원"을 목표로 한 비정규직 정규직 전환 세부계획 마련

△ 사용자협의회 구성과 노사공동포럼 운영

△ 교섭일정 상반기 배정과 교섭기간 단축

△ 대정부 공동요구 채택(인력확충, 간호간병통합서비스 제도화, 의료공급체계 개편, 공공의료기관 발전전략 마련 등)

△ 2017년 보건의료산업 최저임금 6,570원

이와 함께, 임금인상은 개별지부 교섭에서 결정하되, 인력확충 및 비정규직 정규직 전환 등과 연동시키기로 했다. 따라서 노사가 합의한 산별협약의 목적과 방향은 2004년, 2007년과 동일했고, 이 합의가 실행되기만 한다면 병원 내 노사관계는 물론, 노동조건 개선과 의료공공성 강화에 상

당한 진전을 가져올 수 있을 터였다.

그런데 합의를 해놓고서도 힘이 붙지를 않았다. 대형병원들이 죄다 빠졌기 때문이다. 2016년 산별중앙교섭에 참가한 사용자들은 민간중소병원 19곳, 국립중앙의료원, 한국원자력의학원, 서울시립동부병원, 지방의료원 20곳 등 다 합쳐 42개 병원, 보건의료노조 산하 170개 지부의 24.7%에 불과하다. 이른바 '빅5'의 경우, 삼성서울병원에는 노조가 없고, 서울대병원 노조는 이탈했고, 세브란스병원 노조는 한국노총 소속이며, 서울아산병원과 강남성모병원은 사용자 측이 불참했다.

보건복지부가 공개한 〈OECD Health Statistic 2017〉에 따르면, 한국의 인구 1천명당 병상 수는 2015년 11.5개로, 일본(13.2)에 이어 2위이며, OECD 평균 4.7개보다 2.4배 많다(보건복지부가 펴낸 〈보건복지통계연보 2017〉은 2016년 인구 1천명당 병상수를 13.5개로 집계하고 있다). 급성기 의료 병상 수 역시 7.3개(2014)로 OECD 평균 3.7개를 훨씬 상회한다. 인구

2017년 산별학교에는 지부장과 전임간부 각 40여명이 1~2차로 나눠 입교했다.

1천명당 병상 수는 2007년 9.3개에서 2016년 13.5개로, 절반 가까이 늘었다(보건복지부, 〈보건복지통계연보 2017〉).

〈OECD Health Statistic 2017〉에 따르면, 2010년부터 2015년까지 6년 동안 병상 수가 늘어난 OECD 가맹국은 한국, 칠레, 터키 세 나라뿐이다. 칠레(2.1)와 터키(2.7)는 병상 수가 OECD 평균의 1/2 수준이므로 한국과는 사정이 다르다. 대다수 OECD 국가들에서는 총 병상 수와 급성기의료 병상 수 모두 감소하고 있다. 병상 수 증가와 아울러, MRI나 PET 같은 고가장비의 인구 100만명당 보유대수도 늘어나고 있다.

왜 우리는 선진국과 거꾸로 가고 있을까. 병원들은 맨날 적자타령인데, 왜 병상 수와 고가장비 보유대수는 늘고 있을까. 요양병원 신규 설립만으로는 이유가 설명되지 않는다. 의원급 병상의 점유율은 떨어지고, 종합병원 쪽은 올라간다. 이 현상은 투자처를 잃은 자본이 보건의료 분야에 급속도로 투입되고 있다는 사실을 의미한다.

그런데, 한국의 자본에게는 신기술을 개발해 부가가치를 확대함으로써 시장을 키우겠다는 발상이 없다. 거대자본은 물량공세로 시장에서 뽑아낼 수 있는 이윤을 가로채는 전략을 선택한다. 이 선택을 사회가 통제하지 못하면, 아래로 내려갈수록 퍽퍽해진다. 마치 대형마트가 동네 상권을 박살내듯이, 재벌이 보건의료 분야의 시장 질서를 교란하는 것이다.

게다가 이 거대자본은 우리 사회의 지배 네트워크를 꽉 잡고 있다. 법제도부터 정책, 예산, 심지어 언론까지 이들의 입김이 안 미치는 곳이 없다. 전체 병상 수와 인력의 5%에도 못 미치는 초대형 종합병원들이 시장 전체의 향배를 좌지우지한다. 자본의 속성은 '생명보다 이윤'이다. 이리하여, 의료공공성을 위협하는 정책들이 쏟아져 나오게 되는 것이다.

완성차업체가 수직의 산업구조로 약탈의 펌프를 돌린다면, 보건의료 분야에 투입된 거대자본은 환자의 지갑을 직접 턴다. 이것이 보건의료산업을 '새로운 성장엔진'이라고 주장하는 정책 패러다임의 실체다. 의료시장을 양극화시켜 재미를 보는 이들이 "동일노동 동일임금"과 "산업 경쟁력의 상향평준화"를 목표로 하는 산별교섭에 매력을 느낄 리가 없다. 의료민영화는 산별노조의 천적이었고, 보건의료노조가 선언한 제2의 산별노조 운동"은 바로 이 천적을 상대하기 위한 선택이었다.

"꽃보다 산별노조"

보건의료노조는 산별교섭에 대한 사용자들의 인식 부족과 두려움을 해소하기 위해 참을성 있게 다양한 대화 노력을 기울였다. 사실, 보건의료노조만큼 사용자들과 공동토론회나 공동포럼을 많이 조직한 산별노조도 찾기 힘들다. 특성별 노사간담회도 수시로 열었고, 법제도 개선과 관련된 공동대응 역시 연례행사가 될 정도로 제안했다. 노사 공동으로 정부와 면담을 추진하기도 했다.

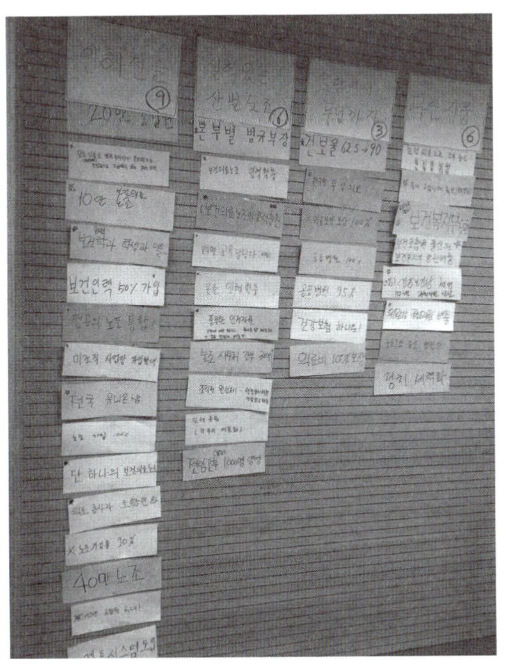

2017년 산별학교의 전략토론에는 "퍼실리테이션(facilitation)" 기법이 도입되었다. 입교생들이 제안한 대안(아이디어)들이 벽에 빼곡하게 붙어 있다.

하지만, '기울어진 운동장'에 의존하는 습성은 쉽게 고칠 수 있는 게 아니다. 병원처럼 공공적 측면이 강한 산업 분야에서 사용자들은 정권의 성격에 영향을 받는다. 이명박·박근혜 정권 하에서 사용자들이 보인 태도는 한마디로 말해 '정부에게 물어보라'는 식이었다. 경제투쟁에서 정치투쟁으로 나아가는 노동조합운동 발전의 고전적 경로는 이러한 정세에서는 적용되지 않았고, 거꾸로 정치투

촛불시민혁명의 승리는 "제2의 산별노조 운동"에 새로운 전기를 부여했다. 산별 20년 역사의 전통과 노하우에 "젊은 피"의 수혈이 요구되는 시점이다.

쟁이 경제투쟁을 보위해야 했다.

사용자가 시대착오적인 노사관계를 고집하는 사업장에서, 산별의 존재감은 더 커졌다. 2016년 용인정신병원의 경우가 그랬다. 정신보건 분야에 종사하는 노동자들의 노동조건은 오랫동안 방치되어 있었다. 이곳에 노조가 결성되자, 사측은 노조간부 등 20명을 정리해고 했다. 지부는 본조의 전폭적인 지원을 받아 파업에 나섰고, 76일만에 전원복직, 노조 사무실 및 전임 확보 등을 쟁취했다.

용인정신병원지부의 사례는 강력한 조직력과 투쟁력이 산별노조가 바로 설 수 있는 필요조건이라는 사실을 다시 한 번 확인시켜 주었다. 교착 상태에 빠진 산별 노사관계를 정상화하고 정착시키려면, 이 필요조건과 "의료공공성"으로 상징되는 "국민과 함께하는" 법제도개선투쟁, 즉 정치투쟁이라는 충분조건을 동시에 충족시켜 교섭을 회피하는 대형병원들을 압박하는 길 밖에 없다. 2015년 구성된 미조직위원회는 "제2의 산별노조운동"의 구체적인 실행 프로그램 중 하나였다.

산별노조의 역량은 산별 간부들의 역량으로 가늠할 수 있다. 보건의료노조는 2003년부터 산별학교를 열어 간부 역량 배양에 주력해 왔다. 2016~2017 촛불시민혁명의 승리는 "제2의 산별노조운동"에 새로운 전기를 부여했고, 본조가 2017년 산별학교에 거는 기대는 예년과는 비교할 수 없었다. 산별 20년 역사의 전통과 노하우에 더 젊고 신선한 피를 수혈하는 게 요구되었다.

2017년 산별학교는 7월 13일부터 19일까지 열렸다(1차 13~14일, 2차 18~19일). 지부장 및 전임간부 각 40여명이 입교했으며, "참가자들의 시야를 넓혀 폭넓은 사고와 경험을 나눌 수 있도록 정세 특강과 외국 복지국가 사례 등의 강의를 배치한다"는 취지로, △특강 ; 새로운 성장 패러다임과 노동의 역할(박태주 고대 노동문제연구소 교수) △영상 함께 보기 ; 유럽의 복지국가 △강의 ; 복지국가와 노동조합의 역할(김윤태 고대 교수) 등이 마련되었다.

산별학교는 가르치는 사람과 배우는 사람의 구분이 따로 없는 "열린 학교"로서, 강의식 교육보다는 학생들이 주체적으로 참여하는 토론에 방점이 찍혀 있다. 이주호 정책연구원장의 발제(촛불혁명, 산별 20주년 산별노조운동의 미래전략 과제)와 백소영 경기본부장, 이봉영 전북대병원지부장, 강창곤 원자력의학원지부장의 "현장 제안 - 우리가 생각하는 산별노조" 발제를 듣고, "전략토론 – 나와 우리의 산별노조 만들기" 순서가 이어졌다.

전략토론에는, "꽃보다 산별노조"라는 표어 아래, 모든 참가자들이 문제해결의 능동적 주체로 나설 수 있도록 "퍼실리테이션(facilitation)" 기법이 도입되었다. "퍼실리테이션"은 직역하면 "일을 쉽게 하도록 도와주는 것"으로, 참여와 소통을 극대화해 다양한 관점을 공유함으로써 더 확실하고 빠른 문제 해결의 방법을 찾게 해주는 회의 방식이다. 고 신동엽 시인의 아들인 신좌섭 서울대 의학교육학 교실 교수가 "퍼실리테이터"로 주재한 전략토론은, 주제 → 현상(문제 확인 ; 과제진술문 작성) → 원인분석(핵심원인 선정) → 대안모색(아이디어) → 우선순위 결정(최종대안 결정) → 실행계획 도출의 순서로 진행되었다.

산별노조 아파야 개혁이다

산별노조, 산 위에 별! …… 유머를 던지며 강의가 시작되곤 하였다. 그러면서 유럽의 산별과 공공의료를 강조하며 강의를 마쳤다. 그리고 열띤 토론이 이어졌다. 보건의료노조 초창기 모습이다. 19년 전 이대병원 김옥길홀에 모여 깃발을 높이 들고 산별노조의 출범을 선포하였다. 우리는 하나가 될 수 있다면 더욱 강해질 수 있다는 자신감으로 가슴 속에 뜨거운 감정을 주체할 수 없었다. 이렇게 시작된 산별이 내년이면 20년이 된다고 하니 참 세월이 빠르다.

현재 노동조합 간부로 활동하면서 느끼는 산별은 어떤 것인지? 산별을 시작하면서 고민했던 것이 지금은 어떻게 되고 있는지? 기억을 더듬어서 정리해 보고자 한다.

1. 조합비 납부

산별노조가 된다면 당시 조합비의 50%를 의무금으로 납부해야 했다. 그것이 조직의 규율이었다. 그 대신 중앙에서 사업의 50% 이상을 감당한다고 했다. 단사별로 진행되던 교육, 선전홍보 등을 산별 차원에서 할 수 있다고 했다. 지부에게 맡겨진 것은 현장 조직 정도였다.

그동안 우여곡절 끝에 단사 조합비 기준이 형평성을 감안하여 총액으로 전환되었고, 체크오프라는 산별의 당연한 제도가 도입된 것은 고무적이라고 생각한다.

하지만 아직도 총액 전환과 체크오프를 시행하지 않고 있는 지부가 많다. 조직의 규율이 지켜지지 않고 있는 것이다. 그렇다고 잘 지키는 지부라고 잘난 척해서는 안 된다. 왜냐하면 조합비 기준을 지키지 않고 있는 것이 지부만의 책임이라고 생각하지 않기 때문이다.

중앙의 책임도 절반이 있다. 과연 사업의 절반을 중앙이 다 책임지는 모습인지 뒤돌아봐야 한다. 또한 중앙은 조합비 기준을 지키지 못하고 있는 단사별 속사정을 잘 파악하고 그에 맞는 대안을 통해 조합비 규율을 지킬 수 있게 제시하고 있는지 냉철하게 바라봐야 한다. 조합비 기준을 지키지 못하는 조직 기강에 중앙과 단사가 모두 절반씩 책임이 있다고 말하고 싶다.

2. 산별교섭 정상화

산별교섭…… 반드시 정상화해야 하는 과제다. 산별전환 초기부터 지금까지 산별교섭의 정상화를 위해 끊임없이 노력해 왔다. 그러나 올해 산별교섭도 사립대나 국립대의 사용자 참여는 서소하나.

최근 정책협의에 일부 참여하고 있지만 아직 부족하고 갈 길이 멀어 보인다. 산별이 출범하면서 사용자들에게 교섭 비용이나 쟁의행위가 줄어드는 등 사회적 비용이 줄어서 보다 효율적이라고 설득했다. 과연 그런 걸까? 정말 그렇다면 사용자들이 적극적으로 참여했을 것이다.

공공이나 민간중소의 사용자들이 산별교섭에 참가하는 것은 해당 지부의 노사관계가 좋아서일까? 산별교섭에 참여하는 것이 보다 효율적이거나 이익이 되기 때문은 아닐까? 산별교섭 정상화를 위해 깊이 성찰해야 한다. 물론, 법과 제도의 정비도 병행되어야 한다.

3. 산별교섭의 과제

간부활동을 하면서 산별이 자랑스러웠던 기억에 첫 번째는 2004년

근로조건 저하 없는 주5일제 산별 총파업이었다. 고대 노천극장에 전국에서 모인 1만 명의 조합원들이 매일 아침 깃발을 들고 입장하면서 출정식을 가졌다. 매일 아침 출정식 때마다 가슴이 뭉클했었다.

당시 지부의 상황실장이었던 나에게 주어진 임무는 때 되면 밥 나르고 차량 섭외해서 파업대오를 이끌고 시내 여기저기 집회에 나가고, 노천에서 거점병원 로비에서 조합원들이 잠자리에 들기까지 대오를 관리하는 것이 전부였다. 당시에는 이게 뭐지? 였지만 지금 생각해보면 참 잘했다는 생각이 든다.

두 번째 자랑스러웠던 기억은 지금으로부터 딱 10년 전 2007년 정규직 임금인상분 일부를 비정규직 처우개선으로 한다는 사회적 합의였다. 2017년 올해 교섭의 가장 큰 과제가 비정규직 문제 해결에서도 같은 방식으로 합의된다면 보건의료노조가 국민들로부터 많은 지지를 받을 거라 확신한다.

이렇듯 산별교섭의 의제는 사회적 문제를 포함해서 개별 단사에서 해결할 수 없는 보다 거시적인 것이라면 좋겠다는 제안을 하고 싶어 두 사례를 들은 것이다. 하지만 지금의 산별중앙교섭 요구안을 보면 딱 맞아 떨어지지는 않는다. 물론 사회적 이슈만이 아니라 노동조건의 작은 부분도 함께 요구안으로 담아내는 것이 틀렸다고는 할 수 없지만, 보다 많은 정책 연구가 필요한 부분이라는 것이다. 어쩌면 산별교섭 의제는 산별교섭 정상화와 맞닿아 있을지도 모르기 때문이다.

4. 산별시대의 사용자와 노동자의 역량 변화

산별노조로 전환되면서 사용자들만 강해졌다고 한다. 어리숙하던 사용자가 산별교섭에 나가면서 사용자들끼리 정보를 공유하더니 못된 것만 배워와서 도발하는 경우를 간혹 본다. 어떤 경우에는 산별교섭에 나간다는 사측을 심정적으로 말리고 싶을 때도 있지만 참고 있다. 그런데 정작 우리는 산별노조, 산별교섭을 하면서 얼마나 강해졌는지 반성할 대목이다.

단사별로 투쟁을 준비하던 병노련 시절에는 모든 것을 자체적으로 해결해야 했다. 지금은 중앙에서 많은 부분을 해주고 있어 현장 간부의 역량은 오히려 저하된 것이 사실이다. 앞서 의무금을 내는 만큼 사업도 중앙이 감당해야 한다고 주장했다. 사업의 절반을 중앙이 감당하더라도 현장 간부 역량을 높이는 방향은 분명 다를 수 있음을 간과해서는 안 된다.

5. 산별조직 보고체계의 유연성 문제

산별조직 보고체계를 지키는 것이 문제해결에 더딘 경우도 있다. 공공의 특징일 수도 있겠지만 대국회 및 대정부 대응할 때 본부를 통해 본조와 공유하고 대책을 만들어 대응한다. 사안이 급한 경우에는 답답할 때도 있다. 전국을 책임지는 중앙에서 많은 지부들을 챙기다 보면 있을 수 있는 것이라 이해는 간다. 그래서 때로는 조직 보고체계를 통하지 않고 개인기로 처리하고 후 보고한다. 바람직하지 않다는 것은 잘 알지만 현실적으로 어쩔 수 없는 경우도 많다.

원인은 첫째, 본부 및 본조 간부들의 역량이 부족해서가 아니라 일손이 부족해서 오는 것이라 생각한다. 사실 마음이 아프다. 지금의 사무처 간부들에게 우리는 너무 많은 임무를 주어 과부하가 된 것은 아닌지 살펴봐야 한다. 둘째, 조직 소통의 유연성이 떨어져서 발생한 문제일 수 있다. 첨단정보통신을 이용하는 것을 포함해서 소통의 유연성을 높이는 방안에 대한 보다 실질적인 대안이 필요한 것이다. 산별 20년차에 접어들면서 반드시 해결해야 할 문제라고 생각한다.

6. 중앙사무처 간부들 및 현장간부들은 노쇠하고 피로하다.

사무처 간부의 경우 초창기부터 함께 했던 이ㅇㅇ, 나ㅇㅇ, 이ㅇㅇ, 방ㅇ

이 등이 20년 넘게 왕성하게 활동한다. 그들이 없는 산별은 상상하기 힘들 정도다. 이제 그들을 대신할 수 있는 사무처 간부의 양성이 구체적으로 논의될 때다. 물론, 현재 역량 높은 간부들도 많이 있지만 조직이 확대되는 산별의 위상에 맞게 더 많은 간부양성은 필요하다고 본다.

현장간부의 경우도 마찬가지다. 서울본부 집행위에 가면 20년 가까이 보던 얼굴을 마주한다. 지부별로 선거 때마다 출마자를 찾기가 힘들고 어렵게 출범해도 상집간부 구성하기가 만만치 않다.

후진 양성이 제대로 안 되는 원인과 해결을 요즘 논의되고 있는 조직문화 개선에서만 찾아서는 안 된다. 더욱이 개인의 열정과 신념만을 강요해서도 안 된다. 간부를 하면 인생에 도움이 된다는 실질적인 효과를 줘야 하는 것은 아닐까? 보다 근본적인 원인을 찾고 그에 맞는 응급 처방이 필요한 대목이다.

지면의 한계와 발표시간의 한계로 다 담아내지 못해 조금 아쉽지만 이만…….

강창곤 한국원자력의학원지부장

첫 출발은 산별운동 재구성과 제도화

"아직도 완전한 산별교섭으로 가는 단계에 있다고 생각한다. 앞으로 병원노사 산별교섭장에 국립대와 사립대병원의 참여를 이끌어내는 게 가장 큰 과제이다. 다만 사측에서도 보건의료 체계가 안고 있는 구조적 문제를 개선하는 데 있어서 개별병원 노사교섭으로는 한계가 분명하다는 걸 인식하고 있다고 본다. 올해만 하더라도 일자리위원회를 고리로 보건의료 분야에서 좋은 일자리 창출에 대해 노사정 합의를 이끌어내고, 이를 기초로 노사교섭을 통해 인력확충과 비정규직의 정규직화라는 성과를 냈다."

유지현 위원장, 김상기, 앞의 기사

촛불시민혁명 다음 단계로, 새 정부와 정책협약을 통해 일자리혁명을 선도하는 보건의료노조가 붙들고 있는 화두는 "한국 상황에 맞는 한국형 산별노조운동(유지현 위원장, 구태우, 앞의 기사)"이다. 어떻게 하면 대형병원들을 산별교섭의 장으로 불러낼 수 있을까. 이 과정에서 노조가 발휘해야 할 힘의 원천은 어디에 존재하며, 그것을 조직할 경로는 무엇인가. 산별교섭 정상화를 위해 가장 시급한 법제도 개선 사안은 무엇인가. 그 해답으로 보건의료노조는 다음의 세 가지 과제를 들고 있다.

첫째는 초기업적 활동모델의 모색과 실천이다. 우리 사회에서 조직된 노동자의 비중이 낮은 것은 불안정·비정규 노동자와 실업자가 노동대중의 다수를 점하고 있기 때문이다. "노동자대투쟁" 이전 조직률이 낮았던 이유가 군사정권의 폭압이었다면, 지금은 좋은 일자리의 절대부족이다. 삼성 계열사를 빼면, 기업단위에서 노조가 들어설 만한 곳은 다 들어섰다고 봐도 무방하다. 보건의료노조도 비슷한 상황이다.

좋은 일자리의 절대부족은 기업단위로 이루어졌던 전통적인 조직사업에 근본적인 질문을 던진다. 직자에 허덕이는 '한계기업(대부분 중소기업이다)', 보조금이나 '알바' 착취로 연명하는 서비스산업에서, 기업단위 조직사업이 지속가능할까. 보건의료노조가 미조직위원회 활동으로 모범을 보였듯이, 산별의 재정과 인력을 집중해 불안정·비정규 노동자들에게 산별이라는 우산을 씌워주는 게 선행되어야 한다.

이 점은 누구나 인정하는 바이지만, 현실에서는 실천으로 담보되고 있지 않다. 지불능력이 있는 자본이 정규직 노동자들을 사업장 안에 가두려 한다면, 역으로 대공장·대기업 노조들은 재정과 인력을 더 과감하게 미조직사업에 할애해야 하지 않나. 이제 기업단위 노조들의 더하기로는 더 이상 산별노조운동의 강화를 말하기 힘든 시점이다. 초기업적 활동모델이란 곧 산별 일상활동 무게중심의 이동, 산별운동의 재구성을 뜻한다.

미조직 노동자들에게 산별이라는 우산을 씌워주려면, 법제도 개선투쟁을 강화하는 게 필수적이다. 보건의료노조가 "보건의료인력지원특별법"에 사활을 거는 까닭은, 이 법의 제정이 가져다줄 실질적 효과에 주목한 측면도 있지만, 이 운동이 미조직노동자들을 조직할 수 있는 사회심리적 조건, 다시 말해 사회적 합의를 성숙시키기 때문이다. 산별운동의 동력 확보라는 둘째 과제는 이를 바탕으로 할 때에만 현실성을 획득할 수 있다.

셋째는 산별노조 제도화다. 지금처럼 노사관계가 기업단위에 안주하면 노동시장 양극화는 점점 더 고정된다. 이를 해결하기 위해서는 산별 노사관계와 노사정 대화가 정착돼야 한다는 것은, 보건의료노조의 산별교섭 역사가 이미 증명한 바다. 다만, "제도화"를 "현장 노사관계에서 내용적 진전 없이 법으로만 획일적으로 산별교섭을 강제하는 것으로 이해해서는 안 될 것이다."(이주호, 〈왜 다시 산별노조인가〉, 매일노동뉴스, 2013, p149) 보건의료노조가 요구하는 것은 기업별노조를 전제로 짜인 현행 노조법의 개정이다.

> "국민의 건강권을 지키고 누구나 돈 걱정 없이 치료를 받을 수 있는 사회를 만들고 싶어요. 정권과 싸우더라도 말이죠. 공공의료 확보 투쟁과 새로운 제2의 산별노조운동이 국민의 많은 관심과 지지를 받아 성공했으면 좋겠습니다."
>
> 유지현 위원장, 구태우, 앞의 기사

유지현 위원장이 대표로 밝힌, 보건의료노조 5만5천 조합원의 꿈이다. 너무나 인간적인, 너무나 소박한 이 꿈을 실현시키기 위해 보건의료노조는 70만 보건의료노동자들의 등불이자 둥지가 되려 한다. "산별교섭 없이 산별노조 없다." "산별교섭 성사 없이 현장교섭 없다." 보건의료노조에게 산별은 논쟁의 대상이 아니다.

20

우리는 보건의료노동자다!

"돈보다 생명을!" | 2003~

몇 분이 흘러서 위에서 발소리가 요란하게 나더니, 우리가 있는 주변에 검은 복장의 용역경비들이 '601'이라고 적힌 방패를 들고 둘러싸 있었고, 우리는 서로의 팔에 팔을 껴서 누워 떨고 있었다. 심장이 멎어버릴 것만 같았다. …… 용역경비들은 '들어가 밟아!'라고 외치며, 스크럼을 짜고 누워 있는 조합원들의 얼굴, 가슴, 허벅지, 팔다리를 짓밟으며 끌어내기 시작했다. …… 난 겁에 질려 있었고 옆 동료의 팔을 안 놓고 끝까지 잡고 있었다. "안돼! 안돼!"라고 소리를 계속 질렀다. …… 모든 사람이 정신을 잃어가며 밖으로 끌려나왔다. 너무나 무섭고 생각하고 싶지 않은 기억이고, 내 평생 그 공포감을 잊을 수 없다.

제주한라병원지부 조합원의 진술, 나영명,
'제주한라병원 청부폭력테러사건의 전말', 〈오마이뉴스〉, 2002.9.2

제주한라병원지부 조합원이 "평생 그 공포감을 잊을 수 없다"고 진술한 이 사건을, 사용자단체 대표는 무엇이라 표현했을까. "그 병원(한라병원)의 노조원들은 상당히 질서 있게 했는데, 외부에서 온 노조원들, 상급단체나, 현지 NGO, 일부학생 등 이런 사람들이 용역 업체 사람들과 마찰을 빗었다(조남홍 경총 부회장, MBN, 2002.8.29)."

"외부에서 온"? 문득, 국제사회가 입을 모아 폐지를 권고했던 '3자개입 금지' 조항이 떠오른다. "마찰"? "백주의 테러는 테러가 아니다"라던 자유당 때 경찰 간부의 말이 기억난다. MBN이 뽑은 이 뉴스의 타이틀은 "엄정한 법집행 촉구"였다. 이 뉴스가 나가고 나서 석 달 뒤, 제주지방노동위원회는 한라병원 사측이 해고한 조합원 130명 전원을 즉시 원직복직 시킬 것을 명령했다.

2003년, 보건의료노조는 의료공공성 강화투쟁의 통합슬로건으로 "돈보다 생명을!"을 채택했다. 보건복지부로 소관부처 이관투쟁을 전개한 지방공사의료원지부 총회(2003.7.10, 위 사진), "구조조정 저지! 의료공공성 강화! 직권중재 철폐! 산별교섭 쟁취!"를 위한 조합원 결의대회(2003.6.3, 아래 사진).

제주지노위는 "신청인(조합원)들이 중재재정 이후에도 쟁의행위를 계속함으로써 실정법을 위반한 사실은 인정되나 파업을 주도한 사람들에 대한 징계뿐만 아니라 평조합원으로 단순히 파업에 참여한 전 조합원들에 대해서도 재계약 거부 또는 계약해지, 해고 등 불이익 처분을 한 것은 노동조합 존립 자체를 현저히 위태롭게 한 행위로 판단된다"고 밝혔다(조일영, '제주지방노동위, 한라병원 해고 전원 복직명령', 〈오마이뉴스〉, 2002.11.9).

한라병원 사측은 지노위의 명령에도 아랑곳없이, 72명의 해고자만 선별복직 시켰다. "선별복직"? 1979년 김영삼 제명에 항의해 신민당 의원들이 제출한 의원직 사퇴서의 선별수리를 놓고 다투던 차지철과 김재규가 생각난다. 한라병원지부 조합원들은 서로의 손을 꼭 잡고 싸웠다. 5월 29일, 계약직 직원 고용안정을 요구하며 시작된 파업은, 다음해 3월 24일 노사가 고용안정 보장과 해고된 조합원 59명 원직복직, 민형사상 소송취하 등에 합의하며 마무리되었다. 장장 300일이 걸린 승리였다.

16년이나 지난 옛 일을 보건의료노조 20년 역사를 복기하는 20대 사건 마지막에 소개하는 이유는 다름이 아니다. 정도의 차이는 있을망정, 모든 지부 모든 조합원이 이와 똑같은 가시덤불을 헤치며 여기까지 왔다. 민주노조는 온실에서 크지 않았다. 잡초처럼 짓밟히고 들꽃처럼 꺾이면서 씨를 뿌리고 꽃을 피운 "돈보다 생명을!"이라는 여섯 글자. 보건의료노조는 노동조합이다.

의료공공성을 지키는 사람들 I

보건의료노동자는 생명을 돌보고 지킨다. 이러한 그들 노동의 특성은 노동자로서 일어서는 데 유리한 조건이라고 할 수는 없었다. 우선 노동3권을 제한 당했다. 필수공익사업장이라는 악법은, 필수업무유지제도로 이름만 바뀌었을 뿐, 지금까지도 그들을 억누르고 있다. 노동조합 일상활동의 정점인 파업을 결박하는 족쇄다. '민주화'가 되었어도, 보건의료노동자는 합법과 불법의 경계에서 가슴을 졸여야 했다.

더 큰 함정은 허위의식이었다. 자본은 이윤을 위해서라면 선의(善意) 마저도 악용한다. 돌봄과 지킴이 돈벌이, 아니 약탈의 수단으로 전락했을 때, 환자를 위해 자신의 욕구를 희생하는 따뜻한 영혼은 메피스토펠레스가 제일 먼저 노리는 먹잇감이다. 인습의 노예가 되기는 쉽고, 노동의 주인이 되기는 어렵다.

그러나 성직, 천직, 인술 따위 갑옷을 둘러야만 채워지는 우월감이란 얼마나 기만적이고 불안한가. 오랜 망설임과 두려움을 털어버리고 민주노조의 깃발을 올린 순간, 보건의료노동자들은 자신이 누구인지 확인할 수 있었다. 허위의식의 해체는 망각의 저편에서 긍지(矜持 pride)를 소환했다.

나는 생명을 돌보고 지키기 때문에 더 노동자다!

이제 특수성은 더 이상 약점이 아니었다. 내 노동은 나의 것이자 모두의 것이다. 나는 나를 지키기 위해, 그리고 모두를 지키기 위해 싸운다. 즉자적 직업의식에서 대자적 계급의식으로. 그것의 실천적 표현이 바로 "의료공공성 강화"다. 보건의료노동자들에게. 의료공공성은 단결과 연대 그 자체였다.

보건의료노동자들이 최초로 내건 의료공공성 강화 슬로건은 "의료민주화"였다. 지금으로부터 정확히 30년 전 병노협 강령(1988)에 새겨진 이 구호는, 병원노련의 "1병원 1의료민주화투쟁(1991)"으로 구체화되어 "의료제도개선투쟁(1994~1997)"으로 발전한다. 지금은 누구나 당연하게 여기는 병원 내 금연이나 이용일수에 관계없이 연중 내내 건강보험 급여를 받을 수 있게 된 게 이때부터였다.

1998년 2월 27일, 최초의 산별민주노조 보건

2017년 6월 29일, 보건의료분야 좋은 일자리 만들기 대행진. 보건의료노조의 핵심 요구는 인력확충과 비정규직 정규직 전환이었다.

의료노조가 출범한다. 외환위기 직후 구조조정 한파가 노동자들을 덮치던 상황이었다. 산별 전환은 의료공공성 강화운동을 "국민과 함께하는 노동운동"으로 확장하는 출발점이었다. 이 시기 "공공의료사수투쟁(1998~2002)"은 신자유주의의 무차별 공습에 대항하는 진지전의 의미도 아울러 지니고 있었다. 보건의료노조는 2002년 6대 핵심사업의 첫머리에 "신자유주의 구조조정, 병원의 신경영전략을 저지하고, 의료기관의 공공적 역할을 높이면서 고용안정, 병원개혁, 의료개혁을 쟁취한다"를 올려놓았다.

진지전의 가장 극적인 고비는 2002년이었다. 한라병원(300일), 가톨릭중앙의료원(217일), 경희의료원(119일), 제천정신병원(117일), 목포가톨릭병원(110일) 등 서울에서 제주까지 전국 곳곳에서 산별노조의 사활을 건 결전이 펼쳐졌다. 이 운명의 혈투에서 주력을 보위해 전열을 가다듬는 데 성공한 보건의료노조는, 드디어 참호를 뛰쳐나와 산별교섭을 향한 대

회전의 무대로 이동했다.

2004년, "노동조건 저하 없는 주5일제 쟁취"를 거머쥔 1만 조합원 상경투쟁. 최초의 산별노조, 최초의 산별총파업, 최초의 산별교섭. 최초의 산별협약. 이 승리를 의료공공성 없이 설명하기란 불가능하다. 보건의료노조가 "돈보다 생명을!"이라는 캐치프레이즈로 산별노조운동의 지향점을 분명히 하고, "의료공공성강화투쟁"에 전 조직의 화력을 집중시킨 게 바로 2003년 후반이었기 때문이다.

보건의료노조의 전략 캠페인 "돈보다 생명을!"은 본격적으로 진화하기 시작했다. "암부터 무상의료(2005)"라는 회심의 일격으로, "한미FTA 저지투쟁(2006)"에서 노동과 시민사회의 굳건한 연대를 이루어냈으며, "의료법 개악 저지투쟁(2007)"을 승리로 이끌었다. 숨 돌릴 틈도 없이 4년 연속 전개된 산별총파업 강행군은 직권중재를 무력화시키고, 2007년 사용자단체 구성과 "아름다운 합의"로 불린 비정규직 정규직 전환 산별협약으로 이어져, 한국 산별노조운동의 새 역사를 썼다.

의료공공성을 지키는 사람들 II

민주정부 10년은 노동자들에게는 애증이 처절하게 교차하는 시기였다. 정치·사회·문화의 여러 영역에서 민주화가 진전된 것은 부인할 수 없는 사실이고, 이 과정에서 축적된 시민사회 역량이 2016~2017 촛불시민혁명 승리의 원동력 가운데 하나가 된 것 또한 틀림없다. 하지만, 이 시기에 노동의 배제와 양극화가 구조화되었다. 이것은 한국 경제의 성장엔진을 착취에서 약탈로 갈아 끼울 준비가 끝났다는 사실을 의미했다.

민주정부의 시대가 마감되고, '보수'나 '반동'과 같은 전통적 개념으로는 그 성격을 규명하기 힘든 이상야릇한 정권이 연달아 들어섰다. '보수'라고 불러주기에는 너무나 빈약하고, '반동'이라고 겁을 먹기에는 너무나 허약한 두 정권. 10년만에 국가기구를 동원한 자본의 공세가 재개되었으나, 법인세 인하와 공공재의 민영화 및 영리화 말고는 딱히 머리가 안 돌아가는 이 두 정부를 상대로 한 진지전은 외환위기 직후의 그것과는 질적으로 달랐다.

무엇보다 의료공공성 강화 이슈가 우리 사회에 착근했다. 아이러니컬하게도, 정권이 자본을 대리해 추진한 약탈 확대 정책이 이 이슈를 사회적으로 쟁점화 할 계기들을 끊임없이 제공했기 때문이다. 특히 박근혜가 대통령에 취임하고 나서부터는, 진주의료원 폐업(2013), 의료민영화(2014), 세월호 참사(2014), 메르스 사태(2015) 등 국민이 국가의 존재이유를 의심하지 않을 수 없는 사건과 사고가 연달아 터졌다.

확실히 노사관계는 과거로 회귀했다. 2007년 "아름다운 합의"를 마지막으로, 2008년부터 2016년까지 10년 내내 산별교섭은 파행과 교착의 수렁에서 헤어나지 못했다. 이 시기가 이른바 '이명박근혜정권'의 집권기간이다. 그렇다고 해서 보건의료노

"보건의료인력지원특별법"이 처음으로 국회에서 발의된 2012년 6월, 민주노총 결의대회를 마치고 거리행진에 나선 보건의료노조 조합원들.

조가 방향을 잃고 위축되었는가 하면, 그것은 아니다. 이 책 8장에서 18장이 다루고 있는 것처럼, 이 시기에 오히려 보건의료노조의 조직과 정책은 획기적으로 성장했다.

2009년, 보건의료노조는 “보호자 없는 병원 만들기를 통한 현장 인력 확충”과 “획기적 보장성 확대를 통한 진료비 걱정 없는 나라 만들기”를 2대 핵심 전략으로 확정하고, “보호자 없는 병원 실현을 위한 연석회의” 출범을 주도하면서, 2010년 지방선거에서 “정책협약”을 통해 “보호자 없는 병원 만들기 운동”을 전국적으로 확산시켜나갔다. 이 운동은 간호간병통합서비스법이 국회에서 통과됨으로써 제도화 단계에 들어섰다.

진주의료원 폐업 또한 더 큰 승리로 나아가는 변곡점으로 진화했다. 2013년 7월 지방자치단체장이 공

2009년 전국노동자대회에서 “의료민영화 절대 반대” 피켓을 들고 가두행진을 하고 있는 보건의료노조 조합원들.

공병원을 마음대로 폐업하지 못하도록 규정한 '홍준표방지법(지방의료원의 설립 및 운영에 관한 법률)'이 국회에서 통과되었고, 2015년부터는 공공병원의 "착한 적자"를 보전하기 위한 '착한 적자 지원법(공공보건의료에 관한 법률 개정안)'이 시행되었다. 올해에는 공공병원의 '롤 모델' 역할을 수행할 성남시의료원이 개원한다.

착취가 주적일 때에는 공장 안에서 싸우는 게 절박하고 시급한 임무였다. 그런데 양극화가 굳어지면서 착취조차 양극화되자, 급기야 공장 안의 싸움마저 양극화되었다. 누구는 덜 착취당하고 누구는 더 착취당하는 판에, 연대에 힘이 실릴 리가 없다. 그러나 보건의료노조가 선택한 주전선, 즉 의료공공성 강화운동은 약탈에 대한 저항이다. 이것은 "1대99"의 싸움이므로, 이슈에 불이 붙고 투쟁이 격화될수록 연대는 필연의 영역으로 진입한다.

약탈을 제도화하려는 기도가 노골화될수록 더 많은 저항이 일어났고, 그들의 보급선은 노동과 시민 연합군의 기동전에 막혀 곳곳에서 끊겼다. 이 저항의 백미는 2014년 의료민영화 저지를 위한 서명운동과 세 차례 총파업이었다. 200만이 넘는 국민이 서명을 했다. 자본이 엔진을 착취에서 약탈로 갈아 끼웠다면, 보건의료노조는 주전선을 산별교섭에서 의료공공성 강화를 위한 대정부 정치투쟁으로 이동시켰다. 그것은 산별교섭을 정상화하는 우회로임과 동시에 가장 빠른 지름길이었다.

보건의료노조는 방심하지 않았다. 악마는 디테일에 숨어 있다. 의료공공성 강화는 '거대담론'이 되어서는 안 된다. 2015년 3월, 보건의료노조 정기대의원대회. "환자존중·직원존중·노동존중 병원 만들기 3대 캠페인"이 확정되었다. 모든 지부가 국민과 소통하는 모세혈관이 되었고, 모든 조합원이 국민을 일으켜 세우는 백혈구가 되었다. 전국이 메르스의 공포로 벌벌 떨고 있던 2015년 7월 1일, 보건의료노조는 임시대의원대회를 개최하고, "대한민국 의료 바로세우기"를 결의했다.

보수언론은 박근혜와 새누리당의 지지율에서 위안을 얻으려 했겠지만, 그것은 아무짝에도 쓸모없는 숫자놀음에 불과했다. 박근혜의 '공주놀이'가 잉태한 업보, 최순실. 뇌관만 터지면, 한방에 간다. 이제 촛불시민혁명은 일자리혁명으로 전진하고 있다. 의료공공성 강화운동은 20년에 걸친 노동의 배제를 끝장내는 사회적 합의의 밑거름 역할을 충실하게 소화한 것이다.

연대와 나눔

▷ 세계보건의료노동자와 어깨를 걸다!

보건의료노조는 국제공공노련(PSI), 국제사무금융서비스노련(UNI Global Union) 등 국제노동조합에 가맹 조직으로 참여하고 있습니다. 국제공공노련은 전 세계 145개국, 560개 노조, 2,000만 공공부문 노동자가

국제공공노련(PSI : Public Services International) 제30차 세계총회 참가

가입된 국제산별노조입니다. 국제사무금융서비스노련은 전 세계 130개국의 900여개 노조 약 2천만명 조합원이 가입하고 있는 사무, 금융, 서비스, 정보통신, 미디어산업의 노동자들을 대표하는 국제산별노조입니다.

또 보건의료노조는 개별 국가와의 교류 사업을 확대하고 있습니다. 현재 10여개 가까운 국가와 정기적인 상호방문, 교류협약 체결, 의제별 국제연대, 인력 연수를 하고 있습니다. 독일 베르디(Ver.di), 영국 유니슨(UNISON), 스웨덴 등 유럽 국가와의 연대에서 한 걸음 더 나아가 미국 CNA-NNU(간호사노조), 일본 의노련 등과 새롭게 교류의 폭을 넓혀가고 있고, 남아프리카공화국으로 조직화 연수를 다녀온 바 있습니다.

2006년 베트남병원노조와 교류를 시작한 이래 격년제 교류 방문을 지속하고 있으며, 2012년부터 몽골보건노조와 교류, 태국 비정규 간호사를 비롯한 활

2014년 12월 7일부터 10일까지, 남아프리카공화국 케이프타운에서 열린 유니-글로벌 유니온(UNI-Global Union) 세계총회. 유지현 위원장이 보건의료노조를 대표해 발언하고 있다.

2017년 미국 CNA 대의원대회에 참석한 조합원들이 암 투병중인 유지현 위원장의 쾌유를 기원했다.

동가 초청 연수 등을 진행하고 있습니다.

국제산별노조의 하나인 국제사무금융서비스노조연합(UNI Global Union)이 수여하는 '공포로부터의 자유상'은 지속적으로 노동조합의 권리와 조합원들의 권익을 보호하기 위하여 신자유주의 정책 기반으로 노동기본권을 억압하고 있는 정부와 사용자에 맞서 공공성 강화를 위해 투쟁해 온 보건의료노조의 노력을 국제노동계가 높이 평가하여 2012년 보건의료노조가 수상한 것입니다.

〈2018 조합원 가이드 ; 보건의료노동자의 친구, 보건의료노조〉, 2018

▷ 더불어 사는 사회를 위한 사회연대를 실천하는 조직입니다

보건의료노조는 2008년부터 '사회연대기금'을 마련하여 사회적 약자와 재난구호사업, 제3세계 노동운동 지원사업 등을 하고 있습니다. 매년 조합원 1인당 1천원의 기금(연간 4800만원)을 '특별기금' 형태로 따로 모아서 적립하여 이를 사용합니다. 필요한 경우 추가로 기금을 모으기도 합니다.

국내에는 2009년 가뭄 피해를 입은 태백시에 생수를 지원한 것을 시작으로 △삼육재활원 '보듬터' 후원 △쌍용자동차지부 해고자 지원 △환자단체연합 출범 후원 △난민인권센터 지원 △청소년 공부방 심리치료 후원 △김수환 추기경을 기리는 '바보나눔회재단' 후원 △세월호 유가족 지원 사업을 했습니다.

해외에는 △2010년 아이티 지진 피해 구호 기금 △2011년 일본지진 피해지역 지원과 방글라데시 '희망학교' 건립 △2013년 필리핀을 강타한 태풍 '하이옌' 복구 지원사업과 네팔 '희망학교' 건립 후원 △2014년 나이지리아 에볼라 퇴치기금 전달 △2015년 네팔 지진 참사 지역 구호기금을 전달했습니다. 2016년에는 △미얀마 '사랑의 앰뷸런스' 구입 △캄보디아 '뽀이뺏' 지역 의료봉사와 오토바이 택시 지원 △국경없는 의사회 사업 지원 등을 하고 있습니다.

그 외에도 베트남전쟁 당시 한국군에 의해 피해를 입은 지역에 △'피에타 상' 건립 운동 △'일본군 위안부' 문제를 다루는 전쟁과 여성인권 박물관 건립 후원 △'성의와 기억재단' 설립 운동에도 함께 했습니다. 아울러 매년 아시아(태국, 필리핀 등) 지역노조 간부들을 초청하여 노사관계 연수를 진행하고 있습니다. 한편 보건의료노조 통일위원회는 남북 교류사업, 제주 4·3 평화 기행 등을 비롯한 답사 활동을 하고 있으며, 2016년부터 '일제시대 강제징용 노동자 상' 건립운동을 하고 있습니다.

〈2018 조합원 가이드 ; 보건의료노동자의 친구, 보건의료노조〉, 2018

대한민국 의료혁명

"'의료혁명'은 한국 의료를 공공적인 그것으로 확고히 방향 전환을 하게 만들 선제적 전략입니다. 이미 대세로 되고 있는 무상의료, 즉 모든 국민의 의료비 걱정 없는 복지국가가 올바로 실현되려면 '공적 재정 확충 대책'은 물론 반드시 수반되어야 하는 필수적 조건으로서, 왜곡된 의료체계를 바꾸는 '공공보건의료체계 확립과 의료공급체계 혁신, 의료인과 의료기관에서 일하는 사람들에 대한 투자'가 반드시 함께 동반되어야 합니다."

유지현 위원장 발간사, 보건의료노조 엮음, 〈대한민국 의료혁명〉, 살림터, 2015, p9

2015년 3월, 〈대한민국 의료혁명〉이 출간되었다. 이 책은 보건의료노조가 한국환자단체연합회, 독일 에버트재단 한국사무소와 공동주최한 "의료공급체계 혁신을 위한 연속 워크숍(2011.11.3.~2012.2.14.)"의 성과를 묶은 것이다. 총 16회에 걸쳐 진행된 워크숍에는, 한국 의료를 대표하는 각 분야 최고 전문가 25명이 기조발제를, 90여명의 교수, 현장 전문가, 노사 대표가 지정토론자로 나섰고, 연인원 550명에 달하는 보건의료노조 현장간부 및 조합원들이 참여했다.

이 책의 문제의식은 "우리의 의료공급체계가 지금처럼 왜곡된 형태로 존재하는 한, 그리고 이 약점이

새로운 대한민국의 시작은 일자리혁명과 의료혁명. 보건의료노조가 옳았다. "돈보다 생명을!"을 캐치프레이즈로 내걸고 싸워 온 20년의 역사가 이를 증명한다.

근본적으로 제거되지 않는 한 의료 민영화를 막아낸다 하더라도 의료를 돈벌이의 수단으로 삼고자 하는 자본의 노림수가 계속될 것이기 때문(유지현 발간사)"이라는 데서 출발한다. 이는 촛불시민혁명 너머를 응시하는 보건의료노조가 현재 고민하는 지점이기도 하다.

민영화·영리화의 길을 밟을 것인가 아니면 의료 공공성 강화의 탄탄대로로 접어들 것인가. 한국의 의료는 기로에 서 있다. 〈대한민국 의료혁명〉은 산별노조운동 20년 동안 축적한 정책 대안을 집대성한 결과물로서, 보건의료노조가 그리고 있는 우리 사회 보건의료 분야의 미래상을 명확하게 보여주고 있다. 이주호 전략기획단장이 정리한 이 책 머리글 내용 가운데, "한국 의료공급체계의 전면 혁신을 위한 11대 과제"를 요약, 소개한다.

(1) 자신이 살고 있는 지역에 믿고 찾아갈 수 있는 '주치의 의료기관'을 만들어 지역의료를 강화하고, 가까운 곳에서부터 전 국민 평생건강관리예방 중심의 의료를 확립해야 한다. 농어촌지역 보건소 및 보건지소의 보건의료인력 확보 및 시설 현대화로 '농어민 건강 돌봄이' 역할을 강화하고, 도시지역에 인구 5만명 당 1개의 도시형 보건지소를 설치해야 한다. 방문간호사를 인구 5천명당 1명으로 확충한다.

(2) 공공의료를 30% 이상으로 대폭 확충해야 한다. 현재 공공의료기관은 기관 수 대비 5.6%, 병상 수 대비 10.4%에 불과하다. 이를 위해 국립중앙의료원(메디컬센터)의 위상과 역할을 강화해, 공공의료의 명실상부한 컨트롤타워로 격상시켜야 한다.

(3) 광역단위 12개의 국립대병원을 권역 내 최고 수준의 '의료안전망' 병원 및 공익적 보건의료 서비스 제공기관으로 거듭나게 한다. 이와 함께 대학병원 본연의 기능인 연구·교육 기능을 강화해야 한다.

⑷ 2차 공공병원인 지방의료원을 '지역 필수의료 제공의 보편적 거점'이자 '주민이 참여하는 공익의료의 거점'으로 자리매김해야 한다. 민간위탁을 제도적으로 방지하고, 예산 지원을 늘려야 한다. 지역주치의 제도에 이어, '국립중앙의료원–국립대병원–지방의료원'이라는 공공의료 기본인프라가 구축되면 막강한 공공의료 라인업을 형성하면서 의료공급체계 혁신을 주도할 수 있을 것이다.

⑸ 특수목적 공공병원인 보훈병원, 근로복지공단 산재병원, 한국원자력의학원, 대한적십자사 등이 고유의 설립목적을 실현하면서 공공적 역할을 다할 수 있도록, 수익구조 모델을 탈피하고, 정부예산을 대폭 확대하여 거버넌스 구조 개선, 병원 독립성을 보장하고, 총정원제를 폐지하여 적정인력을 확보하도록 해야 한다.

⑹ 민간병원의 공공성 강화 차원에서, 보건의료노조의 제안을 바탕으로 김용익 의원 등이 발의한 '사립대학병원법'을 통과시켜, 사립대병원의 역할과 위상을 바로 세워야 한다. 소유지배구조를 개선하고, 공적 기능 수행을 전제로 정부 재정지원 대책을 마련하여 중증질환 진료, 교육, 연구기능 중심의 '대학병원다운 대학병원'으로 거듭나도록 해야 한다.

⑺ 민간중소병원의 경우, 2차 민간의료기관인 2,079개 병원과 223개 종합병원에 과도기적 지역거점병원 역할을 부여해, 향후 공익적 민간중소병원으로 육성할 발판을 마련해야 한다.

⑻ 고령화 시대에 대비하여, 질 낮은 의료와 인권의 사각지대에 놓여 있는 재활노인요양병원과 정신보건체계에 대한 감시와 참여를 확대하고, 인력기준 강화하면서 공공적 서비스 제공 인프라를 확충해야 한다.

(9) "보건의료인력지원특별법" 제정이 무엇보다 시급하다. 환자의 생명과 안전을 다루고 있는 의료기관에서 비정규직 확대는 위험한 정책으로서 즉시 시정되어야 한다.

올해 보건의료노조는 스무 번째 생일을 맞았다. 사진은 보건의료노조 창립 10주년 기념 포스터.

(10) 무상의료 실현과 의료공급체계 혁신을 위해서는 무엇보다 각 병원들이 설립 목적을 다시 한 번 돌아보면서 자신들의 위상과 역할을 바로 세워야 한다. 소관 부처별로 분산된 공공병원의 관리운영체계를 일원화하면서, 소관 부처를 보건복지부로 이관해야 한다. 그리고 지역주민 참여형, 국민참여형 공공의료 시스템을 확대해야 한다.

(11) 무상의료 실현과 의료공급체계 혁신을 위해서는 한꺼번에 제도가 바뀌어야 하지만, 그 과정에서 지역과 현장에서부터 의료기관 자체의 모범과 모델을 만들려는 노력이 필요하다.

지난 1월 15일, 보건의료노조 제7~8대 집행부 이·취임식이 열렸다. 이 자리에서 나순자 신임 위원장은 "현장을 바꾸는 일터혁명, 의료제도를 바꾸는 의료혁명, 조직을 바꾸는 노동혁명을 통해 우리의 꿈을 현실화시키겠다"고 다짐했다.

1987년 "노동자대투쟁"의 한복판에서 "환자에게 건강을! 노동자에게는 인간다운 생활을!"을 외치며 첫발을 내디딘 보건의료노동자들의 민주노조운동. 1998년 산별전환을 이뤄내고, "돈보다 생명을!"이라는 기치 아래 "국민과 함께하는" 산별노조운동을 실천한 6만 조합원들. 나순자 위원장이 다짐한 대로, 오늘 보건의료노조는 "일터와 의료와 노동의 혁명"이라는 더 막중하고 근본적인 도전에 나선다. 그 길에 90만 보건의료노동자와 5천만 국민이 함께하기를!

또 한 번 불가능하게만 느껴졌던 작업이 마무리되었다. 조직적 결단과 몇몇의 의기투합으로 시작된 '보건의료노조 20년 역사를 기록한 대중교양서'가 드디어 세상 밖으로 나온 것이다.

개인적으로 돌아볼 때, 1993년 병원노련 서울본부 사무차장을 시작으로, 그리고 2000년 첫 조합원 직선으로 당선된 차수련 위원장과 함께 보건의료노조 산별운동의 한복판에 뛰어든 25년의 세월은 늘 보건의료노동자들의 더 나은 삶과 노동, 한국 보건의료의 미래, 노동조합운동의 역할과 방향을 고민하는 새로운 도전과 실험의 연속이었다.

2018년, 산별 전환 20주년을 맞아 딱딱한 연보나 논문이 아닌 외부작가의 눈을 통해 대중교양서로 우리의 역사를 기록하고자 한 시도는 산별의 역사에 있어 또 한 번의 새로운 도전이자 실험이었다. 최종 편집본을 받아들면서 올바른 선택이었음을 확신하게 된다. 보건의료노조 6만 조합원은 물론 80만 민주노총, 나아가 한국 노동조합의 현실과 미래를 고민하는 많은 이들에게 일독을 권하고 싶다.

글을 쓴 박미경 작가님, 사진 등 실무지원을 아끼지 않은 박슬기 선전부장님, 마지막까지 꼼꼼히 감수를 해준 나영명 정책국장님, 바쁜 와중에도 직접 추천사를 써주신 김명환 민주노총 위원장님, 김종진 노동사회연구소 부소장님, 강진구 노동탐사 전문기자님, 김상기 라포르시안 보건의료 전문기자님에게 감사의 인사를 드린다.

애초 기획대로 긴 인터뷰는 못했지만 애정 어린 축사를 보내주신 보건의료노조의 살아있는 역사인 다섯 분의 지도위원님 - 박문진, 차수련, 윤영규, 홍명옥, 유지현 전 위원장님, 그리고 6년만에 다시 위원장으로 복귀하면서 산별 20주년 행사기획에 전폭적인 지원을 아끼지 않은 나순자 현 위원장님에게 경의와 신뢰의 마음을 가득 담아 이 책을 헌정한다.

마지막으로 흔쾌히 출판을 맡아주신 매일노동뉴스 부성현 대표님, 박운 대표님, 모든 분들에게 감사의 뜻을 전하고 싶다. 이 분들의 노력과 지원이 없었다면 이 책은 결코 세상 밖으로 나오지 못했을 것이다.

보건의료노조 DNA에는 늘 새로운 도전의지, 단결과 연대, 환자와 국민과 함께하는 보건의료노동자다운 따뜻한 사람사랑의 피가 흐른다. "돈보다 생명을!", "People Over Profit!" 우리의 소중한 가치를 높이 들고 다시 한 번 새로운 20년 전진을 기대해본다. 보건의료노조 파이팅!!

투병중인 유지현 전 위원장님의 쾌유를 빌면서, 6만 보건의료노조 조합원에게 이 책을 바친다.

이주호 전 보건의료노조 정책연구원장

전국보건의료산업노동조합의 스무 번째 생일을 축하드립니다. 저는 2004년, 민주노동당 기관지 〈진보정치〉의 기자로 일하면서, "노동조건 저하 없는 주5일제 쟁취"를 위한 총파업 현장에 취재를 나간 적이 있습니다. 그날, 말로만 듣던 산별노조의 위력을 처음으로 확인했습니다만, 15년 뒤 제가 그 역사의 현장을 기록하게 될 줄은 전혀 몰랐습니다.

이 책의 원고를 이주호 정책연구원장님으로부터 의뢰받았을 때 망설였습니다. 저를 지목해주신 것은 고맙고 기뻤지만, 제가 감당할 수 있는 일인지 두려웠습니다. 사서(史書)를 원하는 게 아니라는 말씀에 겨우 용기를 냈습니다. 원고 작업을 끝낸 지금, 저는 제 선택이 욕심이고 만용이었다는 사실을 인정하지 않을 수 없습니다.

이 책은 제가 쓴 게 아닙니다. 저는 그저 6만 조합원 여러분께서 그동안 흘린 땀과 눈물을 간신히 글로 옮겼을 뿐입니다. 부디 서른 번째 생일에는 식견과 솜씨를 갖춘 필자가 이 일을 맡게 되기를, 그래서 가족과 친구들과 함께 읽을 수 있는 책이 나오기를 바랍니다. 그날이 오면, "생명에서 해방을!"이 여러분의 구호가 되지 않을까, 내심 기대도 해봅니다.

주제넘게 한 말씀만 보태려 합니다. 이 책에 나오는 "약탈"이라는 단어가 낯설다고 여기시는 분들이 계실 겁니다. 저는 80년대를 관통했던 사회과학 이론과 개념에 의구심을 품고 있습니다. 단적인 사례가 대한민국 자본의 성격입니다. 저는 이 나라의 자본은 착취를 조직할 실력이 없으며,

그것이 양극화를 낳은 객관적 토대라고 생각합니다.

'유랑도적단'을 상대해야 하는 노동운동은 고전적인 노-자 관계에 스스로 함몰되어서는 안 될 것입니다. 바로 이러한 맥락에서 보건의료노조 20년 역사의 의미를 되새겨야 한다고, 저는 믿습니다. 그것이 여러분께서 "산별노조"의 깃발을 꽉 움켜쥐고 "의료공공성 강화"에 매진해온 이유가 아니겠습니까?

이주호, 나영명 두 분과 보건의료노조의 보고서와 공식 출판물을 쓰신, 제가 미처 성함을 찾지 못한 분들에게 용서를 구합니다. 귀한 글을 허락도 받지 않고 책에 옮겼습니다. 그러는 편이 조합원 여러분의 긍지를 표현하는 데 더 어울릴 것이라 여겼습니다. 이 책이 인용한 주옥같은 기사들의 주인이신 기자 여러분께도 감사의 말씀을 드립니다.

나순자 위원장님, 이주호 정책연구원장님, 보건의료노조 스무 번째 생일잔치에 이름을 올리게 해주셔서 정말 고맙습니다. 그 마음 오래오래 간직하겠습니다. 보건의료노조 6만 조합원 여러분의 앞길을 전태일 열사와 5월의 영령들이 함께 하실 거라는 말씀으로 축하 인사를 올립니다.

박미경 작가

돈보다 생명을!

보건의료노조 20년 | 20대 사건의 기록

초판 1쇄 인쇄 2018년 2월 20일
초판 1쇄 발행 2018년 2월 26일

엮은이 전국보건의료산업노동조합
펴낸이 부성현·박운
펴낸곳 매일노동뉴스

기획 이주호
글쓴이 박미경
편집 인챈트리
인쇄 연각피앤디

주소 서울특별시 마포구 양화로10길 20(서교동, 2층)
전화 02-364-6900
팩스 02-364-6901
등록 제2008-62호
홈페이지 www.labortoday.co.kr
이메일 book@labordoday.co.kr

ISBN 978-89-97205-39-4

가격은 뒤표지에 있습니다.
파본은 바꿔드립니다.